역사는 스스로
말하지 않는다

이이화 역사에세이

역사는 스스로
말하지 않는다

산처럼

책을 내면서

나는 흔히 독자들로부터 역사를 한마디로 어떻게 규정할 것인지, 역사를 왜 공부하게 되었는지, 역사는 현대의 우리에게 무슨 교훈을 주는지 등의 질문을 받는다. 또 우리 민족은 식민지를 겪고 분단 국가가 되어 남북이 대치하는 현실에서 그 현실의 고리를 푸는 어떤 해답을 역사에서 얻을지에 대해서도 질문을 받는다. 나름대로 의미를 담아 대답을 해주지만 명확치 못하고 애매하다고 느껴질 때가 많다.

다시 한번 역사가의 소임을 말해보자. 역사가는 음식을 만드는 조리사와 같은 역할을 한다. 음식을 만들 적에 먼저 재료를 모은다. 그 재료를 골라 다듬고 조미료를 첨가하여 음식을 완성한다. 조리사는 한식이든 양식이든 마음먹은 음식을 만들면서 조금 맵게 할 것인지, 조금 짜게 할 것인지를 결정한다. 그 결과 조리사는 완성된 음식을 내놓는다.

역사가는 많은 사료를 모으고 그 사료를 고르고 인용하여 자신의 사관에 따라 최종적으로 '역사 글'을 내놓는다. 독자는 그 글을 읽어보고 평가를 한다. 만들어놓은 음식이 자신의 입맛에 맞는지, 맛이 있는지를 평가하는 것과 다름없을 것이다. 사료가 없으면 역사는 존재할 수 없으며 독자가 없는 역사는 의미가 없다.

그래서 나는, 쉽고 재미있고 의미 있는 역사책을 쓰겠다고 표방해왔다. 독자들에게 어느 정도 호응을 받은 것도 같다. 사실 그동안 많은 역사책이 어렵고 딱딱하게 씌어지거나 의미를 던지지 않고 흥미만을 유발하려는 기술을 남발하여 독자의 외면을 받아온 것이 사실이다. 또 일부 역사가들은 지나치게 '아카데미즘'에 빠져 역사를 귀족화해왔다. 이를 '역사 엄숙주의'라 말할 수 있을 것이다.

나는 엄숙주의를 배격하고 독자의 처지에서 독자에게 다가가려고 노력해왔다. 다양한 현대사회에서 역사인식을 높이기 위해서는 역사 대중화가 무엇보다 요구된다. 그리하여 전문적인 논문 형식의 글만이 아니라 요구에 따라 신문이나 잡지에 짤막한 에세이 형식의 글을 써왔다. 이런 글을 쓰면서 적어도 독자에 영합하지 않고 일정한 거리를 두고 적당히 긴장하면서 역사인식을 높이려는 시도를 해왔다.

이런 시도는 어느 정도 성과를 거둔 것 같다. 이번에 이 책에 모은 글들은 이런 과정에서 이루어졌다. 때로는 편집자의 안목에서 청탁한 글도 있고 필자가 쓰고 싶은 주제를 잡아 씌어진 글도 있다. '글 모음'이어서 물론 일관성 있는 내용으로 채워지지 않은 흠이 있다. 하지만 어느 정도 시대정신을 반영한 내용들이다.

1부는 '역사학자로 걸어온 길'이라 붙였다. 나는 20대부터 역사공부를 시작하여 고래희(古來稀)라는 나이에 가까이 접어들도록 한길을 걸었으니 어설프게나마 역사학자라 불려도 나무랄 일이 아닐 것이다. 그동안 험난한 역정도 있었고 역사학자의 길로 들어선 동기가 있기도 했으며 선배들의 글을 읽으면서 감명과 영향을 받은 적도 있었다.

한 가지 일화를 소개해보자. 나의 장모님은 외모도 번듯하지 않고 재산도 없는 사위가 마음에 썩 들지 않으셨던 것 같았다. 그런데 내가 지니고 있는 많은 역사책을 보시고는 자기 친구들에게 "내 사위는 책이 많아"라고 곧잘 자랑을 하였다. 나는 장모님에게 역사학자로 인정을 받은 셈이었다. 그 말에 걸맞은 실질을 갖추려고 지금도 노력한다.

2부는 '시대에 도전한 역사인물 이야기'라고 붙였다. 나는 그동안 많은 역사인물의 이야기를 써왔다. 그러나 내가 쓰고 싶은 인물은 결코 시대정신을 외면한 자들이 아니었다. 내가 매력을 느끼는 인물들은 한 시대를 살면서 나름대로 고민하고 개혁을 도모하려는 이들이었다. 이는 민중사적 관점과도 상통한다.

여기에 담긴 인물 약전은 이런 뜻에 부합한다. 나는 동료나 후배들에게 죽어서 천당에 가면 후한 대접을 받을 것이라는 농담을 듣는다. 곧 정여립, 허균, 전봉준 같은 역적으로 몰려죽은 이들을 역사적으로 복권하거나 또는 평가하려는 노력을 두고 한 말이다. 나는 그들의 지향과 현실인식을 주목해왔다. 다만 여기에 수록된 약전들은 체계를 세운 것이 아니고 분량도 적어서 일정한 의미를 던지는 수준일 것이다.

3부는 '좌절과 갈등의 현대사'라고 붙였다. 8·15해방 이후 우리 현대사는 하루도 편할 날이 없이 좌절과 갈등을 겪었다. 때로는 분단구조에 따른 현실의 모순에 갈등하고, 때로는 독재정권의 절대권력 앞에 좌절을 맛보았던 것이다. 그런 속에서나마 일정하게 민주화의 길을 걸었다.

민주화의 길에서는, 험난한 역정 속에서 때로는 피를 튀겼고 때로는 좌절과 전진을 반복하였다. 하지만 오늘날 민주사회를 끝내 이루어냈고 경제성장을 달성해 생활수준도 높아졌다. 여기에 담긴 글들은 이런 과정을 부분적으로 반영한다. 현대사는 어제의 일이요, 오늘의 일이다.

단편적으로나마 이를 통해 반성의 거리로 삼아보자.

4부는 '역사는 현재진행형이다'라고 붙였다. 까마득한 과거에서 오늘에 이르기까지 특정한 역사적 사실은 알게 모르게 오늘을 사는 사람들에게 영향을 끼친다. 지금 중국에서는 엉뚱하게도 고구려 역사를 자기네 지방정권 또는 중국 소수민족의 역사라 하여 중국사에 편입하려는 작업을 대대적으로 벌이고 있다. 우리는 현재 고구려 역사를 도둑맞고 있다. 우리 민족의 뿌리를 근본적으로 흔들고 있으며 우리 민족의 자존심에 생채기를 내고 있다. 이것이 단순한 일인가? 정신을 바짝 차려야 한다.

지리산 이야기와 개성 이야기도 한번 짚어볼 대목일 것이다. 우리의 저항사와 남북 교류의 한 편린을 알려줄 것이다. 그런 역사적 지식을 통해 시대인식을 고양해야 할 것이다.

아무튼 역사에세이 모음인 이 책을 독자들에게 제시하면서 고마움을 함께 전한다. 10년 계획 아래《한국사 이야기》22권을 집필하는 동안, 독자들의 많은 격려가 있었다. 나는 많은 용기를 얻었다. 앞으로도 독자와의 대화를 쉬지 않을 것이다.

2004년 7월 6일 새벽,

아차산 밑에서 지은이 쓰다.

역사는 스스로 말하지 않는다 · 차례

이이화 역사에세이

제1부

역사학자로 걸어온 길

역사가는 실천이 따라야 한다

나는 신상 고백으로 역사학자의 길로 들어선 동기를 풀어보려 한다. 나는 어릴 때 학교 교육을 정식으로 받지 못했다. 아버지는 자식들에게 한문만 가르치고 학교에 보내지 않았다. 일제 식민지 시기에는 학교에 가면 '왜놈'이 된다는 것이었고, 해방 뒤에는 학교에 가면 '양놈'이 된다는 것이었다. 그러니 자식들을 아버지 자신의 완고한 고집에 따라 자기 방식으로 교육시킨 것이다.

아버지는 일제시기 세금 한푼 내지 않았고 신작로 닦는 일 따위의 부역에 나가지도 않았으며 신사참배는 물론 창씨개명도 거부했다. 독립투사들에게 자금을 대주기는 했으나 행동으로 항일운동에 나서지는 않았던 것 같다. 비누·치약 등 양물(洋物)을 쓰지 않았으나 자동차·기차는 타고 다녔다. 갓을 쓰지 않고 상투를 잘랐으나 양복은 입지 않았다. 향반의 후예였으나 양반 자랑하는 사람들을 꾸짖었으며 족보를 만들지 말고 직계 조상만 알 수 있는 가승(家乘)을 만들라고 했다. 결코 사색 당파나 특정 지역을 가르는 말을 입에 올리지 않았다. 임종을 앞두고는 자식들과 제자들에게 화장하라고 일렀다.

해방공간에서도 정치 집회에 나가지 않고 정당 따위에서 내는 성명서에 결코 이름을 올리지 않았다. 하지 않는 것들이 너무나 많은 분이었다. 또 유학자였으나 불교·도교에도 심취했다. 그래서인지 평생 주역을 공부하고 가르치면서 후천개벽(後天開闢) 등 신비주의적으로 풀어내는 분위기를 깔아놓았다. 그러니 어설프기는 하나 진보라고 딱지를 붙일 만한 척사계열의 선비였다. 내가 아버지의 이야기를 장황하게 늘어놓는 것은 그만한 까닭이 있다.

문학에서 역사로

나는 아버지의 허락을 받지 않고 가출하여 중학교·고등학교에 들어갔으나 수학·과학·음악·미술 등의 과목에 기초가 부족했다. 10대 중반까지 한문을 익혀 국어·역사 등 인문과목을 이해하는 데에는 어렵지 않았다. 신문·잡지도 내 또래보다 능숙하게 읽었다. 나는 학교공부를 하기보다 문학작품을 읽었다. 이광수·김동인·김동리의 소설, 김동석·조연현의 평론 따위였다. 특히 철이 들어서는 《사상계》에 실린 글들에 심취했다. 시, 수필 등 글도 끄적거리며 써보았다. 또 《사회주의 종말론》, 《자유민주주의의 승리》 등 사회과학의 서적들도 읽었다. 순진한 문학청년 또는 어설픈 사회과학도의 시절을 보냈다.

대학에 들어가 문학을 공부하면서 문학평론가가 되리라 마음을 굳혔다. 왜 문학평론을 지망했는가? 내가 탐닉하던 그 작가와 평론가들이 일제의 친일파라는 것을 알았던 것이다. 당시 김동리, 조연현 등 명망가들에게 이 문제를 물으면 거의 대꾸를 하지 않고 외면하거나 못마땅하게 여기는 듯했다. 내가 한번 이 길로 들어서서 민족적 관점에서 이론을 정리해보겠다는 야망을 품게 되었다.

자유당정권 시절, 나는 심각한 고민에 빠졌다. 왜 우리는 일제에게 식민지 지배를 받았는가, 남북은 왜 분단됐는가, 왜 친일파가 득세하는가, 왜 독재정권의 압제를 받는가, 왜 미국에 종속됐는가 등의 명제들을 앞에 두고 나름대로 고민을 거듭했던 것이다. 현실의 모순을 풀어보려면 우리 역사의 실체가 무엇인지 알아야 되겠기에 한국사를 공부하기 시작했다. 처음에는 닥치는 대로 논문을 읽었다. 20대 후반과 30대 초반의 일이었다. 다음에는 신채호·박은식의 글과 이병도·신석호·박종홍의 글들을 읽었다. 민족사학이 무엇인지, 실증사학이 무엇인지 어렴풋이 알게 됐다. 특히 신채호의《조선혁명선언》, 박은식의《몽배 금태조(夢拜 金太祖)》, 신규식의《한국혼》등을 읽고는 큰 감동을 받았다.

또 우연한 기회에 사회주의계열의 김태준·전석담·백남운의 글을 어렵사리 구해서 읽었다. 내 이웃집에 사는 정운현 선생! 그는 사회주의와 관련된 책을 여러 권 소장하고 있었는데 이를 나에게 빌려주곤 했다. 적어도 신분과 관련된 계급의 문제, 명문임을 자랑하는 데에 밑천인 족보의 폐단, 토지 소유의 편중과정 등을 갈파한 글들은 나에게 새로운 안목을 열어주었다. 식민지 아래에서 감당했던 이들 지식인의 고뇌를 짐작할 수 있을 것 같았다.

원전을 읽으며 한국사를 공부하다

나는 1968년 월간《신동아》의 신년 부록으로 발행하는《한국 고전백선》의 편집 실무를 맡게 됐다. 사학자 천관우가 동아일보 주필을 맡고 있으면서 이 일을 주관했고 이종석 선배가 실무의 일을 담당했다. 나는 이름만 들었거나 더러 저서를 읽었던 학자들에게 도서목록의 추천을 받기도 하고 원고를 청탁하면서 이들을 자주 만날 수 있었다. 아마 당시 유명한 국학 관련의 학자들이 거의 망라됐을 것이다. 양주동, 김상기, 이숭녕, 임창순, 홍이섭 등 원로들과 이우성, 윤병석, 강만길 등 중견 · 소장학자들을 만났다.

나는 이분들을 만나면서 학자의 길이 무엇인지 알 것 같았다. 서재에 고전과 자료를 수북하게 쌓아놓고 원고지 칸을 메우며 논문을 쓰고 있는 모습을 보며 나도 저술가가 되어야겠다고 다짐했다. 그리고 이 부록을 만들면서 우리의 고전으로 무엇이 있는지, 어떤 내용을 담고 있는지 그 개략을 알았다. 큰 소득이었다. 그러나 원전을 이해하기에는 어릴 적 배운 한문 실력이 턱없이 부족했다. 더욱이 경서 위주로 배웠으니 역사 자료와 용어를 이해하는 데에는 한계가 드러났다.

그리하여 고전과 자료를 이해하는 데 필요한 한문을 다시 배웠고 국립도서관과 서울대 규장각에 드나들었다. 이런 과정을 밟으며 논문을 썼다. 내가 처음 심취한 역사인물은 허균이었다. 허균은 주자학이 학문사상의 주류를 이루고 있을 때 개혁사상가로 활동을 한 것이 관심을 끌었다. 특히 반동적인 박정희정권의 강압정치 아래에서 역사 속의 개혁사상가를 찾아나선 끝에 발견한 인물이었기에 그 의미가 각별했다. 그런데 허균에 관련된 글을 찾아 읽어보니 거의가 문학 분야의 글로서 작가론 수준에 머물러 있었다. 그의 사상을 제대로 분석하여 알리지 못하고 있다는 생각이 들었다.

개혁사상가 허균을 만나다

나는 허균의 생애를 추적하면서 그의 신분평등사상과 자유분방한 학문관 등을 나름대로 분석하고 정리한 논문을 《창작과비평》에 실었다. 또 〈한국혼〉을 써서 민족사상을 외친 신규식의 평전을 《신동아》에 실었다. 이어 허균의 생애와 사상을 분석한 책을 썼다.(《허균의 생각》, 1981년 간행) 이 두 경향의 글은 목적의식이 분명했다. 이른바 유신정권 아래 민중이 고통받고 있는 현실에서는 허균 같은 인물이 필요하다고 판단했으며 분단구조 아래에서 주체적 민족의식이 통일의 밑거름이 된다고 생각했던 것이다.

내 의도는 어느 정도 반향을 불러일으켰다. 지식인과 학생들은 새삼 허균을 《홍길동전》의 저자가 아닌 진보적 사상가로 관심을 갖게 되었으며, 독립투쟁과정에서 신채호와 같이 주체적 민족사상의 소유자였던 신규식에 주목하는 계기를 만들었다.

당시 유신체제를 정당화하는 글들과 이를 간접적으로 뒷받침하는 민족적 주체를 강조하는 글들이 쏟아져나왔다. 이들 어용학자들은 민족적 주체사상이 유교의 성리학적 기반에서 출발한다거나 송시열계통의 주자학파가 벌인 북벌론이 한국적 주체사상의 줄기라거나 19세기 외래사조를 거부한 척사위정(斥邪衛正)운동이 민족사상의 원류라고 써댔다. 그들의 글에는 북벌론에서 북한을, 척사위정에서 미국과 갈등을 겪고 있는 유신체제를 옹호하는 의식이 깔려 있었다.

유신을 거부하는 나의 의식은 평소 이를 민족사상, 주체사상이라고 보지 않았기에 이에 대응하는 논문을 쓰기 시작했다. 그리하여 1970년대 후반기 〈북벌론의 사상사적 검토〉를 발표하여 북벌론이 정치적 패권을 잡기 위한 이념으로 조작됐음을 밝혔다. 이어 〈척사위정론의 비판적 검토〉를 발표하여 전통 유림들이 성리학적 관점에서 외세 배격을 내걸면서도 양반·상민 등 신분제도를 고수하자는 이념을 지녔음을 분석했다. 이에 대한 반향은 두 가지로 나타났다. 국사학계의 진보적 학자들 즉 이우성, 김용섭, 강만길, 정창렬 등은 적극적으로 동의해주었으나 유승국, 최창규 등 보수 경향의 학자들은 나를 불온하다고 매도한 것이다.

역사의 대중화를 위해서

1980년대 우리 역사학계는 중견 · 소장학자 중심으로 민족모순과 봉건모순에 대한 논쟁을 열띠게 벌였다. 이와 함께 근대사에서 반식민지 봉건사회론과 식민지 반봉건사회론 등에 대한 연구가 축적되면서 열띤 논쟁을 유발했다. 내가 관여한 역사문제연구소의 연구원들도 이 문제에 나름의 주견(主見)들을 가지고 있었다. 나는 이 둘을 아우르는 연구가 필요하다고 판단했다.

1970년대부터는 동학농민전쟁 연구에 정열을 쏟았다. 자료를 수집하고 현장을 답사하며 증언을 채집했다. 이와 함께 삼남농민봉기의 발발지와 이필제 등 변혁운동가가 활동했던 지역 등을 답사하면서 민중운동사에 몰두했다. 여기에는 후배들도 동참해주었다. 변혁운동의 실체가 현실에서 제대로 평가를 받지 못하고 편견 속에 묻혀 있다고 생각했기 때문이다.

1994년 동학농민전쟁 발발 100주년을 앞두고 그 기념사업에 힘을 쏟았다. 역사 연구자는 이를 글로만 써서는 대중화에 기여할 수 없다고 생각한 것이다. 역사의 대중화는 먼저 그 진실을 알고 있는 학자들이 실천적으로 불을 붙여야 그 성과를 얻을 수 있다. 죄 없는 농민군의 후손들이 왕조시대에 그리고 침략세력들에게서 너무나 핍박을 받아왔다. 이들도 역사의 대열에서 낙오되어서는 안 될 것이다.

나는 귀족적 아카데미 사학을 탐탁하게 여기지 않았으며 대중과 유리된 유교적 엄숙주의를 배격했다. 민중의식은 여기서부터 싹이 틀 것이기에 말이다.

역사학은 실천이 따라야 한다

우리 나라 역사는 지정학적 특수성으로 말미암아 복잡하게 전개됐다. 무수한 외침으로 유린됐으며 분단되는 결과를 빚었다. 또 신분제적 질곡과 토지제도의 고착으로 민중이 불평등관계 속에서 살아왔다. 보편성을 추구하되 우리 역사의 특수성을 탐구해야 한국사가 바람직한 방향으로 나아갈 것이다. 이런 소박한 관점에서 나는 민족사와 민중사를 추구해왔다. 그래서 나는 '충성'이라는 단어를 싫어하며 개체의 삶을 제약하는 국가주의에 특별히 관심을 기울이지 않는다.

민중사를 표방한다고 해서 계급투쟁적 시각에서 접근한 것은 아니다. 나는 역사학 이론에 철저하지 못하다. 오히려 소박한 민중적 정서에 더 치중하는 편이다. 경제적 불평등 관계를 말하는 경제 관련을 기술할 적에는 그 이론에 깜깜하여 헤매곤 한다. 어느 후배가 "돈을 모르는 사람이 갖기 쉬운 결함이니 나무랄 일은 아니다"라는 덕담을 해주어 위안을 삼았다.

나는 정작 역사학자가 지녀야 할 덕목을 다른 데에서 찾고 있다. 역사학자는 행동적이고 실천적이어야 한다는 것이다. 그 시대의 고통과 모순을 외면하고 연구실에 처박혀 있는 아카데미즘을 배격하는 것이다. 비록 운동가는 아닐지라도 자신이 그 운동 선상에 가까이 있어야 한다는 것이다. 현실의 모순과 비리를 외면하고 공허한 이상만을 추구하는 것은 공염불에 지나지 않을 것이다.

역사학자가 품위를 지키지 않으면 역사의 진실을 외면하는 결과를 빚을 것이다. 역사학자는 명리(名利)를 떠나야 바른 역사를 쓸 수 있다.

권력과 돈에 휘둘려 마음이 흐트러지면 역사를 주관적으로만 재단하거나 왜곡하기 쉬울 것이다. 앞에서 아버지 이야기를 장황하게 늘어놓은 까닭은 누울 자리와 설 자리를 늘 고민해야 한다는 암시에서였다. 나는 아버지의 행동을 상당 부분 받아들이고 있다.

나는 어떻게 역사학자가 되었는가

내가 광주고등학교를 입학한 지 두어 달쯤 됐을 무렵이었다. 교실 천장에 달린 마이크에서 내 이름을 부르는 소리가 들렸다. 교무실로 송규호 선생님을 찾아가라는 것이다. 헐레벌떡 교무실로 달려가니 송선생님이 잡다한 원고 뭉치를 내주며 이름이 적힌 대로 나누어주라는 분부였다.

한 해에 두 차례 학교신문인 《광고 타임스》를 발행하는데 학생들이 여기에 실릴 원고를 다투어 제출했다. 문예반 지도교사였던 송선생님은 학생들의 원고를 꼼꼼히 살피고 줄을 그어 수정했다. 그런데 내가 써낸 시 원고는 돌려주지 않았다. 나중에 신문이 나온 것을 보니 내 습작시가 게재되어 있었다. 내 생애에 처음으로 인쇄 매체에 이름을 올린 것이다.

나는 이때부터 문예반에 들어가 활동했다. 송선생님은 게으른 탓인지 나를 믿어서인지 2학년 때부터 신문이나 교지의 편집과 교정을 거의 내게 맡겼다. 나는 고학생이어서 쉽게 짬을 낼 수 없었으나 충실하게 맡은 일을 해내려 노력했다. 이 무렵부터 강홍기, 오병선, 박봉간,

정영식, 김범경 등 문예반 학우들을 만나 어울리게 됐다. 송선생님은 가끔 내 원고를 보고는 호된 질책도 서슴지 않았다. 원고에 줄을 박박 긋고는 "너는 어째 점점 못해가나?"고 꾸중했다. 그럴 적마다 나는 어쩔 줄 몰랐다.

2학년이 됐을 때 현대국어 담당으로 유공희 선생님이 왔다. 유선생님은 해박한 지식을 갖춘 데다가 인자하고 언변이 좋아 나를 사로잡았다. 나는 그 무렵 실존주의니 '카뮈'니 하는 데에 빠져 있었다. 그리고 《사상계》를 열심히 읽는 어설픈 의식의 소유자였다. 덜 떨어진 의식으로 인생이 어떻고 사회가 어떻고 떠들어대기를 좋아했다. 유선생님의 강의는 이런 나를 더욱 들뜨게 했다. 나는 성적도 좋지 않고 모범생이 아닌데도 유선생님에게서 꾸중을 들은 기억이 없다.

학교를 졸업하고도 유선생님을 자주 만났다. 유선생님은, 역설적으로 말해서, 내 인생에 큰 잘못을 저질은 분이다. 나에게 술을 가르친 것이다. 유선생님은 서울고등학교로 자리를 옮겼는데 내가 찾아가면 술을 실컷 먹고 지칠 줄 모르며 대화를 나누었다. 그 착한 사모님은 눈총 한번 주지 않아 한동안 자주 찾아갔다. 내 인생에서 남에게 폐를 끼치고 실수가 잦았다면 이것은 모두 술 탓일 것이다. 그 빌미가 유선생님에게서 나왔다.

또 2학년이 됐을 때 국사 과목을 배웠다. 국사를 가르친 분은 김길 선생님이다. 나는 10대 초반까지 10여 년 동안 아버지에게서 한문을 배웠다. 그런 탓으로 한문투성이인 국사 교과서의 내용을 어렵지 않게 이해할 수 있었다. 수학·과학 과목은 바닥이었으나 국사만은 상위의 성적에 들었다.

이런 탓인지 내 기억에 김선생님은 늘 환하게 웃고 있었던 것 같다.

또 내가 교지나 일반 신문에 쓴 글을 보고는 가끔 평도 해주었다. 교실에서는 한자를 쓰다가 획순이 막히면 돌아보며 나에게 물었다. 나는 국사가 대단히 재미있었고 또래들에게 아는 체도 했다.

2학년이 됐을 때 이종수 선생님이 영어를 가르쳤다. 내 영어 실력은 중간 정도였다. 그런데 이선생님은 영어 실력보다 학생들의 의식 수준에 더 관심이 있는 듯했다. 여름방학을 마치고 학교에 돌아온 학생들에게 자기가 겪은 것을 이야기하라고 했다. 나는 광주에서 부산까지 버스를 타고 가면서 민둥산을 보니 안타까웠고, 또 부산사람들은 외국제품

광주 충장로에서 찍은 광주고등학교에 다니던 시절의 저자 이이화.

을 많이 쓰며 국산품을 애용하지 않는다고 말했다. 그러자 박수를 치게 했다.

이선생님이 늦게 대학을 다니느라 서울에 살 때에도 가끔 만났다. 하숙집에 찾아가 밥도 얻어먹고 술도 얻어 마시며 용돈도 울거냈다. 이선생님이 대학교수가 됐을 때도 만났는데 이선생님은 내가 벌인 행사에 참석하기도 했으며 우리 집에 와서 자고 가기도 했다. 또 내가 찾아가서 하룻밤을 묵으며 민폐를 끼치기도 했다. 그러는 사이 이선생님과 나는 배짱이 맞았다. 이선생님은 막스 베버 연구에 한국 일인자이다. 내가 진보적 역사학 공부를 해나가는 데에 많은 시사를 주었다.

나는 20대 초반까지 문학 지망생이었다. 그러다가 20대 후반에 한국사 연구로 방향을 돌려 오늘에 이르렀다. 내가 스스로 시인이나 소설가로서 재주가 없다고 생각한 탓도 있었으나 친일파가 횡행하는 현실사회에서 민족사가 왜곡되어 있다고 판단되었기에 현실의 모순을 바로잡는 방법의 하나로 한국사 연구가 필요하다고 여긴 것이다. 한편 어릴 때 배운 한문 실력이 이에 도움이 되겠다고도 생각했다.

나는 어설픈 역사학자로서 역사의 대중화에 힘을 기울여왔다. 나는 역사학의 엄숙주의를 배격하고 좀더 대중에게 다가가야 한다는 주장을 펴오면서 그런 방향으로 글을 써왔다. 이것은 내가 지난날 문학에 심취하여 시야의 폭을 넓히고 또 문장 훈련을 받은 게 도움이 됐을 것이다.

그런 덕을 주신 분들이 송규호, 유공희 선생님이다. 두 분 선생님은 늘 내 마음속에 자리잡고 있다. 유공희 선생님은 얼마 전에 작고했고 송규호 선생님은 수필가로 활동하면서 건강하게 나날을 보내신다. 또 그 지루한 국사를 붙들게 된 동기 중의 하나는 김길 선생님이 자애롭게 대해준 데에도 있었다. 김길 선생님은 교장을 지내면서 많은 제자를 길

렀으나 지금 타계했다. 이종수 선생님은 대학을 정년 퇴직했는데 지금까지도 내가 쓴 책들을 거의 다 읽고 의견을 주며 열띤 대화를 나눈다. 이만하면 내 고교시절도 자랑할 만하지 않은가? 나는 지금도 광주고등학교 교정이 가끔 꿈에 보인다.

인생을 일깨운 말들

인간의 도리를 다하거라

아버지는 자식들 교육에 엄격했다. 일제시기 학교에 보내면 일본놈이 된다고 자식들을 집에서 한문만 가르쳤다. 그래서 나는 적령기가 되어도 학교에 갈 수가 없었다.

아버지는 매일 일정한 분량의 공부를 가르치고 이를 다음날 새로운 내용을 배우기 전에 외우게 했다. 만일 이를 외우지 못하면 엄한 호령과 함께 담뱃대로 이마를 사정없이 내리쳤다. 나는 이 담뱃대를 피하려고 그날 그날 배운 부분을 열심히 외웠다.

아버지는 적어도 자식들 앞에서는 어느 사람을 두고 '평안도 놈'이라거나 '전라도 놈'이라는 따위 지역 출신을 내세우며 평가하지 않았다. 또 저 사람은 상놈 출신이라거나 백정의 아들이라는 따위의 말을 입밖에 내지 않았다. 사람을 평가할 때면 순전히 그 개인의 성품이나 행동만을 고려할 뿐이다. 이런 아버지의 언행은 나에게 큰 교훈으로 남아있다.

나는 가출을 하고 나서야 아버지의 영역에서 벗어날 수 있었다. 학교를 다니기 위해 어쩔 수 없이 저지른 돌출행동이었다. 아버지의 영향권에서 벗어났을 때에는 자괴감과 해방감이 엇갈렸다.

어느 해엔가 방학기간에 아버지를 찾아갔다. 나는 무릎을 꿇고 불호령이 떨어질 것을 두려워하며 있었다. 그런데 아버지는 나를 그윽하게 바라보더니 한참만에 한마디를 했다.

"어디를 가서 무슨 공부를 하든 상관할 것이 없다. 그저 가정을 화목하게 이끌고 친척과 이웃에 쓸모 있는 사람이 되면 인간의 도리를 다하는 것이다. 출세를 하고 명망을 얻는 것이 참된 인간의 길이 아니다."

이로서 가출을 용서받은 것이다. 나는 50여 년이 지난 지금도 그 말씀을 생생하게 기억하고 있다. 그리고 이 말씀을 충실히 따라서 살아온 것은 아니지만 이때의 말씀을 늘 마음속에 새기고 있다. 이 말씀은 인간의 도리와 실천을 강조한 가르침일 것이다.

배운 것과 실천이 함께 따라야 한다

나는 광주고등학교를 다녔는데, 복도와 교장실과 교무실에는 교훈이 걸려 있었다. 누구의 글씨인지는 기억나지 않지만 정자로 '학행일치(學行一致)'라고 씌어 있었다.

학행일치! '배운 것과 실천이 함께 따라야 한다'는 가르침이다. 이를 철저하게 주장한 이는 중국의 철학자 왕양명(王陽明)이었다. 그는 학문이 관념에 빠져 글자의 자구(字句)나 해석하고 그럴듯한 이론이나 늘어놓으면서 실천이 따르지 않는 학문풍토를 타매했다. 그래서 그는 제자들에게 실천을 강조했다.

그는 제자들에게 강의식으로 가르치지 않고 토론식으로 수업하여 서로의 생각을 정리하고 결론을 도출하도록 했다. 이런 내용을 엮어《전습록(傳習錄)》을 전했다. 그리고 제자들을 사회에 내보내 온갖 경험을 하게 했다. 제자들에게 세상에 나가 도둑질도 하고 거지 노릇도 하고 부랑배로 떠돌기도 하면서 온갖 인간의 본질을 깨닫도록 한 것이다.

이들이 몇 년 동안 이렇게 온갖 경험을 하고 돌아오면 욕(慾)이라는 화두를 준다. 그리고 이 화두를 놓고 거듭 사유를 하게 한다. 이 '욕'의 화두를 깨우치고 나서 세상에 나가 민중을 가르치거나 지도자가 되라고 이른다. 이런 가르침이 바로 '학행일치'였다.

조선 후기에는 성리학이 크게 유행했다. 이는 인성(人性)의 문제를 탐구하는 학문 경향이다. 그런데 관념론으로 빠져 실천이 따르지 않는 폐단이 있었다. 이를 반성하는 학자들이 일어났는데, 이들이 바로 실학자였다.

실학자들은 학문의 중심을 실천에 두고 현실 문제를 풀려고 노력했다. 이들은 고답적인 이론보다 실천성을 토대로 현실모순을 지적하고 개혁이론들을 내놓았다. 실학자들은 바로 학행일치의 가르침에 충실했던 것이다. 따라서 이 교훈은 학문하는 사람들과 벼슬하는 사람들에게 더욱 명구가 됐다.

나도 학자의 길을 걸어오면서 학문하는 데에 현실인식이 부족하거나 공허한 이론으로 빠져서는 안 된다는 나름의 신념을 갖고 있다. 특히 우리 역사의 경우, 오래도록 강대국에 흔들리고 식민지를 겪으며 분단의 구조 아래 놓여 있는 조건에서 이런 실천적인 이론이나 현실에 토대를 둔 경향이 매우 중요하고 유용하다는 생각을 하게 된 것이다.

노자의 안분(安分)과 공자의 지퇴(知退)를 생각하다

이제 나도 환갑을 훌쩍 넘긴 나이이다. 짧다고 할 수 없는 세월을 살아왔다. 나름대로 세상을 바라보는 인생관도 생겼다. 요즈음은 안분(安分)과 지퇴(知退)를 곧잘 떠올린다.

안분은 노자의 가르침이다. 현실에 만족하고 자기 분수를 지키라는 뜻을 담고 있다. 인간의 욕망은 끝이 없다고 한다. 그 욕망을 모두 채우려고 하면 무리가 따르고 비리를 저지르게 된다. 그런 끝에 마음과 몸이 수고롭게 되고 끝내 회한이 남는다. 안분의 마음가짐을 갖고 이를 지키면 인생을 관조하면서 때묻지 않은 삶을 누리게 되는 것이다.

요즈음 많은 사람들이 권력과 재물을 좇아 온갖 무리를 저지르면서 이리 뛰고 저리 뛰는 모습을 보이곤 한다. 그리하여 세상사람들의 손가락질을 받고 비난의 말을 듣는다. 안분의 자세를 전혀 모르고 있다. 이들에게는 후세의 엄정한 평가가 내려질 것이다.

또 지퇴는 공자의 가르침이다. 공자는 "나아갈 줄을 알거든 물러갈 줄도 알라"고 가르쳤다. 인간은 성장하면서 출세를 하기 위해 온 노력을 바치기도 하고 자기 신념에 충실한 사람은 국가와 사회를 위해 신명을 바친다. 그런 속에서 자신이 아니면 안 된다는 오만이 생긴다. "나만이 이 일을 할 수 있다"거나 "내가 나서야 난국을 타개할 수 있다"고 외친다. 그래서 물러갈 때가 됐는데도 나아갈 줄만 알고 처신하는 것이다. 이럴 적에 몸과 마음이 고달파질 뿐 아니라 끝내 오욕의 길로 가기 쉽다.

우리는 세상살이에서 물러갈 줄을 전혀 모르고 있거나 나서지 않을 자리를 분간치 못하는 경우를 종종 볼 수 있다. 이럴 적에 '지퇴'의 의미를 되새겨보는 것은 유용할 것이다. 새삼 자신을 돌아보고 나설 자리인지 물러설 시기인지를 판단해서 처신해야 할 것이다.

나는 세상을 살아가면서 어느 단체의 책임을 맡기도 했다. 후배들은 의욕에 넘쳐 있기도 하고 참신한 의식으로 접근하기도 한다. 이것이 역사발전의 원동력이 된다. 그들에게 자리를 물려주는 일은 선배의 몫이다. 이들에게 새로운 일을 맡기는 것에 위험부담만 있는 것은 아닐 것이다. 오늘날 안분과 지퇴의 가르침은 복잡한 산업사회와 민주사회에서 우리에게 중요한 덕목이 될 것이다. 이는 경쟁에서 지는 것을 의미하지 않으며 사회에서 낙오하는 처지와는 구분될 것이다.

인류의 역사는 발전을 거듭해서 문명사회를 이루었다. 문명은 오랜 지성이나 사상의 축적으로 이루어졌다. 인류의 선인들은 후손들에게 참다운 인간의 길을 제시했고 가르쳤다. 우리는 살아가면서 그 가르침을 되새겨보고 수양을 쌓아 참 인간의 길을 걸어야 할 것이다.

'학행일치'는 지금의 나이에도 나에게는 여전히 소중한 명언이 되고 있으며 '안분'과 '지퇴'는 수신의 덕목이 되고 있다.

가슴 뛰게 했던 신채호 선생의 글들

　나는 어린 시절 한학자인 아버지를 따라 산속에서 살았다. 아버지는 《소학(小學)》 따위 한문책만 내게 가르쳤다. 아버지는 일년에 한 번씩 이리에 사는 어머니에게 나를 보냈는데 그러면 나는 머리 아픈 한문책을 내동댕이치고 마음껏 뛰놀았다. 그러던 어느 날 건너 마을에 사는 친지의 누나집에 놀러 갔다가 소설책들이 쌓여 있는 것을 보고 나는 눈이 휘둥그래져 그 소설들을 빌려 읽었다. 한글을 배운 적은 없으나 한문책에 달린 토를 익혔기에 어렵지 않게 읽을 수 있었다.

　그 소설들은 김내성의 《청춘극장》, 이광수의 《무정》, 《사랑》 따위였다. 때로는 한문이 뒤섞여 있는 〈춘향전〉도 읽었다. 나는 다시 산속으로 끌려 들어갔으나 소설을 읽던 감동은 쉽사리 사라지지 않았다. 열 살이 조금 넘었을 때였다. 나는 가출을 해서 뒤늦게 학교에 들어가 고학을 했다. 10대 후반의 청소년 시절에는 마구잡이로 책을 읽었다. 고학생이어서 책을 사볼 여유가 없었다. 그래서 친구들에게 빌려보기도 했고 학교 도서관에서 책을 읽기도 했다. 신간이 나오면 책방에 들러서 줄창 서서 읽었다. 책방 주인이 보다못해 어깨를 두들겨 내보내면 다른 책방으로 가서 못다 읽은 부분을 마저 읽었다.

　남독이었다. 이 무렵 손창섭과 이범선, 김성한 등의 소설에 깊이 빠졌다. 그리고《레미제라블》,《분홍 글씨》나《에반제린》과 같은 고전이나 서사시도 읽었다. 사르트르와 카뮈의 책들도 이해가 잘 되지 않으면서 심취했다. 지금 생각해보면 그 번역들은 엉터리였던 것 같다.

　20대 후반에 나는 고민에 빠져들기 시작했다. 시인이나 소설가의 꿈을 버리고 한국학의 공부로 돌아선 것이다. 나이가 들면서 우리 민족이 역사적으로 숱한 고난을 겪어왔다는 것과 해방 후 민족문화가 서구문물에 매몰되고 있다는 현실에 눈을 뜬 것이다.

　그래서 한국학 관련의 책들을 읽어댔다. 내가 가장 먼저 감동을 받은 것은 신채호의 저작들이었다.〈오천년래 일대사건〉에는 고려의 묘청이 민족 자주정신으로 반역을 일으켰다는 것, 세종이 한글의 창제로 민족문화를 확립했다는 것, 이순신이 거북선으로 외적을 쳐부수었다는 것 등을 웅혼한 필치로 밝혀놓았다. 나는 가슴이 뛰었다. 그래서 그의 저술들을 찾아 읽었다. 이광수나 서양의 고전소설에서는 전혀 맛볼 수 없는 새로운 분위기 속에 휘말려들었다.

　신채호의《을지문덕전》과《동국거걸 최도통전(東國巨傑崔都統傳)》은 영웅의 활동상을 그린 책이다. 그의《조선혁명선언》은 일제에 항거하여 조국을 민중혁명으로 되찾자는 혁명론을 밝히고 있었다. 을지문덕의 전기에는 수나라의 침략을 뛰어난 전략 전술로 여지없이 물리친 이야기가 실려 있으며, 최영의 전기에는 명나라에 대항하여 만주땅인 요동을 정벌하여 영토를 확보하려는 의지가 넘쳐 있었다.

　또 그의《조선상고사》에는 단군 이래 민족의 기상이 펼쳐져 있었다. 서언왕이 산동반도에 식민지 국가를 건설하여 주나라와 대결했던 장대한 스케일의 이야기며, 당나라 태종이 위장술까지 써가면서 고구려를 침략했으나 무참히 깨져 돌아갔다는 역사적 사실들은 민족 기상을 드러내기에 조금도 모자라지 않았다. 신채호는 웅혼하면서도 과장된 한문투의 문장을 즐겨 썼으나 나는 별 어려움 없이 읽을 수 있었다.

다음으로는 신채호의 삶을 추적해보았다. 30대 초반에 월간지《신동아》에서 편집을 맡아보면서 필요한 자료를 수집하고 공부할 수 있었다. 그리고 이런 기회를 타서 신채호의 생애를 추적했다. 그가 살던 곳도 찾아다녔고 그가 근무하던 대한매일신보 자리도 찾아보았다. 또《신동아》에 〈신규식 평전〉을 쓰기로 하여 신규식의 유적지도 찾아나섰다. 신규식은 신채호의 아저씨뻘 되며 두 사람은 평생을 동지로 지냈다. 신규식은 상해 임시정부의 외무총장을 지내면서 한국의 얼을 일깨운《한국혼》을 저술했는데 그 내용과 문체가 신채호의 글과 크게 다르지 않았다. 어쩌면 신채호가 지어주었거나 조언을 했는지도 모를 일이다.

신채호의 삶은 저술 못지 않게 나에게 감동을 주었다. 두 가지만 보기를 들어보자. 대한매일신보는 적선동 언저리에 있었고 그의 집은 혜화동 아래쪽에 있었다. 그는 퇴근을 하면서 ㄷ자형으로 종로의 고서점을 들른다. 그는 종로 5가에 있는 고서점에서 책을 사지 않고 읽었다. 하루이틀의 일이 아니었다. 부정기적으로나마 월급을 받으면 그 주머니를 책방 못에 걸어놓고 책을 읽다가 그대로 나가버렸다. 책방 주인은 늘 읽기만 하고 책을 사지 않는 신채호가 얄미워서 월급 주머니를 건네주지 않았는데 한 달이 지나도 찾아가지 않았다고 한다. 또 조금이라도 마음에 맞지 않는 사람이 있는 자리에는 끼지 않으며 설령 동석하더라도 말을 걸지 않고 심하면 술잔을 끼얹었다고 한다.(일가인 신각휴의 증언) 친일파나 타협론자들을 향한 작은 저항이었다.

나는 이렇게 해서 신채호의 저작과 삶에 큰 영향을 받았다. 그의 모든 저술은 《신채호전집》에 모아져 있다. 하지만 오늘날은 신채호가 살던 시대와 다르다. 또 그의 사학은 시대성을 반영했기에 오늘날에 맞지 않는 내용이 많다. 그러나 그의 정신은 영원할 것이요, 계속 나의 스승이 되어줄 것이다.

내 아버지, 야산 이달

'주역패의 교주'로 통했던 아버지

아버지는 나라를 제국주의 일본에 빼앗긴 시대에 생애의 대부분을 보냈다. 늘《주역》만을 읽고 가르쳤으며 때로는 기이한 행동을 보이기도 해서 세상사람들에게 '주역패의 교주'로 통했는데 보통 때는 아버지 호를 따서 '야산 선생'이라고 불리었다.

이 '야산 선생'은 지금의 경상북도 금릉군 구성면에 드는 지례 원터에서 몰락한 양반 집안의 아들로 태어났다. 그곳은 연안 이씨들의 기와집 몇백 채가 늘어서 있는 마을이었지만 별로 내세울 것이 없다 보니 옛 조상이나 들먹이며 양반 행세를 하는 것이 고작이었다. 아버지는 일찍이 부모를 여의고 작은할아버지의 손에서 자랐다. 작은할아버지도 찢어지게 가난했으나 6대 종손인 아버지에게만은 글공부를 열심히 시켰다. 아버지는 어릴 적에 온 고을이 떠들썩할 만큼 천재라는 소리를 들었다고 한다. 그래서 그랬는지는 몰라도 작은할아버지는 자기 아들은 제쳐두고 조카만을 위했다.

아버지는 조금 커서는 온종일《주역》만을 읽었다. 집안이 워낙 가난하다 보니 세금을 낼 필요도 없었고 글만 읽으니 부역도 나가지 않았다.

한번은 김천에서 지례로 빠지는 길을 닦는데 어엿한 호주이니 아버지에게도 일정한 몫이 주어졌다. 평소에는 다른 사람들이 아버지가 닦아야 할 길을 대신 해주었으나 그 동네 구장이 아버지를 골탕먹이기로 마음먹고는 아버지의 몫만 비워놓아 그 자리만 움푹 빠져 있었다. 군수가 감독하러 올 시간이 되자 구장은 아버지에게 성화를 부렸다. 그러자 아버지는 부시시 일어나더니 책 한 권을 끼고 움푹 빠진 아버지 몫의 자리에 앉아 태연하게 글을 읽었다.

아버지를 본 군수가 무얼 하느냐고 물었다.

"길 닦고 있소."

"글 읽는 것도 길 닦는 것이오?"

"천명지위성(天命之謂性)이요, 솔성지위도(率性之謂道)요, 수도지위교(修道之謂教)니라……. 천명을 성품이라 이르고, 성품 거느림을 도(길)라 이르며, 길 닦는 것을 가르침이라 이른다. 이보다 더 큰길을 누가 닦소?"

《중용》의 첫 구절로 이렇게 군수의 입을 막아버리니 군수는 구장을 불러 이런 선비에게는 부역을 시키지 말라고 했다. 골탕을 먹이려던 구장은 도리어 멀쑥해지고 말았다.

3·1운동의 소식을 뒤늦게 들은 아버지는 경찰서 앞에서만 만세를 불러대는 바람에 《주역》을 읽다가 미친 사람으로 통했고(속설에 《주역》을 많이 읽으면 미친다고 한다) 요시찰 대상이 되고부터는 순사가 찾아오는 모습만 보이면 비를 들고 방을 쓸어댔다. 순사가 "왜 갑자기 방을 쓰오?" 하고 물으면 아버지는 천연덕스럽게 "왜놈 냄새가 나서"라고 대답했다. 서슬 퍼런 순사도 이 말에는 허허 웃으며 "저 양반이 점점 더

미쳐간다"고 말하고는 가버렸다.

세 해 만에 끝난 이상향의 꿈

이렇게 글을 읽으며 금강산, 계룡산으로 두루 다니면서 지내던 아버지는 마흔 줄에 들어서자 물색 모르는 시골 서생이 허생을 흉내내보고 싶었던지 갑자기 '기미(미두)'에 뛰어들었고 광산에도 손을 댔다. 기미는 특히 인천, 군산, 대구에서 성했는데 아버지는 대구에서 기미꾼이 됐다. 세상물정을 까맣게 모르는 백면서생이 어떤 동기로 건달들이나 하던 기미꾼이 됐는지는 모를 일이나 어쨌든 사십대의 나이로 이 일에 아버지는 대여섯 해를 몸담았다.

아버지의 친구인 오상균 씨의 말에 따르면 아버지는 이 기미로 재미를 좀 보았던 듯하다. 한번은 오상균 씨가 아버지의 뒤를 따라가며 보니 만나는 거지마다 호주머니에서 10원짜리 한 장씩을 꺼내 손에 쥐어주는데 이렇게 100원쯤 나누어주고는 집으로 가더라는 것이다.(그때 쌀한 가마니가 20원이었다고 한다)

어느 날인가는, 기미로 한꺼번에 29만 원을 벌어서는 이 돈을 전부 가지고 강원도 철원에 들어가 땅을 사고 집 수십 채를 지었다. 그러고는 가난한 사람들을 모아 이곳에 옮겨 살게 한 다음에 그 사람들로 하여금 땅을 일구게 하고 소출은 공동으로 나누어 갖는 협동농장을 만들었다.

이 농장은 아버지의 뜻대로 굴러가지는 않았던 듯하다. 이를테면 아버지는 밭에 심은 호박이 알맞게 자라면 누구든지 따가게 하거나 곳간에 쌀뒤주를 놓고 식구 수에 따라 먹을 만큼 퍼가게 했다. 그러나 호박은 다 자라기도 전에 따가기 예사였고 쌀도 몫보다 더 많이 퍼서 물동이 안에 숨겨가는 일이 흔했다. 형편이 이러하니 공동생활이 무너지지 않을 수가 없었고 게다가 이 일을 맡아 관리하는 사람마저 돈을 축내거나 물건을 감추기가 일쑤여서 끝내는 세 해 만에 파탄이 나고 말았다. 아버지가 그렸던 이상향의 꿈이 참담하게 깨어지고 만 것이다.

병치레만 했던 야산 선생의 다섯째 아들

이 무렵에 고향에 있는 고명딸을 친구의 아들에게 시집보내게 됐다. 친구와 아버지 둘이서만 몰래 결정해놓고는 혼삿날 사흘 전에야 혼수 돈을 한푼도 보내주지 않으면서 이 사실을 가족에게 알렸다. 가난에 찌들어 있던 집안에서는 온통 법석이 일었다. 부랴부랴 큰며느리에게 모처럼 사주었던 옥양목 한 필로 간신히 신부의 혼수를 마련하고 친척들이 막걸리다 국수다 묵이다 하여 보내주어서 어렵사리 혼사를 치를 수 있었다. 그렇게 간신히 혼사를 마치고 상객이 돌아가려는데 아버지가 차비를 주지 않고 있으니까 작은댁 할아버지가 가만 있다가 그 궁색을 헤아리고 선뜻 3원을 내주었다.

이즈음에는 어머니 혼자서 대구 달성공원의 연못가에서 셋방살이를 하면서 아버지를 수발하고 있었다. 아버지는 아침을 먹고 집을 나가 오상균 씨, 김백헌 씨, 최씨, 남씨 같은 친구들과 어울려 시국과 주역을 얘기하다가 밤이 되어서야 집에 들어왔다. 아버지와 같이 따라다니던 엄주천(대종교 지도자였다) 씨 같은 분들이 어머니에게 가끔 생활비를 건네주었을 뿐 아버지의 손으로는 한푼도 돈을 준 일이 없다고 한다.

나는 '야산 선생'의 다섯째(아들로는 넷째)로, 다리가 배배꼬인 팔삭둥이로 태어났다.(어머니는 이 얘기를 내게 귀띔해주면서 혼자만 알고 있으라고 덧붙였다) 그러고 보면 나는 뱃속에서부터 영양실조에 걸려 있었던 모양이다.

아버지의 아들로 태어난 것이 잘된 것인지 아닌지는 모를 일이로되 어떻게 된 위인이길래 배냇아이까지 영양실조에 걸리도록 내버려두었을까? 뱃속에서부터 허약했기 때문에 이 아이는 태어나자마자 온갖 병치레를 해야만 했다. 쪼그마하고 비쩍 마른 꼬락서니에 병치레만 해대니 예쁘다거나 귀엽다는 말은 아예 들어보지도 못했을 것이다.

'야산 선생'은 아들 이름도 주역의 괘를 던져 지었는데 내가 얻어걸린 괘는 '이괘'였다. 거기에다가 돌림자를 붙이고 성까지 얹어놓으니 '이이화'가 됐다. 이름이 이래서 어려서는 자주 동네 아이들의 놀림감이 됐고 커서는 여성으로 착각한 일선 군인아저씨로부터 팬레터를 받기도 했다.

1943년 무렵에, 그러니까 내가 일곱 살이었을 적에 우리 집은 전라북도 이리 고현동(지금은 모현동)으로 이사를 하게 됐다. 온 식구들은 이제야 아버지가 땅도 사놓고 집도 사서 우리들을 호강시키려나 보다 하고 잔뜩 기대에 부풀어서 낯선 동네로 찾아들었다. 그런데 막상 가보니 다 찌그러진 방 두 칸짜리 오두막이었다. 큰형수께서는 방의 먼지를 쓸어내다가 마당 옆에 우뚝 선 가죽나무를 쳐다보고 남몰래 눈물을 훔쳤다고 얼마 전에도 그때의 야속했던 마음을 털어놓았다.

이사를 하고 나자 아버지는 버릇대로 훌쩍 어디론가 떠나버렸는데 어쩌다가 들러서는 몇 달 동안 집에 머물곤 했다. 한편으로 대처 옆구리로 나온 우리 식구들은 먹고 살 일을 찾아야 했다. 장성한 형들이 이리 역에 나가 과일 장사를 시작했고 형수들은 동네의 논이나 밭을 매어주는 날품팔이를 했다.

어느 날 아버지께서 역에 내렸다가 형님들의 과일 달구지를 보았것다! 아버지는 다짜고짜 이런 것을 팔면 사람 버린다고 꾸짖으면서 과일 달구지를 끌고 여인숙을 돌며 노인들에게 나누어주게 했다. 참으로 엉뚱한 분이 아닐 수 없었다. 어쨌거나 형님들은 몇 년 동안 애쓴 끝에 동네 한가운데에 그럴듯한 집도 샀고 논도 열몇 마지기쯤 마련했다. 이제 자리잡고 살게 된 것이다.

아버지에게 글을 배우다

나는 그 사랑채에서 글을 배웠다. 그때 내 또래의 아이들은 모자를 쓰고 양복을 입고 학교에 다녔고 돌아와서는 골목골목을 누비며 일본 군가 따위를 부르고 다녔는데 나는 그것이 얼마나 부러웠는지 모른다. 나는 기껏《동몽선습》같은 책을 배우며 졸기만 했다.

내가 글을 배우고 있을 때에는 아버지와 함께 사랑채에서 잤다. 그런데 어느 날 동네에 떠도는 곰배팔이 거지 여자아이 한 명이 밤늦게 창가에서 울고 있었다. 아버지는 이 곰배팔이를 불러들여서 내 옆자리에서 재웠다. 이튿날이 되니까 내 몸에는 이가 득실거렸다. 이 아이는 밤마다 이 모양으로 찾아들었다. 이가 득실대서 괴로운 것은 그런 대로 견딜 만한데 나와 동갑내기인 질녀애들이 곰배팔이와 잤다고 놀려대고 이 소문이 온 동네에 퍼져 동네아이들의 놀림감이 된 것이 화가 났다. 힘이 약했으니 맞싸울 수도 없었고 설령 힘깨나 쓴다고 해도 동네 애들과 싸우고 들어가면 잘잘못을 따질 것도 없이 아버지에게 피가 나도록 종아리를 맞았을 터이니 내 성격은 극도로 내성적이 될 뿐이었다.

아버지는 8·15해방이 되자 하루는 맏형에게 밑도 끝도 없이 집문서와 논문서를 내놓으라고 하여 이 문서들을 받아들고는 동네 공회당으로 갔다. 거기서 몇 마디 흥정을 주고받고 난 뒤에 아버지는 문서들을

1948년 즈음에 제자의 결혼식을 마치고 찍은 아버지 야산 이달(왼쪽에서 두 번째)의 모습이 있는 유일한 사진.

훌쩍 던져주고 나와버렸다. 그래서 할 수 없이 맏형이 가서 셈하여 돈을 받아왔다. 아버지는 곧 온 식구들을 이끌고 첩첩산중인 연산 대둔산 밑의 수락리로 이사를 갔다. 내 나이 열살 때의 일이었다.

그러고서 식구들을 부락에 떨어뜨리고 아버지와 셋째형님과 나는 대둔산의 상봉 밑에 자리잡은 빈 암자에 들어가서 살았다. 대둔산은 전라북도 쪽과 충청남도 쪽으로 나뉘는데 우리가 살았던 곳은 충청남도 쪽에 있는 석천암이라는 곳이었다.

아버지가 이곳에 자리를 잡자 대구에서, 서울에서, 김천에서 젊은이들이 글을 배우러 몰려왔다. 한 50명쯤이 대중방에서 북적댔는데 정치운동 하다가 쫓겨온 사람들, 빨갱이 하다가 도망 온 사람들, 경찰관을 하다가 피해온 사람들과 진짜 공자·맹자 배우러 온 사람들이 한데 모여 그야말로 오색잡동이었다. 가까운 곳에 자기 집이 있는 서생들은 먹을 양식을 가져왔지만 군식구들이 반을 넘었기 때문에 모두 점심을 굶고 아침과 저녁 두 끼만 멀건 죽으로 때워도 양식이 모자랄 지경이었다.

그래도 아버지가 쌀 뒤주를 열어보는 것을 나는 본 적도 없거니와 도대체 배가 고프다거나 춥다거나 덥다거나 하는 말을 입밖에 낸 일이 없었다. 또 아버지는 평생 동안 치약과 비누를 쓰지 않았다. 사진은 딱 두 번만 찍었는데 결혼 주례를 서는 바람에 억지로 끌려가 한 번 찍었고 도민증을 낼 적에 담당 순경이 목이 달아난다고 엄포를 놓자 사진 찍는 것에 응해준 적이 있었다. 옷은 며느리들이 알아서 챙겨놓으면 갈아입을 뿐이지, 좋으니 나쁘니 말할 줄을 몰랐다. 몸을 다듬거나 멋을 부리는 일과는 아예 거리가 멀었던 것이다. 이런 분을 수발하는 것이 편하다면 편한 일이겠지만 불편하다면 더할 수 없이 불편한 일이었을 것이다.

무정했던 아버지

나는 죽으로 산중생활을 지내기는 했지만 손쉽게 먹을거리를 찾아낼 수 있었다. 봄부터 가을까지는 산속에 딸기, 산복숭아, 머루, 다래, 으름 따위가 지천으로 널려 있었다. 이것들은 나무나 넌출에 달려 있는 것들이고 땅에도 더덕, 도라지 같은 것들이 있었으니, 마음만 먹으면 얼마든지 캐어 허기를 달랠 수 있었다.

하루는 다래를 실컷 따먹고 그 넌출에 누워서 늘어지게 낮잠을 잤다. 공부방에서 그랬다가는 혼쭐이 나기 때문에 나는 이런 곳에서 낮잠자기를 즐겼다. 그런데 하루는 눈을 떠보니 날이 이미 어둑했고 짐승 울음소리도 간간이 들려왔다. 허둥지둥 집으로 찾아들어 부엌을 기웃거리니 내 몫의 죽이 부뚜막 위에 놓여 있었다. 죽을 먹어치우고 방으로 조심스레 발을 들여놓았다. 모두들 글읽기에 정신이 없었고 아버지는 아랫목에서 눈을 지그시 뜨고 바라볼 뿐 아무 말이 없었다. 나는 혼이 나지 않은 것만으로도 안도해하면서 아버지가 내게 너무 무관심하지 않나 하는 생각도 들었다.

나는 여름이면 어김없이 병을 두 가지씩은 앓았다. 하나는 학질이요, 하나는 옻이 몸에 옮는 일이다. 그러나 하루거리에 걸려 덜덜덜 떨고 있어도 아버지는 이마 한 번 짚어주는 적이 없었고 옻이 온몸에 번져도 씹어 바르라고 쌀을 한줌 집어줄 뿐이었다.

한번은 아버지가 내게 창호지로 책처럼 매서 〈당시〉 몇 수를 써주었다. 나는 이것을 끼고 뒤안 홈통 옆에 앉아 여름 내내 열심히 읽었다. 내가 〈당시〉를 좋아해서가 아니라 아마도 아버지가 보여준 모처럼의 관심과 배려에 감동했기 때문이었을 것이다.

나는 어릴 적부터 잠이 유난히 많았다. 아침 일찍부터 모두 앉아 글을 배우는데 나는 가장 늦게 일어나 남들이 글을 배울 동안에 뒷전에서 그 전날 배운 글을 외운 다음에 마지막으로 책을 덮고 아버지 앞에 무릎을 꿇고 앉는다. 전날에 배운 것을 외워야만 새로운 것을 배우는 것이 불문율로 정해져 있었기 때문이다. 눈을 감고 나는 더듬거리며 외웠다. 만약 눈을 떴다가 안경 너머로 쏘아보는 매서운 눈과 손에 들린 대꼬바리(우리는 아버지의 담뱃대를 이렇게 불렀다)와 마주치게 되면 알던 것도 저 멀리 달아나버리기 때문에 아예 눈을 감았다. 틀리게 외우거나 막히면 어김없이 대꼬바리가 이마에 떨어졌고 심지어 피가 눈가를 타고 흘러내리는 일도 있었다. 울음을 터뜨리거나 손으로 피를 훔치는 일은 용납되지 않아서 그대로 계속 외우는 데에만 열중해야 했다. 적어도

한 달에 두세 번은 이런 꼴이 일어났다.

한번은 서울에서 온 손님과 아버지가 여운형이 암살되었다느니, 김구가 암살되었다느니 시국 얘기를 하고 있는 것을 나는 눈을 말똥거리며 곁에서 듣고 있다가 그 손님에게 불쑥 "김구는 누구고 여운형은 누구냐?" 하고 물었다가 아니나 다를까 대꼬바리가 내 이마에 떨어졌던 적이 있었다.

이런 분위기 탓으로 내게는 두 가지 나쁜 버릇이 붙었다. 하나는 말을 더듬는 것이다. 말을 할 때에 잘못 말했다가는 언제 날벼락이 떨어질지 모르니 말을 하기 전에 미리 더듬기부터 한 것이다. 또 하나는 이른바 야뇨증이었다. 숲속에서 시원스레 오줌을 싸거나 요강에다가 좔좔 오줌을 누는 꿈을 꾸고 깨어보면 어김없이 옷과 요가 흥건해 있었다. 나는 그대로 아침까지 견디거나 자다가 일어나 걸레로 훔치기도 했지만 한 가지 이상한 것은 이 야뇨증 때문에 대꼬바리로 맞은 기억은 없다는 것이다. 이것은 아직까지도 의문으로 남아 있다.

안면도와 광천에서 6·25를 맞다

대둔산 생활 세 해 만에 아버지는 가족과 제자들을 이끌고 서산의 안면도와 홍성의 광천으로 이사를 했다.(이듬해에 대둔산은 빨치산의 근거지가 되어 쑥대밭이 되고 말았다) 아버지는 광천에 사는 사람들에게 성냥공장과 솥공장을 차려 생산한 물건들을 가지고 도붓장사를 하게 했고 안면도에 사는 사람들에게는 땅콩을 심어 생계를 꾸려가도록 했다. 안면도의 땅콩은 그때부터 본격적으로 재배되기 시작한 것으로 알고 있다. 어쨌거나 우리 식구의 살림살이는 날로 더욱 어려워져 보리죽과 콩죽으로 연명하기 일쑤였고 무밥도 자주 먹었다. 쌀을 섞은 무밥은 먹고 돌아서면 배가 꺼지는데 이것도 점심때는 거르는 일이 많았으니 얼굴이 누렇게 뜨는 것은 뻔한 노릇이었다. 저녁에는 일찍 잠자리에 드는 것이 배고픔을 잊는 한 방법임을 터득한 것도 바로 이때였다.

나는 여기에서도 먹을거리를 찾아냈다. 밀물이 빠지고 난 뒤에 개펄로 나가 바위에 무진장으로 붙어 있는 굴을 따서 훑어먹거나 갈퀴로 바위굴을 후벼 낙지를 잡아먹는 것이었다.

어느 날엔가는, 밤에 마루에 앉아 있다가 건너편 육지에서 폭격으로 일어나는 환한 불빛을 보았다. 전쟁이 왜 일어났는지, 인민군이 어떤 사람들인지 몰랐지만 폭격으로 일어난 광천, 대천의 불빛을 보며 그 무렵에 광천에 떨어져 있던 아버지가 탈이 없기만을 빌고 또 빌었다. 그 무서운 눈빛과 대꼬바리는 전혀 떠오르지 않았고 다만 아버지에 대한 그리운 정이 사뭇 어린 가슴을 적셨다.

그런 나에게 우연하게도 아버지를 볼 기회가 찾아왔으니 장난을 치다가 관자놀이가 연필에 찔려 심이 박히는 바람에 광천에 있는 병원을 가야 했던 것이다. 나는 몇 년 만에 아버지 옆에서 잠을 자보았다. 그때 나는 모처럼 쥐어본 용돈으로 책방에서 유자후(柳子厚) 연희대 교수가 지은 《율곡의 생애》를 사와서 아버지 옆에서 읽었다. 아마 한문책이 아닌 것을 읽기로는 숨어서 읽어본 《순애보》, 《진주탑》 등의 소설말고는 이 책이 처음이었을 것이다. 아버지는 내가 읽는 책을 당겨 훑어보고는 빙긋이 웃었는데 이 웃음이 나에게는 대단한 의미가 담겨 있는 것으로 느껴졌다.

6·25를 겪은 안면도와 광천 생활도 세 해 만에 끝났다. 《주역》을 읽는 탓인지 한 사람의 희생도 없었다. 아버지는 제자들을 이끌고 부여 은산의 옥가실로 이사를 갔다. 인민군도 물러가고 세상이 조금 잠잠해

졌기 때문이었다. 옥가실에서도 아버지는 동네 가장자리에 강당을 짓고 거기서 자며 또다시 글을 가르쳤다. 한 집안에 산 것은 아니지만 아버지는 모처럼 가족과 함께 지내게 됐다. 고향을 떠난 뒤로 아버지가 가족과 함께 제대로 지내기는 이때가 처음이었다.

내 또래의 질녀들이 아침저녁으로 아버지의 식사를 강당으로 가져갔다. 쌀이 조금 생기면 흰밥을 지어다 드렸는데 그럴 때면 뒷짐을 지고 집으로 와서는 "입은 같은데 나만 따로 밥을 주지 말라"고 형수들에게 꾸지람을 놓았다. 그 뒤로 형수들은 따로 밥을 짓지 못했다.

그 무렵 나는 사춘기에 접어드는 열다섯 살의 나이였던 만큼 사물을 보는 눈이 트이게 됐다. 동네의 또래아이들이 중학교에 다니며 "에이, 비, 시"를 외우는 모습을 보았고 역사책과 국어책을 빌려보기도 했다. 그애들은 모자를 쓰고 양복을 입고 학교에 자전거를 타고 다녔으며 집에 있을 때에는 재봉틀로 누빈 양복바지와 남방을 입고 있어서 내가 입고 있는 바지저고리와 잠방이와 적삼이 영 초라하고 볼품없이 여겨졌다. 부끄러움과 부러움이 엇갈렸던 것이다. 사서(四書) 밖에 모르던 나는 영어와 역사 따위의 중학교 책들을 보자 이래서는 안 되겠다는 생각이 들었다.

결국 나는 가출을 결심했다. 아버지가 나를 학교에 보내줄 턱이 없다고 판단한 것이다. 나는 어느 날 부여 장터에 나가 가출을 위한 사전답사를 했다. 그런 그날 허락 없이 장터에 갔다왔다고 아버지에게 호되게 회초리를 맞았다. 이 회초리가 가출을 앞당겼다. 나는 어머니께 상의를 했고 나의 장광설에 어머니는 동의했다. 그러고 나서 나는 아무에게도 알리지 않고 읽던 책보따리를 끼고 몰래 새벽길을 빠져나왔다. 나는 고개를 넘어 아침 일찍 버스를 타며 한없이 울었다. 그리고 아버지를 배반한 죄책감과 새로운 희망이 가슴속에 엇갈리며 요동치는 것을 느꼈다.

고학하던 아들을 보이지 않게 격려했던 아버지

나는 피난민이 득실거리는 부산으로 갔다. 그리고 영도의 한 고아원에 들어가 중학교 입시준비에 열중했다. 이때 나는 아버지에게 붓과 창호지를 구해 한문으로 편지를 올렸는데 "남아가 뜻을 세우고 고향을 떠나 배워서 성공하지 못하면 죽어도 돌아가지 않는다"는 주회의 시를 인용하여 나의 뜻을 밝혔다.

편지에 내 주소를 쓰지 않았는데 어찌어찌해서 아버지는 내가 있는 곳을 알아내서는 사람을 보냈다. 아버지의 친구분이 부산에서 한약방을 하는데 그곳에 가서 심부름도 하고 학교도 다니라는 말씀이었다. 참으로 놀라운 배려였지만 나는 단호하게 거절했다. 영도다리에서 두어 시간에 걸쳐 찾아온 분과 실랑이를 벌이고 나는 돌아왔다. 나는《지능고사》라는 중학입시 문제집을 달달 외워서 학교에 들어갈 나이가 넘어서 한 해 만에 중학교에 들어갔고 이어서 전라도 광주로 가서 고학으로 광주고등학교에 들어갔다.

하루는 학교 모자를 쓴 채 부여 읍내로 옮겨와 계시는 아버지를 찾아갔다. '배워서 성공하지 못한 상태'로 찾아간 것이다. 나는 절을 한 뒤에 무릎을 꿇고 앉아서 아버지의 벼락이 떨어지기만을 기다렸다. 한 시간이 넘게 그렇게 앉아 있었지만 아버지는 아무 말이 없었다. 바깥에서는 나의 질녀들이 "삼촌 때리지 말라"고 졸라대고 있었다. 끝내 떨어진 말은 "나가보라"였다. 용서를 받은 것이다.

나중에 들은 얘기이지만 내 편지를 받고 아버지는 안심한 표정을 지었다고 하며 고학생들이 물건을 팔러 오면 "내 아들도 고학한다"고 물건을 사주면서 "열심히 공부하라"고 격려하더라는 것이었다. 나는 이 말을 듣고 큰 용기를 얻었고 아버지의 보이지 않는 사랑에 격려도 받았다.

그러나 며칠씩 굶기도 하고 고구마 네 개로 하루를 견디어가면서 지낼 적에는 때때로 아버지가 원망스럽기도 했다. 그리고 친구들이 자기 아버지와 다정하게 얘기하며 지내는 것을 보면 부럽기가 이루 말할 수 없었다.

나는 대학에 들어와 시인 김구용 선생에게서 《고문진보》의 강의를 들으면서 동양고전에 대해 새롭게 흥미를 느꼈다. 그래서 나는 아버지가 즐겨보던 《봉신연의(封神演義)》와 같은 책을 보내달라는 편지를 올렸다. 아버지는 책과 함께 "동양의 고전도 열심히 알아보라"는 아주 정다운 편지를 보내주었다. 이것이 아버지가 나에게 처음이자 마지막으로 준 편지였고 선물이었다. 몇 달 뒤에 세상을 뜨셨으니 말이다. 다행히 나는 아버지의 임종을 곁에서 지켜보았다. 임종을 앞두고 아버지는 내 손을 꼭 쥐었다.

나는 그 뒤에도 모진 고생을 해야만 했다. 그 고생을 하며 나는 솔직히 말해서 아버지를 무척이나 원망했다. "도대체 이렇게 내팽개칠 수 있을까, 잘못 태어난 것이 아닐까" 하고 물으면서 나는 평범한 아버지를 둔 사람들이 부러웠다. 열심히 일을 해서 자식들의 옷도 사 입히고 학비도 챙겨주고 하는 아버지들이 부러웠다.

어쨌거나 나의 아버지는 이 땅의 전환기를 산 인물로서 서양의 사조나 물질문명을 야멸차게 물리친 분이었다. 그리고 가족을 돌보지도 않았다. 그렇다고 해서 세상에서 큰 일을 해낸 분도 아니었다. 다만 '꼬장

꼬장한 선비', 또는 '주역패의 교주'라는 말을 주위에서 들었을 뿐이다.

내가 지금까지 세상을 살아오면서 누구의 아들이라는 말을 더러 들어보기도 했으나 유산이라고는 한푼도 받은 것이 없고 그저 이름 석자만 물려받았을 뿐이다. 현재 아버지 야산 이달의 학문과 생애에 대해서는 제자인 김석진(金碩鎭) 선생이 쓴《주역의 길, 스승의 길》이 간행됐고, 《중앙일보》등 언론에 일화와 삶이 새로 소개되어 널리 알려지게 됐다. 아무튼 이제까지 조금은 명리와 물질에 어둡게 살아온 것이 아버지의 유산이라면 유산일지 모르겠다.

제2부

시대에 도전한 역사인물 이야기

신비에 싸인 가락국의 왕비 허황옥

아유타국의 공주 허황옥

허황후는 신비의 여성이다. 그녀가 어디에서 태어나 어디를 통해 흘러와서 가락국의 황후가 됐는지 아직도 정확한 실체가 밝혀져 있지 않기 때문이다. 적어도 오늘날 그녀의 후손으로 일컬어지는 김해 김씨와 김해 허씨들은 5백만 명을 헤아린다. 이런 많은 수의 자손을 두고도 그녀의 내력이 확실하지 않은 것은 막연한 기록 탓이다.

김수로왕은 고구려, 백제, 신라의 세 나라가 일어난 뒤 맨 나중에 김해 일대를 중심으로 가락국을 세웠다. 가락국이 신라에 병합된 탓으로 역사기록이 부실하게 되었다. 그러나 그 건국설화는《삼국유사》에 전해진다. 여기에 허황후의 이야기가 포함되어 있다.

김수로왕은 나라를 세우고 난 뒤에도 왕비를 들이지 않고 있었다. 그래서 대신들이 양가의 규수로 왕비를 간택하라고 했다. 하지만 수로왕은 이를 거절하면서 때를 기다리고 있었다. 어느 날 이국의 한 처녀가 많은 신하와 비단 등 보물을 싣고 남쪽의 뱃길을 따라 가락국에 이르렀다.

《삼국유사》에 실려 있는 허황옥에 관한 부분.

　　그녀는 스스로 아유타국의 공주로 성은 허가요, 이름은 황옥인데 부왕의 지시에 따라 동해 천도골에 있는 나라의 왕비가 되고자 왔다고 했다. 수로왕은 그녀를 왕비로 삼고 나라를 안정되게 다스렸다.

　　그러면 이 설화의 진실 여부는 일단 접어두고 설화의 줄거리를 통해 실제적 사실에 접근해보기로 하자.

　　공주가 처음 바다에 나타날 적이나 수로왕을 만나 대화를 나눌 적에 통역이 끼여들지 않고 의사소통을 한다. 그들 대화의 내용은 상당히 교양과 지식이 어우러져 있다. 왕은 신랑으로서 궁궐에서 나가 신부를 맞이했고 신부는 대등한 관계 속에서 혼례를 치른다. 유교식 혼례절차를 밟고 있는 것이다. 또 공주 신분에 걸맞은 많은 혼수품을 가져온 것도 혼례의 의례에 맞는다. 신부가 데리고 온 종자(從者)들에 대한 후한 대우도 유교식 신행의 절차에서 보여주는 관행이다.

　　공주가 타고 온 배의 돛과 매단 깃발의 색깔은 붉은색과 주황색이었다. 인도의 종파들은 자기 집단을 알리기 위해 많은 깃발을 내거는데 그 색깔은 붉은색과 주황색을 쓴다고 한다. 이런 색깔을 쓴 것은 자신들을 가락국 사람들에게 알리는 신호였을 것이다.

공주일행이 예물로 가져온 물건은 비단이나 능라 같은 옷감과 금은보옥과 같은 보배였다. 초기 철기문화가 시작되고 후진적 농경사회가 열리고 있던 가락국에서는 생산되지 않은 물건들이었다. 이는 그 무렵 중국이나 인도 그리고 실크로드를 거쳐오는 사라센 지방의 산물이었다.

의견이 분분한 아유타국의 실체

공주는 스스로 아유타국에서 왔다고 했다. 이 나라가 어디에 있을까? 이의 실체를 두고 많은 논란을 빚고 있다. 아유타국은 인도 갠지스강 중류에 있는 아요디아라는 고을이라고 추정되기도 한다. 아요디아는 인도 태양왕조의 옛 도읍지로서 서기전 5세기쯤에 그 나라 왕자가 태양신의 화신으로 숭배됐다고 한다. 이들 왕가는 다른 왕조에 점령당해 도읍지를 잃고 어디론지 떠나갔다는 인도 쪽의 기록이 전해진다. 이 시기는 공주가 김해로 오기 28년 전에 해당한다.

태국에도 아유티아라는 고도가 있다. 이 나라는 메남강 언저리에 있었는데 아요디아가 건설한 식민지였다는 것이다. 그러니 아요디아가 망할 적에 이곳으로 망명했을 것이라는 그럴듯한 추정이다.

그리고 공주가 파사석탑을 싣고 왔다고도 한다. 이 돌은 김해 지방만이 아니라 우리 나라에서는 볼 수 없는 약돌이라고 한다. 이 탑은 지금도 허황후릉 옆에 보존되어 있다. 이 약돌은 인도와 중국의 남해 연안에서 산출된다고 한다. 이어 가락 또는 가야라는 이름도 고대 인도어의 '물고기'라는 말과 음이 유사하다고 한다.

허황옥이 싣고 왔다고 하는 파사석탑.

1792년 처음 세워진 수로왕릉의 정문에는 물고기 두 마리가 마주보는 모양과 연꽃 봉우리 등이 그려진 도형이 있다. 이런 문양은 지금도 아요디아 고을에서 큰 건축물에 쓰이는 조각과 장식이라고 한다. 그러니 허황후와 그녀와 관련된 이야기는 인도와 관련이 깊다. 다만 그녀가 올 적에 아요디아가 망했으며, 또 6월의 풍향과 물흐름은 역풍·역류여서 두 달 동안 김해에 닿을 수가 없다고 보기도 한다. 그러므로 태국의 아유티아에서 출발했을 것이라고 추정하기도 한다.

이와 사뭇 다른 추정이 있기도 하다. 허황후가 죽고 난 뒤에 올린 시호는 보주(普州)태후였다. 보주는 중국 사천성의 가릉강 유역에 있었다. 허황후는 바로 이곳에 살던 소수민족인 파족(巴族) 출신일 것이라는 견해가 있다. 허황옥을 파족의 중심세력인 허씨 가문의 딸로 보는 것이다. 허씨들이 한나라 조정에 반기를 들다가 실패하여 강제로 추방됐다는 것이다. 이 허씨들의 뿌리가 인도였고 허황옥 일행은 양자강을 따라 상해지방에 이르렀고 해류를 타고 김해에 도달했다는 것이다.

어머지의 성을 따르는 허씨의 후손들

한편, 아주 색다른 주장이 있기도 하다. 인도의 어떤 상인세력이 가야와 무역을 활발히 벌리기 위해 어떤 여자를 아요디아의 공주로 위장하여 수로왕에 바쳤다고 보는 것이다. 수로도 인도 산스크리트의 수라에서 따온 말로 보는 것이다. 수라는 초인간적 권력을 지닌 사람이나 통치자, 영웅이라는 뜻이다.

다시 한번 따져보면 실마리가 풀릴 법도 하다. 가락국 설화를 중심으로 보면 수로왕과 그 추종자들은 유교와 불교에 소양이 풍부함을 알 수 있다. 수로왕의 자질을 말할 적에도 중국 고대에서 신성시하는 인물을 끌어대고 있다. 수로왕의 통치방식도 유교적 도덕관이 물씬 풍긴다.

허황옥은 한 달 보름 정도 걸려서 김해에 도착했다. 그녀는 도교에서 이상의 나라에 있다는 천도 복숭아를 찾아왔다. 불교의 탑을 들여와서 부처의 가르침을 전파하려 했다. 그녀가 가져온 물건들은 중국 제일의 것이요, 의식도 중국식이었다. 허황옥은 인도의 전통을 익힌 가정에서 자라서 보주 지방에서 왔을 것이다. 수로왕도 허황옥과 같은 지방에서 자랐을 것이다.

이런 배경 탓인지 가락국은 삼국과는 개성이 전혀 다른 고대국가로 출발했다. 이 나라는 남방불교를 이어오고 들판이 적은 환경에서 해양으로 뻗어 무역을 활발하게 벌였다. 그런 결과 후기에 와서는 철기문화를 고급 수준으로 끌어올렸고 백제, 신라, 왜국을 잇는 통로가 됐다.

오늘날 허황후의 능은 김해 구지봉 아래에 자리를 잡고 2천여 년의 신비를 안고 있다. 특히 그녀 자식들은 어머니의 성을 따라 허씨가 됐다. 허씨들은 어머니의 성을 이어받은 유일한 성받이가 되었다. 이런 이야기들은 허황후를 신비에 묻어두지 않고 역사인물로 부각시키는 하나의 시도가 될 것이다.

동북아의 패자 광개토대왕

중국땅 집안시에는 광개토대왕의 사적을 기린 거대한 돌비가 온갖 풍상에 할퀸 채로 서 있다. 1990년대 한중수교 이후 우리 나라 사람들은 이 비석을 보려고 몰려가고 있다. 그런데 기묘하게도 중국사람들은 별로 관심을 보이지 않고 중국 당국의 보존도 허술하다. 광개토대왕은 중국과 맞서 거대한 고구려 제국을 건설했기 때문이다. 우리 역사에서는 그를 가장 위대한 영웅으로 떠받들지만 중국에서는 지방 정부의 군왕으로 애써 깎아내리려 한다.

고구려는 건국 뒤에 차츰 영토를 넓혀 압록강 지대로 진출했다. 고구려는 위로 많은 북방민족과 접경을 이루고 있었으며, 옆으로 중국과 어깨를 맞대고 있었고, 남쪽으로 백제 · 신라가 웅크리고 있었다. 중국은 욱일승천(旭日昇天)의 기세로 뻗어가는 고구려를 늘 꺾으려고 했다.

중국의 위나라는 큰 군사를 이끌고 고구려의 수도 환도성을 공격하여 주민 5만 명을 포로로 잡아가고 왕릉을 파헤치는 만행을 저질렀고 동천왕은 피난하는 수모를 겪었다. 고구려의 기상이 한풀 꺾이는 듯이 보였다.

이런 뒤에 광개토대왕은 열일곱 살의 나이로 왕위에 올랐다. 그는 먼저 연호를 영락(永樂)이라고 지정하고 제국의 면모를 과시했다. 이것이 삼국에서 최초로 중국에 맞서 독자의 연호를 쓴 것으로 기록된다. 그는 영웅이 필요로 하는 시대에 등장하여 영웅적 활동을 펼쳤다. 그는 정복전쟁을 화려하게 치르면서 두 가지 전략을 짜냈다. 강력한 중국과 직접 전쟁을 벌이지 않고 남쪽의 후미진 곳에 자리잡은 신라를 회유하는 정책을 구사했다.

그러고 나서 북쪽으로는 부챗살 모양으로 영토를 확장해 나갔다. 다시 말해 서쪽, 북쪽, 동쪽 방면을 정복해간 것이다. 중국 쪽의 요동땅을 때로는 공격으로 때로는 외교적으로 접근하여 큰 전쟁을 벌이지 않고 차지했다. 그는 때로 친히 군사를 거느리고 정복하기도 했

중국 집안시에 있는 광개토대왕비.

고, 때로 부하 장수를 보내 북쪽의 거란족과 숙신족을 쫓아냈으며, 동쪽으로 동부여에게 항복을 받아냈다.

고구려의 군사들이 나가는 곳에 패전이란 존재하지 않았다. 이런 승리는 조직적인 군사훈련, 양곡·무기 등의 충분한 준비 그리고 뛰어난 전략 전술을 구사했기 때문에 얻은 결과였다. 그래서 고구려의 영토는 서쪽으로는 지금의 요동반도를 포함한 요동지방, 서북쪽으로는 지금의 심양을 넘어 시라무렌강까지 진출하여 몽골땅을 바라보았고, 북쪽으로는 송화강 언저리의 넓은 평야를 차지하고 하르빈 지역과 얼굴을 맞대고 있었으며, 동북쪽으로는 지금의 훈춘을 넘어 두만강 입구와 블라디보스토크의 아래 지역을 확보했다. 지금의 만주땅 전역을 영토로 차지한 것이다.

광개토대왕의 남진도 화살 모양으로 화려하게 전개됐다. 그는 백제땅인 강화도 일대로 진출하여 지금의 교동도를 차지한 뒤 이를 교두보로 삼아 한강 일대를 차지했다. 그리고 한강가에 있는 아차산에 산성을 쌓아 한강의 넓은 들을 차지하여 농업생산지역을 손아귀에 넣었다. 이어 신라에 구원병을 보냈다. 왜국 군사들이 낙동강을 거슬러와서 경주까지 들어오자 군사를 보내 왜군을 격퇴했다. 그리고 왜국의 근거지인 김해까지 진출하여 완전히 몰아냈다. 이런 광개토대왕의 불패의 용병술은 이웃 나라에 전파됐고 그가 세운 대제국은 중국도 감히 넘보지 못했다. 그의 재위 22년 동안 고구려는 동북아의 패자일 뿐만이 아니라 우리 역사에서 가장 웅대한 제국이 됐다.

지금 중국에서는 동북공정(東北工程)이라는 이름으로 고구려의 역사를 중국의 소수민족 또는 지방정권으로 규정하여 자기네 역사에 편입하려는 작업을 벌이고 있다. 이렇게 되면 광개토대왕마저 우리 역사에서 지워야 할 판이다. 우리는 광개토대왕의 업적을 기리고 그의 활동상을 자세히 알아 위대한 우리 역사인물로 추앙해야 할 것이다. 현재 그의 동상이 남쪽에서는 유일하게 아차산 밑 구리 중심부에 세워져 있다.

의류혁명의 선구자 문익점

문익점, 목화씨를 싸들고 고향으로 오다

이공수는 원나라에 사신으로 갔다가 돌아오는 길이었다. 요동벌판을 지나오면서 말의 꼴로 콩다발이나 조낟가리를 농가에서 얻어다가 먹이고는 그 값으로 무명을 잘라 주었다. 그러면 이 무명은 어디에서 생산한 것일까? 바로 원나라였다. 고려는 금 등 귀중품을 주고 막대한 분량의 면포(綿布. 무명)를 수입해와서 사용했다. 그만큼 나라의 부가 무명의 수입으로 빠져나가고 있었다.

고려에서는 왜 무명을 생산하지 못했는가? 목화씨를 구할 수 없었기 때문이다. 원나라에서는 목화씨가 나라 밖으로 나가지 못하게 엄격하게 통제했고 또 면포를 독점생산하여 외국에 팔아먹었다. 화약의 제조기술도 비밀에 부쳤으며 완제품을 수출하여 독점이익을 얻고 있었다.

마침 문익점은 이공수를 따라 원나라에 갔는데 공민왕의 반대세력에 빌붙었다고 하여 중국의 남쪽지대인 양자강 언저리로 귀양살이를 떠났다. 이 지대는 농업이 발달했는데 문익점은 이곳에서 1년쯤 생활하면서 여름철이면 밭에서 하얀 꽃을 피우는 목화를 눈여겨보았다. 목화는 인도가 원산지로 중국 남쪽에서 재배되기 시작했으나 추운 황하 지방까지는 아직 재배되지 않고 있었다.

하지만 중국의 군인이나 서민들은 면포옷을 지어 입고, 솜을 옷 안에 넣어 보온을 했으며, 이를 외국에 팔아 큰 경제적 이득을 보기도 했다. 그런데 고려에서는 목화를 재배할 수가 없어서 성긴 삼베와 모시로 옷을 해 입어 추위에 떨었고 수입해온 면포는 값이 비싸서 쉽게 구할 수도 없었다. 그런데도 북경을 드나들던 사신들은 목화씨를 가져올 생각을 별로 하지 않았다. 또 북쪽지대에서는 그 씨를 구할 수도 없었다.

그가 유배지에서 풀려나 송강의 들판을 지날 적이었다. 늦여름의 들판에 하얗게 목화가 피어 있었던 것이다. 그는 슬쩍 목화씨 열 개를 발라 행낭에 넣고 잘 여몄다. 아무도 보는 사람이 없었을 것이다. 그는 북경을 거쳐 요동을 지나 압록강을 넘어왔는데 용케 들키지 않았다. 그가 개경으로 돌아오자 공민왕은 그의 벼슬을 떼버려 고향에 가서 살게 됐다. 문익점은 목화씨를 곱게 싸들고 고향으로 돌아왔다. 그의 고향은 지리산 밑 단성이라는 두메산골이었다.

씨아와 물레와 베틀

문익점은 목화씨 다섯 개는 자신의 밭에 심고 나머지 다섯 개는 그의 장인인 정천익에게 주어 심게 했다. 만일의 경우에 대비해 씨를 나누어 심었다. 그의 염려는 현실로 나타났다. 문익점이 심은 씨는 모두 썩었고 정천익이 심은 것은 겨우 한 개만 싹을 틔웠다. 두 사람은 정성껏 그 싹을 키웠다. 초가을 한 개의 목화가 피어올라 거기에서 다시 싹을 얻었고 이를 해마다 늘려 심었다. 또 씨를 여러 농가에 나누어주어 심게 했다. 그런데 두 사람은 솜을 발리는 기술과 솜을 실로 잣는 기계를 만들 줄 몰랐다. 그래서 손으로 씨를 발리고 솜을 얻어 이불이나 베개에 넣었다.

어쨌든 목화는 여름 단성의 작은 들판을 하얗게 덮고 있었다. 어느 스님이 지나가다가 감탄을 하면서 "내 고향에 온 듯하구나. 누가 목화씨를 심었을까" 하고 중얼거리며 이를 심은 사람을 찾았다. 마침 정천익이 집에 있으면서 이 스님을 정중하게 맞

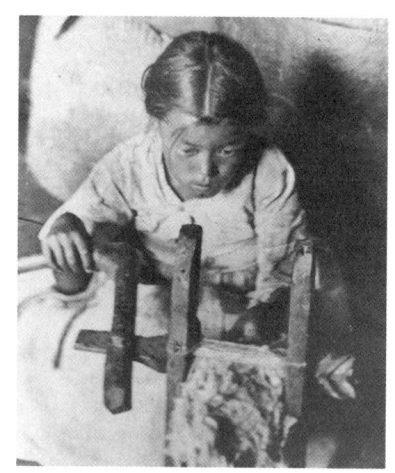

1890년의 사진으로, 목화의 씨를 빼는 씨아.

아들였다. 두 사람은 여러 이야기를 나누다가 정천익이 목화솜을 실로 꼬고 베를 짜는 기계를 만들 수 있느냐고 물었더니 그 스님은 조금 안다고 대답했다. 홍원이라 하는 이 스님은 원나라 출신이었다.

정천익은 홍원스님을 집에 재우며 융숭하게 대접하면서 그 기술을 익혔다. 그래서 씨를 앗는 씨아와 솜을 타는 활과 실을 뽑는 물레와 베틀을 만들었다. 정천익은 이런 방법으로 계집종을 시켜 베를 짜게 해보았더니 베 한 필이 나왔다. 정천익과 문익점이 목화씨를 심은 지 5년쯤 뒤의 일이다. 마을사람들에게 이를 널리 가르쳤다. 마을사람들은 무명을 얻을 욕심에 목화씨를 얻어다가 심었다.

이것이 1370년대 초 무렵의 일이었다. 문익점은 다시 조정에 불려나가 벼슬살이를 했다. 문익점은 10년쯤 조정에 있다가 반대파에 몰려 다시 고향으로 내려왔다. 아직 이성계일파가 조선을 건국한 때는 아니어서 역적으로 몰리지는 않았다. 이것이 두 번째의 행운을 가져다주었다.

1890년의 사진으로, 솜에서 실을 자아내는 물레.

당시 고려가 멸망하고 조선이 건국하는 혼란 속에서 국가에서는 무명 생산에 관심을 두지 않고 있었다.

그런데 중국에서는 원나라가 쫓겨나고 명나라가 들어섰다. 명나라는 고려에 "비단 1만 필과 면포 4만 필을 주고 말 3천 필을 사가겠다"고 통고해왔다. 고려에서는 면포가 생산되지 않는다는 사실을 잘 알고서도 요구를 해온 것이다. 그래서 억지로 무명과 말을 바꾸었다. 말은 당시 운송수단만이 아니라 군사용으로도 중요했다. 이렇게 해서 들여온 무명은 널리 옷감으로 쓰여 서민의 관심을 더욱 끌었다.

무명이 생활화되다

하지만 아직도 자체 생산은 널리 이루어지지 않고 있었다. 밭에 목화를 심기보다는 조, 콩 등의 곡식을 심어 식량을 확보하려는 생각을 벗어나지 못하고 있었다. 그래서 1391년에는 혼수감으로 비단을 쓰지 말고 무명을 쓰라는 금령을 내리고 무명을 장려했다. 그래도 농민의 의식은 쉽사리 바뀌지 않았다. 문익점은 조선이 건국한 뒤에도 7년 동안 고향에서 조용하게 살았다. 그가 죽고 난 뒤에 하나의 계기가 이루어졌다.

문익점의 동료인 권근은 최무선이 화약을 발견하고 문익점이 목화씨를 들여온 공로를 인정하여 두 사람의 아들들에게 벼슬을 내려달라고 요청했다. 그래서 문익점의 손자인 문승로는 경상도 의성현령으로, 또 다른 손자인 문영은 경상도 선산군수로 부임했다. 문익점이 역적으로 몰려 죽었다면 이런 벼슬은 내려지지 않았을 것이다. 두 손자들은 농민을 설득하여 이 지방에 목화를 재배하게 했고 또 베 짜는 기술을 보급했다.

한편 그의 다른 손자인 문래는 우주의 원리를 본받아 겉은 둥글고 안은 씨줄, 날줄로 얽어 실앗는 기계를 만들었다고 한다. 이것이 그의 이름을 따서 '문레'로 불리게 됐다고 한다. 아마 홍원스님이 만든 것을 좀더 능률적으로 발전시켰을 것이다. 또 문영이 목화 보급에 열성을 보인 탓으로 면포를 문영으로 불렀는데 이것이 차츰 '무명'으로 발음하게 됐다고도 한다. 그의 손자들과 장인은 무명의 생산과 보급에 이렇게 노력을 기울였던 것이다.

이렇게 해서 처음에는 경상도의 산골, 다음에는 평야지대인 전라도의 김제, 전주 그리고 충청도와 경기도를 거쳐 북쪽지대로 차츰 퍼져서 1401년에는 전국에 걸쳐 재배됐고 모든 사람들이 무명옷을 입었다. 이제 올이 성글고 시원한 삼베옷과 모시옷은 여름철에나 입었다. 사람들은 겨울이 되면 무명옷에 솜을 넣어 따뜻하게 했고 베개와 이불에 솜을 넣었다. 그 전에 서민들은 이불을 덮지 못했으며 더러 이불을 짓더라도 짐승의 털과 버들개지로 속을 넣느라고 일품을 많이 들였다.

그뿐만이 아니었다. 나라에서는 무명을 쌀과 함께 조세로 받았고 서민들은 모시 대신 화폐처럼 교환수단으로 삼았다. 이런 물물교환수단은 19세기까지 이어졌다. 비싼 금을 주고 중국에서 사오지 않아도 되었고 거꾸로 수출했다. 무명은 그래서 국가 재원이 됐고 서민들의 가장 높은 수입원이 됐다. 우리 나라 최초의 의류혁명을 가져왔다.

그래서 서민들은 그에게 고마움을 극적으로 표현하려고 목화씨를 붓대롱에 숨겨가지고 왔다는 이야기를 지어냈으며 그의 자손들에 대한 전설도 퍼뜨렸던 것이다. 지금 산청군 단성 배양리에는 처음 목화를 재배한 곳이라 하여 비석과 기념관을 세웠으며 의성에는 해마다 목면제(木棉祭)를 열고 있다. 문익점은 어느 정치가나 사상가보다 국가 이익을 가져다준 인물이다.

유교사회의 이단자 허균

조선시대의 진보적 지식인

허균은 지금으로부터 400여 년 앞서 살았으나 그의 숨결은 오늘날에도 생생하게 느껴진다. 그의 진보적 개혁사상과 실천적 삶은 지금도 가치 있고 유효한 것이다. 더욱이 전통시대에 그가 쓴 소설《홍길동전》은 오랜 동안 스테디셀러가 됐다. 그는 1569년(선조 2) 자신이 쓴 해명문(解命文)에 따르면 기사년 병자월 임신일에 태어났다.

그의 탄생지를 두고는 두 가지 설이 있다. 하나는 그의 아버지 허엽의 주거지였던 서울의 건천동에서 태어났을 것이라는 설이다. 그 자신이 쓴《성옹지소록(惺翁識小錄)》에 "내 친가는 건천동에 있다"라고 했다. 허엽은 벼슬살이를 하면서 건천동에 살면서 외업(外業. 농장)을 강릉에 두었다. 강릉의 경호 가에 초당을 지어 때로 가족과 함께 지냈다. 허엽이 초당을 짓고 살았던 정확한 연대는 밝혀져 있지 않다. 아마 처가가 강릉 외곽 사천리에 있었던 것과 연관이 있을 것이다.

다른 하나는 강릉 사촌 외가에서 태어났으리라는 설이다. 그 시대 사대부의 아낙네는 대개 산달이 가까워오면 친정에 와서 해산하는 것이

강릉시 사천면 바닷가에 있는 교문암.

관례였다. 신사임당도 강릉 친정에 와서 이이를 낳았던 것이다. 사촌은 그의 외가 김씨들의 세거지였고 이 마을에 있는 애일당(愛日堂)은 외조부 김광철이 글을 가르치던 곳이다. 사촌에는 백병산에서 흘려내려온 냇물이 마을 앞을 지나 동해로 흘러든다.

그가 쓴 〈애일당기〉에는 마을 동쪽에 바위가 있는데 뱀처럼 틀임을 하며 바다로 이어져 바다에 우뚝 솟아 있었다 한다. 이 바위 아래 이무기가 도사리고 있다가 바위를 깨고 날아가서 바위 사이에 문이 만들어져 이 바위를 교문암(蛟門岩)이라 불렀고 육지의 바위산을 교산이라 불렀다 한다. 그래서 이 마을에 이인(異人)이 많이 난다고 했다.

허균은 스스로 호를 교산이라 지어 불렀다. 그는 외가에 있는 마을 산을 자호로 삼았던 것이다. 이로 보면 사촌은 그와 외가 이상의 인연이 있었던 것으로 보이는데 김동욱 등은 이곳에서 태어났다고 주장했다. 정황으로 보아 이 말이 맞을 것이다. 그는 임진왜란 당시 어머니와 아내를 이끌고 와서 이 마을에서 애일당을 수리하고 2년 동안 살았다. 이때에 시에 얽힌 일화를 담은 〈학산초담(鶴山樵談)〉을 지었다.

또 아내가 피난 도중에 죽어서 뒷날 외가가 있는 근처에 묘를 옮겼다고도 한다. 새벽에 당에 올라 창문을 열고 바라보면 동해의 일출이 보인다고 해서 '해를 사랑하는 마루'라는 뜻을 따서 이 이름을 붙였다고 한다.

그는 35세 되던 해에 벼슬자리에서 물러나 금강산 유람을 다녀온 뒤에 강릉으로 돌아와 지낸 적이 있다. 그의 거처는 경포대 옆에 있었던 초당이었을 것이다. 누이 난설헌도 부모의 초상을 만나 외업(外業)에 머물렀다고 했으니 부모도 여기에서 죽었을 것이다. 초당은 바로 이들 가족이 틈틈이 와서 살던 곳이었다. 그는 중국 북경에 세 차례 갔다오면서 많은 책을 사왔다. 그런 뒤에 이 초당에 장서각을 지었다. 이를 호서장서각(湖墅藏書閣)이라 불렀다. 그는 "호수 위 별서(別墅)에 한 각을 비워서 책을 간수하고 고을 향교의 교생들이 책을 빌려 읽고 나서 되돌려 받아 간직케 했다"고 써놓았다.

따라서 허균과 그 일가는 강릉에 집과 별장을 두고서 때때로 와서 살았으며 외가와는 남다른 인연이 있었다. 다만 그들의 가족묘는 과천에 두었다. 지금 허균을 기리는 조형물이 친가가 있던 건천동이나 묘지가 있던 과천에 없고 강릉에 건립되어 있는 뜻이 여기에 있을 것이다. 한편 그는 함열, 부안 등지에 유배되어 산 적이 있었고 삼척부사, 공주목사 등을 지냈으나 그곳에는 별다른 유적물을 설치하지 않고 있다.

허균은 당대에도 천재적 시인, 문사로 일컬어졌고 정치가로서도 형조판서와 참찬 등을 지내며 활동이 컸으나 과감한 개혁노선을 추구하고 서자 등을 감싸는 등 신분차별을 타파하고 양명학 등 이단을 좋아해 비난을 받았다. 그는 불우한 동지들과 함께 역모로 몰려 죽은 뒤에 왕조시대에는 끝까지 사면을 받지 못했다. 하지만 오늘날 진보적 지식인, 선진적 문학인, 개혁사상가로 누구보다 추앙을 받고 있다.

시대의 모순을 파헤치다

그의 개혁사상은 여러 방면에 걸쳐 추구됐다. 역사와 시대의 모순을 파헤치고 이를 실천적 운동으로 전개했다. 따라서 그 범위가 넓었는데 여기에서는 그 중심 되는 문제를 몇 가지로 나누어 간략히 살펴보기로 한다.

첫째는 사상, 이념과 관련되는 문제이다. 그의 학문 또는 사상관은 한마디로 말해 자유의 추구였다. 그는 당시 일반 선비의 풍조대로 유학을 배워 유교 교양을 쌓았고 관계에 진출했다.

그런데도 그는 성리학적 이론을 중시하지 않았으며 이와 관련된 저술을 남기지 않았다. 이런 관념을 배격한 것이다. 더욱이 글을 인용할 적에도 공자, 맹자 또는 춘추 따위의 글을 따서 쓰지 않았다. 그의 글에 나타난 바로는 일관되게 공리공담을 배격했다.

한편으로는 관아에서도 부처를 받들어서 파직된 경우도 있었고 참선에 몰두하기도 했다. 사명과 같은 고승들과 참선을 문답하기도 했다. 또 한편으로는 신선을 추구한 인물의 약전을 쓰면서 도교를 찬양했다. 따라서 당시 이단으로 꼽는 불교와 도교에 빠져들었다는 비난을 받았다. 한때 그의 제자였던 이식은 이렇게 썼다.

허균은 널리 도교와 불교의 책을 보아 스스로 여기에서 얻은 바가 있다고 말하면서 더욱 거리낌없이 빠져들었다. 뒤늦게 원흉과 체결해 벼슬이 참찬에 이르렀으나 마침내 역모에 걸려 죽었다. 그는 사람으로서 하는 짓이 입에 올리기도 더러웠다. 그는 "남녀의 정욕은 하늘이 준 것이요, 윤리와 남녀의 분별은 성인의 가르침이다. 하늘이 성인을 일등 인물로 높였으니 나는 하늘을 따르지 성인을 따르지는 않겠다"라고 말했다. 그 무리들이 이 말을 외워 지극한 이론으로 삼았다. 이것이 진실로 이단 사설의 극치이지 허균이 처음 말한 것이 아니다. 노자, 장자, 부처의 글은 모두 그 뜻이 있는데 육상산, 왕양명이 비록 드러내놓지는 않았으나 그들의 글을 자세히 들여다보면 저절로 일맥상통하는 부분이 있다. 양명학이 안산농(顔山農)으로 흘러가서 반역질을 했으니 허균이 한 짓도 그 간격이 없으니 두려울진저.

—《택당집》에서

안산농은 양명학도로 중국 남쪽에서 농민봉기를 주도한 인물이다. 허균이 도교, 불교를 받들고 양명학에 빠졌다고 지적한 것이다. 양명학의 기본 흐름은 사농공상(士農工商)의 직업차별을 타파하고 오륜의 종적인 윤리의식을 배격하면서 '벗끼리의 믿음'만을 인정했다. 그는 양명학의 이론가요, 실천가인 이탁오의 저술을 읽고 그처럼 행동했다. 실제로 처음 양명학의 이론을 소개해 가르치고 실천하려 했던 것이다. 그래서 뒷날 정약용, 박지원 등이 이를 추종한 것으로 볼 수 있다.

다음 정치사회사상에서는 철저히 위민관(爲民觀)과 평등관으로 일관했다. 그는 백성을 호랑이로 비유해 임금이 무도하면 쫓아낸다고 주장했다. 이 호민(豪民)은 변혁적 정치지도자이자 변혁의 주체로 일반 백성을 이끈다고 설파했다. 이런 사상에서 〈호민론〉을 제시했고 《홍길동

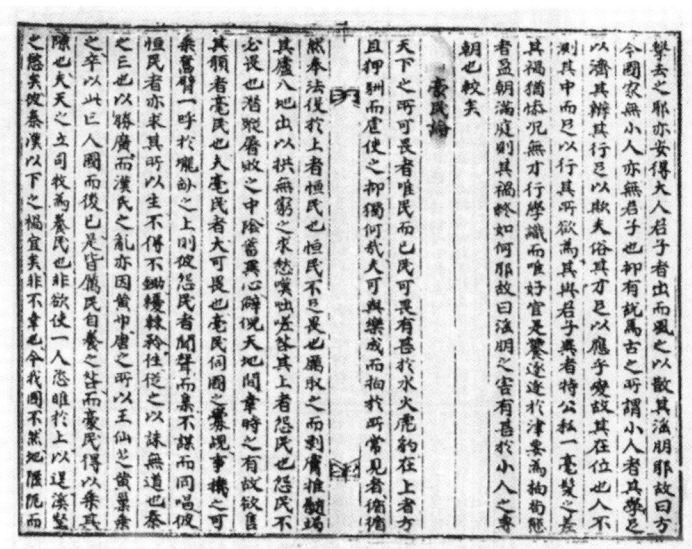

허균의 민중사상이 잘 드러나 있는 〈호민론〉.

전》을 지어 돌렸다. 그는 당파를 배격하면서 인재를 고루 등용하고 불필요한 벼슬자리와 벼슬아치를 줄여 나라의 경비를 줄이고 백성을 위한 복지로 돌려야 한다고도 주장했다.

그는 무엇보다 신분제도의 타파에 앞장섰다. 서얼의 차별을 철폐하고 여성, 노비, 승려의 지위를 향상하는 것에 사회개혁의 초점을 맞추었다. 그래서 서자인 서양갑, 하인준 등을 친구로 삼아 지원했는데 끝내 이들은 변혁을 도모하다가 죽었다. 그는 신분이 낮은 이재영이 재주가 뛰어나도 낙백한 생활을 하자 중국에 갈 때 데려가는 등 평생을 돌보아주었다. 그가 공주목사가 됐을 때에 이재영에게 이런 편지를 보냈다.

나는 큰 고을 원이 됐네. 마침 자네가 사는 곳과 가까우니 어머님을 모시고 오게. 내가 절반의 봉급으로 대접하리니 결코 양식이 떨어지지는 않을 것이네. 자네와 나는 처지는 다르지만 취향은 같으며 재주는 나보다 열 배이지만 세상에 버림받음은 나보다 심하니 내가 매양 기가 막히네. 내 비록 운수가 기박하나 몇 차례 고을 원이 되어 목구멍에 풀칠은 할 수 있지만 자네는 입에 풀칠도 못하는구려. 이런 것은 모두 우리의 책임이네. 밥상을 대할 적마다 부끄러워 밥이 목구멍에 넘어가지 않네. 어서 오게. 비록 이 일로 비방을 받더라도 나는 마음을 쓰지 않겠네.

이런 것이 낮은 신분의 사람을 대하는 태도이고 의식이었다. 그래서 중인, 노비, 하인, 승려와 손을 잡고 변혁을 도모했던 것이다. 그의 동지는 양반 벼슬아치들이 아니었다. 일반적 역모사건이 양반 중심으로 이루어졌던 데에 비해 허균은 소외된 세력을 거느리고 거사했던 것이다. 이는 바로 그의 평등의식을 단적으로 보여준다.

문학에서도 그는 어떤 틀에 얽매이지 않는 자유스런 형식을 추구했다. 그는 천재시인으로 꼽혔으나 뜻을 중시하는 창작의 모습을 보였다. 언문으로《홍길동전》을 짓고《수호전》등을 탐독해 감상을 적은 것도 여기에 해당한다.

인간의 평등과 해방을 향하여

우리는 근대 100년 동안 제국주의의 침탈을 받았고 식민지 구조를 겪었으며 군사독재와 왜곡된 자본주의 아래에서 민주운동을 줄기차게 벌여왔다. 오늘날 우리 국민의 손으로 여러 단계를 거쳐 민주주의를 쟁취했다. 하지만 과제는 여전히 산적해 있다.

왕조시대에 체제의 기본골격은 신분제도에 있었다. 즉 양반, 상놈,

노비로 나누어 양반이 특권을 누리며 상놈과 노비들은 인권을 박탈당하고 억압을 받는 사회였다. 오늘날 허균, 정약용, 전봉준, 여운형 등과 같은 진보적 지성인들과 실천적 지사들 그리고 민중들에 의해 양반, 상놈, 노비가 없는 평등의 시대를 만들어냈다. 근대로 접어들면서 차별적 신분제를 용납하지 않았던 것이다.

하지만 자생적 민주주의와 자본주의가 이룩되지 못해 독재와 억압이 계속됐고 재벌자본가와 천민자본주의가 판을 쳐서 민중을 억압하는 형태로 진행됐다. 이런 속에서 기생한 부정부패와 지역갈등이 이어졌다. 이제 하나씩 이런 파행을 불식시켜나가고 있다. 21세기 미래사회에는 모든 모순을 청산하고 진정한 민주사회를 이룩해 통일을 구현해야 할 책무가 주어져 있다. 자유, 평등, 복지의 사회를 열어가야 하는 것이다.

400년 앞서 살았던 허균이 추구한 개혁사상은 인간 평등과 해방을 추구했다는 점에서 여전히 우리의 유산이 될 것이다. 뒤주 속에 묵혀 있는 곰팡내나는 쌀이 아니라 우리의 자양이 된다는 말이다. 시대의 모순을 척결하고 진정한 자유, 평등, 복지를 실현하는 것이 우리의 이상이라면 허균은 미래사회에서도 우리의 스승이 될 것이다.

나와 허균

1970년대에 나는 심한 정신적 방황과 갈등을 겪었다. 박정희 유신 독재가 시작되고 동아사태가 일어날 무렵 나는 술을 퍼마시고 거리를 헤맸다. 한동안 그렇게 지내다가 마음을 다잡고 다시 역사에 몰두했고 나는 시대정신을 대변하는 역사인물을 찾다가 허균이라는 인물을 만났다.

그는 명문 집안에 태어난 기득권 세력의 한 사람이며 문장가로 이름이 높아 출세가 보장됐다. 그러나 서자, 천민 등 소외된 사람들 편에 서서 그들의 처지를 대변하고 주자학적 교조성을 배격하며 불교, 도교, 양명학, 서학에도 관심을 기울여 일테면 학문과 종교의 자유를 제창했다. 그리고 선비들이 얕잡아보는 소설에도 경도되어 《홍길동전》을 지었다.

무엇보다도 신분제도에 따라 인간의 능력을 판단하며 부정부패의 만연으로 사회가 분열되는 모순의 시대에 목숨을 걸고 개혁의 기치를 내걸었기에 내 마음을 끌었다. 유신시대에 사회에 던져볼 설득력 있는 인물이라고 판단됐다. 그와 관련된 글을 찾아 읽었다. 그런데 그에 관한 글들은 거의 그의 개혁사상보다 《홍길동전》의 작가로서의 연구에 초점을 맞추고 있었다.

나는 그의 시문집인 《성소부부고(惺所覆瓿藁)》를 읽었다. 이 책은 그가 역적으로 몰려 끌려갈 때에 죽음을 예감하고 사위의 집에 보내서 보존이 됐다. 그가 죽은 뒤에도 이들 글은 여러 사람들에게 읽혔던 모양이다. 정조는 이를 알고 허균이 죽은 지 170여 년이 지난 시기에 그 책을 가져오게 하여 정서하여 보관케 했다.

허균의 한문 문장은 화려하면서 어려웠다. 나는 어설픈 한문 수준에 줄을 그으며 읽었고 그래도 뜻이 풀리지 않으면 사람들에게 물어

보러 다녔다. 이렇게 2년쯤 씨름을 한 끝에 1981년 뿌리깊은나무에서
《허균의 생각》이라는 책을 출간할 수 있었다. 이 책은 나오자마자 베
스트셀러에 올랐다.

　그런데 엉뚱한 말썽이 일었다. 당시 정보기관에서 민주운동을 한
학생들의 집을 수색하여 증거물을 압수하다보면 책들 속에《허균의
생각》이 번번이 끼어 있었던 것이다. 한편 월간지《뿌리깊은나무》에
서는 검열로 분량을 채울 수 없게 되자《허균의 생각》 속의 개혁사상
부분 원고지 600여 매를 그대로 전재하여 잡지를 발행했다. 이도 당
국자의 비위를 거슬렸다.

　허균의 개혁사상은 유신도당들의 비위를 자극했는데 허균을 김대
중과 비유했다고 본 모양이다. 그래서 이 책을 금서목록에 올려 읽지
못하게 했다. 또 내 글이 잡지 등에 실리면 나에게 전화를 걸어 압력
을 넣었다. 아무튼 허균의 저술은 나의 역사서술에 큰 영향을 끼쳤으
며 허균처럼 험한 시대에 산 탓으로 작지만 수난도 겪었다.

허균의 시문집《성소부부고》. 연세대 중앙도서관 소장, 26권 8책 필사본.

꿈꾸는 중상주의자 박제가

오랑캐의 풍습도 좋은 점은 따라야

박제가는 중국 북경의 벼슬아치집을 방문하여 여자들의 옷을 꼼꼼히 뜯어보고 있었다. 유명한 문사요, 학자인 그가 서적을 찾지 않고 왜 여자의 옷을 이리저리 살펴보고 있었을까? 그는 여느 사신들과는 달리 중국의 모든 제도와 풍습을 조사해보고 이를 우리 나라에 적용하여 개혁의 자료로 삼으려고 했다. 그는 중국에 가는 사신의 수행원으로 따라간 탓으로 여비도 넉넉지 못해 중국 강남지방 여자들이 입는 옷을 살 수가 없었기에 그곳 출신의 벼슬아치집에 가서 그 만듦새를 확인했던 것이다.

박제가는 조선에 돌아와서 여자들의 차림새를 바꾸어야 한다고 주장했다. 당시 여자들은 여러 남자들의 머리카락을 모아 다리를 만들어 이를 높다랗게 머리 위에 얹는 것이 유행이었다. 어린아이들도 남녀를 가리지 않고 머리를 길게 땋고 있었다. 여간 불편하지 않았다. 여자들은 다리를 없애서 머리칼을 묶게 하고 아이들은 땋는 머리를 금지시킨 뒤 쌍상투로 묶게 해야 한다고 했다.

또 여자들의 적삼은 자꾸 짧아지고 치마는 갈수록 벌이는 것이 유행이었다. 적삼을 길게 하고 치마를 깡뚱하게 해야 한다고도 주장했다. 이런 머리모양과 의복은 모두 몽골식이나 만주식을 본받은 것이었으므로 오랑캐의 풍속을 따른 탓이라고 진단했다. 중국에는 이런 차림새가 없다고도 했다. 이런 여러 가지 내용을 《북학의(北學議)》라는 글에 담아 알렸다. 여기에는 우리

박제가의 《북학의》.

나라의 나쁜 풍속을 지적하여 그 개선책을 내놓았다.

장례 풍속에 대한 그의 주장을 들어보자. 풍수설에 따라 조상의 묘지를 잘 잡으면 자손들이 복을 받는다고 하여 살림을 전부 없애가면서 이미 뼈가 된 어버이를 두고 자신들의 운수를 점치려고 하는 나쁜 풍조를 나무랐다. 그는 요동과 같은 평지에는 좌청룡 우백호(左靑龍 右白虎)가 없으나 잘살고 있고 화장(火葬)·수장(水葬)하는 나라도 임금과 신하가 있다고 했다.

그는 《북학의》에서 풍수설과 관련된 책을 불사르게 하고 백성들에게는 묘지가 자손의 길흉과 화복에 아무 관계가 없다는 것을 알리고 나서 각 고을마다 씨족 단위로 적당한 공동묘지를 조성해 사용케 하라고 주장했다. 다만 묘지가 뒷날 도로로 바뀌거나 성곽의 터가 되거나 논밭으로 개간되지 않을 곳을 고르라고 했다. 그는 최초로 공동묘지의 조성을 주장했던 것이다. 당시 정조는 박제가에게 이런 내용을 적은 《북학의》를 바치게 하여 열심히 읽었다.

북학파의 등용

박제가는 차별받는 서자였다. 어머니는 양반의 첩이었던 것이다. 그의 어머니는 아들이 비록 높은 벼슬을 할 수 없는 신분이었으나 어릴 적부터 정성을 다해 글을 익히게 했다. 그의 어머니는 삯바느질을 하면서 아들을 교육시켰다. 그의 가족은 탑골에 살았는데 이 마을에는 그 유명한 박지원이 살고 있었고 이덕무, 유득공도 이웃해 있었다. 박제가는 소년시절부터 박지원을 스승으로 모셨고 따라서 박지원의 친구와 제자들을 매일 만날 수 있었다. 이들은 잘못된 현실을 바로잡으려는 개혁파들이었다. 그 방법으로 청나라의 제도와 문물을 수용하자고 했다. 이들을 세상사람들은 북학파라고 불렀다.

당시 정조는 여러 모순을 뜯어고치려고 하면서 북학파들의 주장에 귀를 기울였다. 또 신분차별을 타파하려고 인재를 고루 등용하는 정책을 펴고 있었다. 그래서 새로운 학풍을 진작시키고 개혁방안을 모으려고 규장각을 설치했다. 규장각에 많은 책을 모아놓고 참신한 신하들을 배치하여 밤낮으로 책을 읽고 토론하며 현실개혁을 모색하게 했다. 이의 실무를 맡을 검서(檢書) 4명을 서자 출신으로 뽑아 올렸다. 박제가도 여기에 들었다.

박제가는 임금의 핌과 적잖은 보수를 받으면서 학문에 열중했다. 그는 정조에게 중상주의를 건의했다. 곧 조선은 건국 이래 농업을 기본으로 하여 상업과 공업을 천시한 탓으로 나라가 가난하게 됐다고 주장했다. 그는 먼 지방의 물자를 무역한 뒤에야 재물을 늘리고 여러 가지 기구를 생산할 수 있다고 주장했고 절약만이 미덕이 아니라 적당한 소비가 기술 수준을 높일 수도 있다고 했다.

조선건국 400년 동안 고려와는 달리 외국의 무역선이 한 척도 오지 않았다고 지적하면서, 우리 나라는 삼면이 바다이므로 무역의 길을 트려면 상선을 만들고 이용해야 한다고 했다. 상선은 육지로 물건을 실어 나르는 것보다 몇백 배 많은 물건을 운반할 수가 있다는 것이다. 그러면서 "지금은 무명옷을 입고 백지에 글을 써도 물자가 모자라지만 상선으로 무역을 하면 비단을 입고 중국 종이에 글을 써도 물자가 남아돌 것이다"라고 기록했다.

일본은 처음 우리 나라 상인을 통해 중국과 무역했으나 지금은 직접 중국과 무역을 하며 또 30여 국과도 통상하여 물자가 풍부한 사실을 적시했다. 그래서 큰 상선을 만들어 먼저 중국의 남쪽 지방과 무역의 길을 터야 한다고 주장했다. 그곳에는 안남(지금의 월남), 유구(지금의 오키나와), 대만 등지의 상인과 서양사람들도 무역을 벌이고 있으니 먼저 이곳에 무역선을 보내야 한다고 했다.

이곳의 바닷길이 멀어 통행하기 불편하면 발해만 위에 위치한 요동과 통상을 하고 단계별로 넓혀나가야 한다고 했다. 그리고 나서 지역의 범위를 넓히고 이어 중국 이외의 사람들과도 교역해야 한다고 했다. 이를 위해서는 중국말을 잘 구사할 줄 아는 통역관을 길러야 한다고도 했다. "우리는 그 기술을 배우고 그 나라 풍속을 알아 백성들의 견문을 넓혀주어서 천하가 큰 줄을 알게 하고 우물 안 개구리가 부끄러운 줄 깨닫게 하면 세도(世道)를 위함이 어찌 통상의 이익뿐이랴"라고 말하여 단순히 무역의 이익만을 가져오는 것이 아니라고 했다.

좌절된 개혁의 꿈

정조는 이런 이론을 듣고 흡족했다. 당시 상업을 억제하려 장인(匠人)은 물건을 만들게만 했고 상인은 물건을 팔게만 하는 정책을 썼다. 정조는 뒷날 상인이 물건을 만들 수도 있고 장인이 물건을 팔 수도 있게 각자 자유에 맡기는 통공(通共)정책을 썼는데 박제가의 이론과 주장을 수용한 조치였다. 그는 또 먹고 놀면서 나라를 구할 방책도 내지 못하는 양반, 유생들을 도태시켜 생산계층으로 전환시켜야 한다고 주장하면서 전국의 시장을 확대하고 자본의 기본이 되는 은(銀)의 외국 유출을 막고 물가를 고르게 통일시켜야 한다고 주장했다.

그는 "재물은 우물과 같아서 퍼내면 퍼낼수록 나오지만 그냥 두면 말라버린다"고 했고 "검소함은 있는 것을 절용(節用)하는 것이지 아예 없는 것은 검소가 아니다. 우리 나라는 너무 검소하다가 온갖 공예가 모두 없어져버렸다"고 했다. 이런 이론들은 소박하나마 자본주의 시장경제와 근로정신을 고취했던 것이요, 기술이 상품을 만든다는 생산관이었다. 이를 이용후생(利用厚生)이라 부른다.

또 당시 모화주의자(慕華主義者)들은 오랑캐라 하여 청나라 문물을 배격했는데 이용후생을 위해서는 청나라를 배워 부국강병을 이룩해야 한다고 했다. 그리고 중국의 좋은 풍속을 따르라고도 했다. 그리하여 그를 두고 지나치게 중국식 사고에 젖어 있다는 지적도 있었다.

박제가는 정조의 남다른 신임을 받았으나 정상적으로 높은 벼슬에 오를 수가 없자 정조는 가승지(假丞旨. 임시로 준 비서직)로 삼기도 했고 무과시험을 보여 벼슬을 내리기도 했다. 그러나 정조가 죽자 사정은 달라졌다. 그는 흉서(兇書)를 돌렸다는 혐의를 뒤집어쓰고 4년 동안 유배됐다가 돌아와서 곧 죽었다. 그의 개혁의지는 좌절됐다. 만일 그의 중상주의 또는 경제개혁이 실천에 옮겨졌더라면 조선 말기 나라는 부강을 이룩했을 것이다.

농민군의 최고지도자 전봉준

농민전쟁의 불길을 당기다

1894년 농민군의 함성은 이 강산을 흔들었고 그들이 내건 깃발은 햇볕을 받아 찬연히 빛났다. 이 일대 사건을 두고 우리는 동학농민전쟁이라 부르며, 그들이 신분의 굴레를 벗기며 온갖 부정을 뜯어고치고 제국주의 일본을 타도하려는 의지를 두고 동학농민혁명이라고 부른다.

약 1년 동안 벌어진 이 사건은 우리 나라 역사상 5천 년 만에 처음으로 농민이 주체가 되어 전국적으로 벌어진 혁명운동이었다. 프랑스에서는 자유·평등·박애를 외치면서 혁명운동이 벌어졌고 미국에서는 노예해방을 위해 남북전쟁이 일어났다. 동학농민혁명도 분명히 세계 근대사의 한 줄기였다.

전봉준은 천안 전씨로 고창군 덕정면 당촌리(지금의 읍내. 근래에는 정읍에서 태어났다는 주장이 있다)에서 태어났다. 이곳은 천안 전씨의 세거지(世居地)였다. 이곳의 전씨들은 지체 높은 양반의 신분이 못됐으나 그렇다고 상민도 아니었다. 그저 중간층이었다.

전봉준의 집안은 지지리도 가난했다. 아버지 전창혁은 가난한 선비였다. 전창혁은 당촌에서 서당을 차리고 아이들을 가르쳤다고 하며 어린 전봉준도 여기에서 글공부를 한 것으로 보인다. 지금도 전봉준이 열 살 조금 넘을 무렵에 이 마을 앞 인내를 사이에 두고 건너편 동네아이들과 패싸움을 벌였다는 이야기가 전해지고 있다.

아무튼 어린 나이에 전봉준은 아버지를 따라 고향을 떠나 원평 등지로 나가 살았고 청년이 되어서는 태인(지금의 정읍)이나 고부(지금의 정읍) 등지로 옮겨 살았다. 청년 전봉준은 때로 남의 땅을 소작 부치기도 하고 훈장 노릇을 하기도 하고 약국을 하기도 하고 풍수 같은 일을 보기도 했다.

이런 속에 민중의 고통과 관권의 횡포와 나라 정치의 문란과 외국세력의 침투를 목격하고 이를 바로잡으려는 의지를 불태웠다. 그의 아버지도 고부군수의 불법에 항의하다가 죽었다.

전봉준은 최고지도자로 1893년 고부봉기와 무장선전포고를 주도하여 농민전쟁의 불길을 당기고 끝까지 항거하다가 체포되었는데 온갖 회유를 뿌리치고 당당히 사형을 받았다. 그는 이리하여 한국사에 우뚝 선 영웅으로 우러름을 받았고 걸출한 지도자로 추앙됐다.

그가 죽고 난 뒤에 그의 아내와 자녀들은 뿔뿔이 도망했고, 그의 고향 당촌은 관군과 일본군의 손에 의해 불길에 휩싸였다. 오직 족보 하나를 건져 오늘날에 전해지고 있다.

보국안민(輔國安民)을 기치로 내걸다

이보다 앞서 1892년 8월에는 이 지방 민심을 충동하는 사건이 일어났다. 곧 선운사 도솔암 뒤에 있는 미륵불의 배꼽에서 비결을 동학도들이 꺼내갔다는 소문이 사람들의 입에서 입으로 퍼진 것이다. 이 비결을

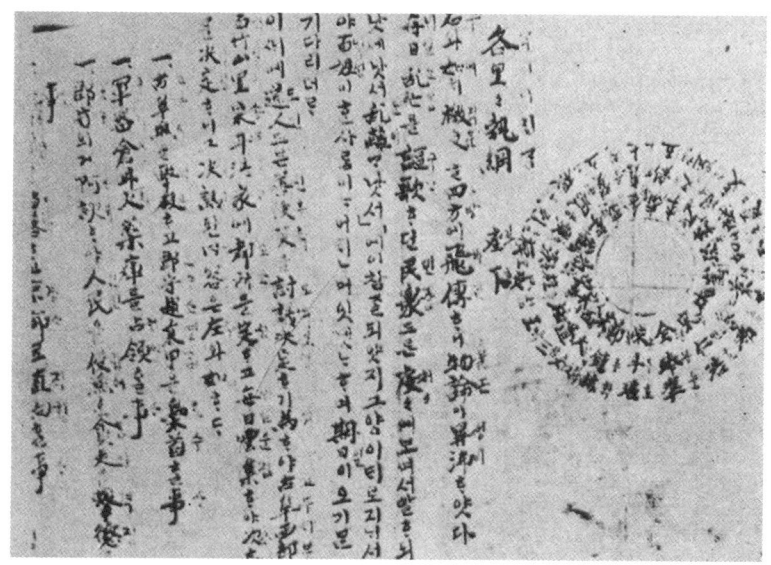

전봉준이 각 마을 동학집강들에게 돌린 〈사발통문〉.

꺼내면 세상의 변란이 일어난다는 전설이 전해지고 있었다.

그리하여 무장현감 조명호는 이 주모자로 강경중, 오지영, 고영숙을 감옥에 가두었고 곳곳에서 동학도들을 잡아들였다. 동학도들은 감옥을 습격하여 위의 세 사람을 꺼내놓았고 곳곳에서 관권과 맞섰다. 이 사건은 뒤에 일어난 삼례집회와 원평집회의 전초단계가 됐다.

이 무렵 정읍 출신의 손화중은 무장을 중심으로 동학을 포덕(布德)하고 있었는데 도솔암비결사건은 이들 손화중포(包)가 중심이 되어 벌인 것이라 한다. 또 전봉준은 삼례집회와 원평집회에서 타협적 자세를 버리고 강경한 입장을 취하여 봉기를 주장하고 있었다.

마침내 1893년 겨울과 초봄에 고부에서 전봉준과 최경선 등 지도자의 주도 아래 봉기가 일어났다. 농민군은 고부군수 조병갑을 징치하고 만석보를 헐고 창고의 곡식을 나누어주었다. 조정에서는 새로 군수를 임명하고 조사관을 파견했다.

그러나 조사를 하러 나온 안핵사 이용태는 민정은 살피지 않고 죄인을 잡는다며 골골을 들쑤시면서 약탈을 자행했다. 이리하여 농민들은 집을 떠나 숨어다녔고 지도자들은 몸을 빼서 새로운 계획을 도모했다.

전봉준 일행은 이해 3월 중순 무장으로 진출했다. 전봉준을 중심으로 한 농민군 지도자들은 동음면 당산(지금의 공음면 땅)에 모였다. 이곳의 농민군 수천 명은 무장에서만 모여든 것이 아니라 이웃 고을에서도 달려왔다.

이들은 양곡을 모으기도 하고 조총을 거두어들이기도 하고 창과 칼을 모으기도 하고 죽창을 깎기도 했다. 그리고 군사연습을 시켰다. 일주일쯤 4천여 명의 농민군을 규합하고 준비를 거친 뒤에 동도대장(東徒大將)이라고 쓴 깃발을 내걸고 대오를 정비하여 말을 타기도 하고 걷기도 하면서 무장현을 무혈 점령했다.

이제 진군의 나팔 소리는 무장관아에 크게 울렸다. 그리고 무장관아에서 전봉준의 창의포고문(倡義布告文)은 산천을 울렸다. 그 내용을 요약하면 이러하다.

조정에는 간신들이 모여 부정을 일삼으며 임금의 총명을 가리고, 외방에서는 수령들이 온갖 수탈을 일삼아 백성들이 살 수가 없도다. 나라에는 국비에 쓸 재물이 없고 탐관오리들은 호사롭게 살고 있도다. 이에 보국안민(輔國安民)의 기치를 내걸고 일어서노라.

이들은 보국안민을 위해 목숨을 바치려 봉기한 것이다. 이것이 최초의 선전포고였으며 그들의 목적과 동기와 의지를 밝힌 것이다. 이제 본격적 농민전쟁은 무장에서 시작된 것이다. 포고문 끝에는 전봉준, 손화중, 김개남의 이름이 씌어 있었다.

그리고 전봉준의 비서로 이곳 출신인 송희옥, 정백현이 정해졌고 또 송문수, 강경중, 송경찬, 송진호 등이 지도자로 참여했다. 특히 송희옥은 전봉준의 지시로 연락의 책임을 맡았고 정백현은 명문장가로 창의문(倡義文) 등을 지은 것으로 보인다.

무장에서 출발한 농민군은 다시 고부로 진출했고 이어 백산에 집결하여 다른 지방의 농민군도 규합했다. 그래서 황토현에서 대승리를 거두었다. 이들 농민군은 일단 중앙에서 보낸 관군을 유인하기도 하고 농민군의 세를 불리기 위해 정읍을 거쳐 흥덕, 고창으로 깃발을 돌렸다.

고창에 들이닥친 농민군은 모양성을 점령하고 죄수를 풀어주었으며 성 앞에 사는 부정축재를 한 은대정의 집을 파괴했다. 그리고 이어 무장으로 진군하여 못된 구실아치들을 징치했다. 전봉준은 농민군에게 엄하게 규율을 지키도록 하여 무고한 백성에게 폐단을 끼치지 못하게 했으며 애매하게 잡힌 죄수를 풀어주고 주린 사람들에게 곡식을 나누어주었다.

농민군은 여시뫼에 진을 치고 군사연습을 하면서 관군의 동정을 살폈다. 이들은 영광을 거쳐 장성에서, 중앙에서 파견된 관군을 크게 깨뜨리고 북상하여 전주성을 차지했다.

집강소 기간에 고창에서는 홍낙관이 지휘하는 천민부대가 크게 활약했다. 바로 가장 천대받던 백정, 재인, 역부, 공장이, 무당 등이었다. 이들은 자기 손으로 신분해방을 실현했고 못된 벼슬아치와 부호를 혼내주었다. 이때 세계 최초로 실현된 평등의 호칭인 접장(接長)이 등장했다.

서울로 압송되는 전봉준.

한편 흥덕에는 차치구라는 접주가 열성으로 가혹한 고리대를 정리하거나 억울한 송사를 풀어주거나 강제로 빼앗은 장지를 되돌려주는 일을 했다. 뒷날 그의 아들 차경석은 보천교를 창시하여 독립자금을 대주기도 했다.

일본군의 개입으로 실패한 봉기

농민전쟁이 일본군의 개입으로 실패한 뒤에 이 지방 사람들은 일본군과 일본군의 지휘를 받은 관군에 의해 비참하게 죽어갔고 집은 불구덩이에 쓰러졌으며 재산은 모조리 빼앗겼다. 그리고 살아남은 농민군과 그의 가족들은 섬으로 도망쳤고 산속으로 숨기도 했다.

그들의 의로운 행동은 우리 역사에 빛을 던졌으며 그들의 혁명정신은 우리의 거울이 되어주었다. 하지만 해방 조국에서 아직도 그들은 독립유공자로 인정을 받지 못해 원혼이 구천에 떠돌고 있다.

일제 식민지 지배자들은 그 뒤에 농민군을 모질게 탄압했다. 1898년 11월에 이화삼이라는 지도자가 흥덕의 농민 300여 명을 이끌고 흥덕의 관아를 습격했다. 이들은 관아를 차지하고 무기를 거두었다.

이 사건은 영국인 목사가 말목장터에 교회를 세우고 영학계(英學契)를 만든 데에서 비롯됐다. 여기에 동학농민군 지도자였던 이화삼이 끼어 있었는데 그가 계원을 이끌고 흥덕관아를 공격한 것이다.

이듬해 정읍의 최익서 등은 정읍을 비롯하여 고부, 흥덕, 무장, 고창, 장성 등지로 조직을 확대하여 4월 농민군 400여 명을 이끌고 고부관아를 점령했다. 이어 흥덕을 점령하고 무장으로 가서 관아의 무기를 빼앗았다. 이들은 벌왜(伐倭), 벌양(伐洋) 그리고 보국안민의 기치를 내걸었다.

4월 22일에는 고창 모양성을 공격했으나 날이 어둡고 비가 쏟아져서 수성군에게 패전하고 주력부대가 해산했다. 여기에 홍낙관도 참여했다. 이것이 농민전쟁이 끝난 뒤에 일어난 최대 규모의 봉기였다. 이때 수백 명이 잡혀 맞아죽거나 굶어죽었으며 서울로 끌려가서 재판을 받기도 했다. 남은 농민군들은 의병에도 열렬히 가담했고 독립운동가가 되어 나라찾기에 신명을 바쳐 한국 역사의 주역으로 한몫을 했다.

전통사회의 근대인 유길준

최초의 미국 · 유럽 기행문《서유견문》

1885년 유럽의 도시들마다 행색이 초라한 조선 청년이 불쑥 나타나서 서툰 영어로 뭔가를 묻기도 하고 메모를 하면서 돌아다녔다. 그는 빠듯한 여비를 아껴 쓰면서 이곳 저곳 기차를 갈아타며 분주하게 쏘다녔다. 그러니 단순한 관광객이 아니었고 기행을 다니고 있었던 것이다. 바로 유길준이었다. 유길준은 우리 나라에서 몇 가지 '최초'를 기록한 사람이었다. 그는 무엇보다 유럽을 최초로 기행한 사람이었다.

이해 12월 유길준은 고국으로 돌아왔다. 당시 갑신정변의 실패로 개화파들이 속속 잡혀 죽음을 당하거나 감옥에 갇히고 있었다. 그는 갑신정변에 직접 가담하지 않았으나 개화파라고 하여 바로 연금을 당했다. 그가 연금당한 장소는 삼청공원 안에 있었던 취운정(翠雲亭)이었다. 그는 취운정에서 미국과 유럽에서 적어온 메모지를 펼쳐놓고 견문록을 쓰기 시작했다. 예전에 적은 메모지가 많이 없어졌고 또 연금생활을 하며 책을 제대로 구할 수 없었으나 기억을 되살리고 일부의 서적을 참고로 하여 6년쯤에 걸쳐 방대한《서유견문(西遊見聞)》을 완성했다. 이 책은 단순한 기행문이 아니라 미국과 유럽의 문물제도를 소개한 책이었다. 어쨌든 이 책은 최초의 미국·유럽의 기행문으로 꼽힌다. 더욱이 국한문을 섞어 썼다는 데에도 커다란 의미가 있었다.

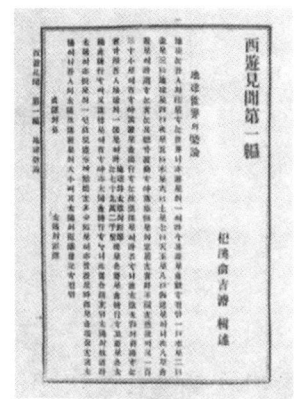

유길준이 미국 유학 때 유럽을 순방하며 보고 느낀 것들을 기록한 《서유견문》.

개화파 청년 유길준

그는 어떤 연유로 미국과 유럽을 다닐 수 있었는가? 그는 10대의 소년시절부터 당시 개화파의 영수였던 박규수의 집을 드나들면서 김옥균, 박영효 등과 어울려 유럽에 대한 지식을 얻어들었다. 그래서 개화파의 한 청년이 됐다. 1881년 조정에서는 신문물을 배우게 하려고 청년들을 골라 청나라와 일본으로 보냈다. 그는 60명으로 구성된 신사유람단(紳士遊覽團)에 끼어 일본으로 갔다. 그는 3개월의 여행을 마치고 계속 남아 일본의 문물을 익히는 유학생이 됐다. 이렇게 해서 최초의 일본유학생 중의 한 사람이 됐다.

유길준은 경응의숙(慶應義塾. 지금의 경응대학교)에 입학해 1년쯤 공부를 했다. 이때 조선에서는 임오군란이 일어났고 이어 개화파들이 정권을 잡아 개혁정치를 단행하고 있었다. 신문물을 익힌 그는 개화파의 요청으로 조선으로 돌아와 신문 발간에 정열을 쏟았다. 그러나 이것이 뜻대로 이루어지지 않아 실의에 빠져 있는데 새로운 임무가 주어졌다. 미국과 통상조약이 맺어져 나라에서 미국으로 보내는 친선사절인 보빙사(報聘使) 민영익의 수행원이 된 것이다.

보빙사 일행은 미국 대통령에게 국서를 전달하고 40여 일 동안 미국을 시찰한 뒤 귀국했다. 그런데 유길준은 다시 미국 유학생으로 남게 됐다. 최초의 미국 유학생이 된 것이다. 그는 먼저 영어와 과학을 익히고 나서 대학 예비과정으로 메사추세츠주의 셀럼시에 있는 고등학교에 입학했다. 이때 고국에서 갑신정변이 일어났다는 소식을 들으면서 그는 고국에서 해야 할 일이 많다고 생각하고 귀국길에 올라 유럽여행을 떠났던 것이다. 그의 미국생활은 1년 3개월, 유럽여행은 1년쯤이 걸렸다. 그는 서울에 돌아오자 바로 연금이 되었다.

그는 7년의 연금생활 끝에 풀려났다. 1894년 봄, 동학농민전쟁이 일어난 뒤에 이른바 갑오개혁이 단행됐다. 갑오개혁은 일제가 뒷전에서 개화파를 조종해 이루어졌다. 하지만 갑오개혁은 사법권의 독립, 전통적 노비제도의 철폐, 조세의 금납 따위 근대적 개혁조치들을 내세웠다. 이에 유길준은 처음에는 일제와 협력하여 개혁의 내용을 만들고 이를 시행하는 여러 조치에 적극적으로 개입했다. 이해 12월 개화파의 연립정권이 수립됐을 적에 그는 처음에는 내무협판, 뒤에는 내무대신이 되어 종두법과 단발령의 시행 등 개화정책을 밀고 나갔다. 이런 급진개혁은 보수세력과 민중들의 심한 반발에 부딪혔다. 목숨을 버릴지언정 상투는 자를 수 없다고 항거하는 사태로 번졌던 것이다.

1896년 2월에는 고종이 일본세력을 꺾으려고 러시아 공사관으로 몸을 피해갔고 친일파 김홍집 등이 거리에서 시민들에게 맞아죽는 사태까지 벌어졌다. 이제 친로파(親露派)의 세상이 됐다. 그는 일본으로 망명했다. 당시 일본에는 일본사관학교를 졸업한 조선 청년 장교들이 일심회(一心會)를 조직하고 있었다. 유길준은 이들과 손을 잡고 쿠데타를 계획했는데 사전에 탄로가 나서 본국에 들어와 있던 장교들이 체포됐

아관파천으로 일본에 망명중인 유길준. 앞줄의 오른쪽에서 두 번째가 유길준이다.

고 그 주모자가 유길준이라는 것도 발각됐다.

저술로 근대화에 기여하다

이리하여 외교분쟁이 야기되자 일본정부는 그를 감싸고 돌 수만은 없었다. 그래서 그는 일본 경찰에 구금됐고 이어 일본에서도 머나먼 오가사와라섬에 유폐됐다. 바로 김옥균이 갇혀 있던 섬이었다. 11년에 걸친 망명생활은 가시밭길이었고 목숨을 부지한 것만도 다행이었다. 이 외딴 섬에 살면서 그는 다른 생각을 했다. 곧 정치활동보다 사회운동으로 전환할 결심을 굳혔던 것이다. 더욱이 그는 망명생활을 하며 우리말 문법의 체계를 세운 《대한문전(大韓文典)》을 완성했다. 이 문법책은 외진 곳에서 누구의 조언도 받지 않고 혼자서 완성했다. 국어문법의 정리에도 선구자의 역할을 한 것이다.

또 일제는 러일전쟁을 일으켜 러시아세력을 한반도에서 몰아내고 이어서 이른바 보호조약을 체결하여 대한제국을 반(半)식민지의 지위로 전락시켰다. 일제는 통감부를 설치하고 내정을 간섭했다. 이런 판국에 일본에 망명해 있던 개화파들은 통감인 이토 히로부미에게 귀국케 해 달라고 교섭했고 실권이 없이 껍데기만 남은 고종은 이를 한사코 거부했다. 개화파들이 반식민지 상태의 고국에 돌아와서 할 수 있는 일이 무엇이란 말인가? 유길준은 이를 잘 알고 있었다.

고종은 끝내 일제의 강요로 황제 자리에서 물러났고 이를 계기로 일본 망명객들이 고국으로 돌아왔다. 나라를 구하려던 정치가들이 나라가 망해가는 판국에 돌아왔다는 아이러니를 빚고 있었다. 유길준은 많은 사람들이 나라를 잃은 분노로 스스로 목숨을 끊기도 하고 만주, 상해 등지로 망명할 때에 가장 온건하고 안전한 노선을 추구했다.

아무튼 그는 국민계몽에 앞장섰다. 백성들이 개화하지 못하고 산업이 일어나지 못하며 교육이 보급되지 못한 데에 나라가 망하는 일차 원인이 있다고 판단했다. 그는 미국에서 생물학을 배우고 난 뒤에 철저한 진화론자가 됐다. 미개사회는 생물이 진화하지 못하는 것과 같다고 믿었다. 한국사회를 진화시키자. 이것이 그의 사상이었다.

그는 흥사단과 같은 수양 또는 사회단체의 결성에 참여했고 학교의 설립, 농림강습소와 노동야학회를 설치하여 교육운동에 앞장섰으며 민족자립경제를 위해 국민경제회를 조직하고 철도를 우리 손으로 깔기 위해 호남철도회사를 설립하기도 했다. 그는 무엇보다도 교과서를 스스로 편찬하여 보급했고 《이태리 독립운동사》 등 유럽의 역사책 또는 멸망사를 써서 구국의 정신적 귀감으로 삼으려고 노력했다. 아마 나라가 망할 무렵, 그는 가장 많은 저술을 남겼을 것이다.

그는 일진회에서 한일합병을 주장했다는 소문을 듣고 일진회 사무실로 달려가서 간부들을 주먹으로 치는 정열을 보이기도 했다. 또 조선이 일본의 식민지가 된 뒤에 공로를 인정하고 특권을 보장해주는 작위를 일제가 주자 이를 거절했다. 그는 기독교 신앙을 지키며 노량진에 은거했다. 그는 친일파라는 더러운 이름을 뒤집어쓰고 죽지는 않았다. 유길준은 조국의 근대화를 이룩하려는 뜻이 좌절되자 울분으로 나날을 보내면서 숨어살았던 것이다. 때로는 마지못해 일제에 협조하는 모습을 보이기도 했다. 하지만 신채호처럼 중국 등지로 망명하지 않았다. 그 대신 많은 저술을 남겨 민족정신 또는 근대화에 공헌했다. 수많은 개화파들이 뒷날 친일로 전락했는데 그는 나름대로 지조를 지켰다.

나라를 잃자 절명시를 남기고 죽은 문장가 황현

황현은 시인, 문장가, 역사가 그리고 애국지사로 널리 알려져 있다. 하지만 그의 삶은 고난의 연속이었으며 나라가 망하는 꼴을 보고 마침내 자결했다. 그는 저 남쪽 끝자락에 자리잡은 광양땅에서 태어났다. 그의 아버지는 영락한 가문을 일으켜보려고 구례에서 광양으로 이사를 가서 살림을 꾸렸다. 황현은 출세를 위해 서울로 진출했다. 그는 먼저 서울의 명사인 이건창에 접근했고 당대의 명사인 강위, 김택영 등과도 어울렸다. 또 과거에 합격해 성균관 생원이 됐으나 과거가 온통 부정으로 실시되고 벼슬을 팔아먹는 현실을 보고 낙향했다. 그는 구례 만수동으로 들어와 은거했다.

때로 친구들에게서 서울로 올라오라는 편지를 받으면 "자네들은 어찌 귀신 나라에 미친놈들이 득실거리는 곳으로 나를 끌어들여 나도 미친놈으로 만들려 하느냐"고 거절하면서 많은 시문과 저술을 남겼다.

마음 편하게 살자

이런 생활 속에서 1891년 여름 초라한 서실을 짓고 《구안당기(苟安堂

記)》를 지었다. 그 전문은 이
러하다.

나는 머리를 땋을 때부터
유학을 다녀 집에서 밥을 먹
지도 못했으며 가난하여 서
실을 갖추지도 못했다. 만수
동에 우거할 때에 땅이 궁벽
해 과객이 찾아오지도 않았
으며 따르는 자도 드물었다.
어린 자식은 날로 자라는데

한일합방 소식을 듣고 절명시를 남긴 뒤 자결한 황현.

도 공부할 곳이 없어서 걱정됐다. 지난해 봄에 자갈이 섞여 갈아먹을 수
없는 문앞 자투리 땅 몇 뙈기를 골라 집 하나를 지었다. 하지만 규모를
갖추려 했으나 구차스러워 손쉽게 공력을 조금 들이는 것으로 만족했다.

그 터에 담이나 울타리를 두르지도 않았으며 나무를 자르지 않고 돌
을 옮기지도 않았다. 그 재목은 기둥감을 대들보로, 서까래감을 기둥으
로 썼고 도끼자루가 될 막대기를 서까래로 썼다. 대나무를 쪼개 창을 꾸
미고 평상으로도 만들었다. 산이 깊어 흰 띠가 넉넉히 나므로 이엉을 두
텁게 이었다. 건너편 언덕에서 바라보면 마치 정사(精舍)처럼 보였다.

집은 겨우 세 칸을 이루었다. 이를 둘로 나누어 한쪽은 머슴에게 주어
살게 했으며 한쪽은 글 읽은 방으로 만들었으나 매우 좁고 누추해서 서
실이라 일컬을 수 없었다. 그러나 그 방안 온돌에 들어가노라면 대자리
가 서늘하고 창이 밝아 마치 거울을 마주하는 듯했다. 어린이 너더댓 명
이 머리를 맞대고 글 읽으니 그 소리가 낭랑했다. 내가 책 한 권을 들고

벽을 에돌아 걸어가서 목침을 베고 누우니 몸이 쾌적했다. 그래서 밥을 먹고 일이 없으면 자주 갔으며 한번 가서는 돌아오기를 잊었다. 아마도 그 좁음을 잊고 만족해서 편안했기에 '구안당'이라 이름지어 붙였다. 그 규모는 비록 군색스러웠으나 나에게는 편안했기 때문이다.

공자께서는 "군자로서 거처하는 데는 평안하기를 바라지 않는다"고 말씀하셨는데 군색함을 완전하게 여기고 군색함을 아름답게 여겼기 때문이다. 이로 해서 거실을 군색스럽게 꾸미고 살았던 위형(衛衡. 후한의 은사)을 칭송한 것이다. 거처하는 방이 완전하고 아름답다고 여긴다면 군색하지 않음이 분명하다. 그러나 군색하면서 완전하고 아름다울 수 있다고 여기기 때문에 성인이 좋게 여긴 것이다.

이로 보면 높은 누대와 넓은 집에서 사는 자들도 오히려 군색하지 않다고 아니하니 하물며 한 칸의 방을 지닌 자이겠는가? 그런데 본디 내 마음은 "거처하는 데는 평안하기를 바라지 않는다"는 데에서 나온 것이 아니라 형편이 어쩔 수 없어서였다. 만일 높은 누대와 넓은 집을 지을 수 있었다면 내 또한 높은 누대와 넓은 집을 짓고 살았을 것이다. 그러나 내 또한 조금 군자의 학문을 들었노라. 누대가 비록 높으나 군색스럽게 높다고 말할 것이요, 집이 비록 넓으나 군색스럽게 넓다고 말할지라도, 오늘 "군색스럽게 지내는 것을 평안하게 여기는 마음"은 "거처하는 데는 평안하기를 바라지 말라"는 데에서 나왔다고 말해야 옳을 것이다. 또 다른 소감도 있다. 내 일찍이 세상에 뜻을 두고 짚신을 끌고 서울로 갔다. 남산과 한강의 가에 있는 화려한 정자와 연못이 있는 집에서 달 밝은 밤에 술잔을 기울이고 시를 주고받으며 일대의 명사들과 어울려 놀았다. 조각을 놓은 난간과 그림을 그린 기둥이 있는 집에서 병풍을 둘러치고 노래부르고 자리에 일어나 춤을 추면서 얼이 빠질 지경으로 즐겼다. 그리고 술이 얼근해지고 날이 저물어 사람들이 흩어지면 내 또한 난간을 의지해 서서히 일어나면서 마음이 뒤숭숭해지는 듯한 나그네의 회포가 있었다.

무슨 연고인가? 그것들이 내 물건이 아니었기 때문이었다. 아, 무릇 학문을 일컬으며 지난 사람의 찌꺼기를 표절해서 입과 귀로 듣고 지껄이면서 스스로 명가(名家)라고 이름지어 부른다. 이들은 사치스럽지 않음이 아니건만 그래도 볼 만한 것이 있었다. 한데 큰 탄식을 토해내고 궁벽한 집에 살면서 하나도 얻은 것이 없으니, 내 물건이 아닌 것을 두고 다시 말해본들 무엇하리?

그러니 마땅히 내가 가진 것으로서 내 능히 평안해져야 한다. 거처하는 방은 통발이나 덫과 같이 하찮은 것에 지나지 않는다. 내 노둔해서 학문을 게을리했다. 대개 뜻은 두었지만 해낼 수 없었기에 이를 기록하여 스스로 경계로 삼으려 한다.

여기에는 안분(安分)의 삶과 달관한 인생관이 배여 있다. 글짓는 틈틈이 농사일도 했다. 그는 이렇게 마음 편안히 살려고 했다. 위 글에서 담담한 선비의 풍모를 풍기지 않는가?

민족의식을 토로

일본 침략세력은 동학농민군을 학살하고 청일전쟁을 도발했으며 을사조약으로 외교권까지 접수했다. 황현은 울분에 차서 나날을 보냈다. 그리고 주위의 몇몇 사람들과 어울려 지리산과 진주, 통영 등지의 항일 유적지를 찾아다녔다. 그는 장편 서사시인 〈충무공 구선가(忠武公龜船歌)〉를 피를 토해내듯 지었다.

오랑캐들 바닷물 말리려 달 삼키고, 모진 바람 몰아 우리 나라 짓밟았다.

새재 관문도 무너져내렸고 수군 10만 멧돼지처럼 밀어닥쳤어라.

원균 같은 늙은 장수 한낱 고기 덩어리, 싸움에 지고 섬에 숨어 움츠렸구려.

땅덩이 지키는 집 너나 가릴 것 없을지니, 강 건너 불구경하듯 하지 말거라.

좌수영 남문이 활짝 열리자,

정벌의 북소리 둥둥 거북선이 출동한다.

거북 모양새나 거북 아니요, 배라지만 배 아니라.

둥근 판옥선(板屋船) 고래 파도 밀고 나가니

네 개의 발 빙글빙글 수레바퀴처럼 구르고

양 옆구리에 비늘처럼 총 구멍 뚫렸구나.

스물 네 개의 노는 물결 밑에서 춤추는데

사공들 앉은 듯 누운 듯 노 저어 물결 일으키네.

코로 검은 연기 내뿜고 눈은 붉은 심지 당기네.

펼치면 용 놀듯, 움츠리면 자라 오므리듯,

오랑캐 놈들 우우 통곡하고 수심 어린 꼴,

노량의 울돌목과 한산섬의 바다에 붉은 피 넘쳤다.

적벽 싸움에 소년 주유 때를 잘 만났던가,

서생 우윤문이 금(金) 군사 맞아 결단내린 것일세.

어느 누가 바다 누벼 백 번 싸우면서

고래 악어 같은 적 베고도 서슬 무디지 않을 수 있으랴?

돌아가신 지 200년 뒤 지구가 트이니,

화륜선 동쪽으로 오고 불꽃이 해를 가리는구나.

평화스런 우리 강토, 호랑이떼 양의 목장으로 뛰어들어,

총부리 하늘을 흔들고 살육 시작됐구려.

황천에 계신 충무공, 다시 일으킬 수 있다면,

그의 주머니엔 신출귀몰할 계책 있을지니,

거북선처럼 지혜를 내 적을 제압하면,

왜놈들 살려달라 빌게고 양놈들도 섬멸하리.

　그의 눈에는 세상의 비틀어진 것들이 너무 많이 보였다. 사나운 일본 제국주의 앞에 나라는 바람 앞에 등불처럼 곧 꺼질 것으로 보았다. 나라를 이 꼴로 만든 자들이 누구인가? 지배세력 곧 양반이요, 문벌가들이요, 사림들이 그 책임을 져야 한다고 보았다. 그는 그 궁극적 책임을 역사에 물었다.

예리한 역사기록
　황현은 철저한 고발정신으로 역사를 기록했다. 자기가 살고 있던 시대사를 주로 담은 《매천야록(梅泉野錄)》의 한 대목을 보자.

　만동묘(萬東廟. 명나라 신종의 위패를 모신 곳)는 청주 화양동에 있다. 이 묘는 우암 송시열의 뜻에 따라 창설됐기 때문에 그 옆에 우암사(尤庵祠)를 두었다. 이를 세상에서는 화양동서원이라 일컫는데 그 원임(院任. 서원 실무자)들은 다 충청도의 무단(武斷) 집안의 자제들이다. 그들은 묵패(墨牌. 먹 도장을 찍은 개인 문서)를 들고 평민을 잡아들여 껍질을 벗기

고 골수를 빨아 남쪽 지방의 좀이 된 지 100여 년이 됐다. 그런데도 수령들은 그들과 끈을 달고 있는 '성을 넘나드는 여우나 창고에서 날뛰는 쥐와 같은 간신'을 두려워하여 감히 꾸짖을 수 없었다.

홍선 대원군이 젊을 때 서원에 들어갔다가 서원을 지키는 선비에게 모욕을 당해 한을 품고 있었다. 그가 집권한 뒤에 그 선비를 잡아죽이고 마침내 그 서원도 철폐하게 했다. 하지만 그는 편협하다는 소문을 들을까 염려되어 나라 안의 서원과 사묘(祠廟) 48개소를 남겨두고 나머지는 모조리 철폐했다. 남겨둔 곳은 모두 학덕이 높아 문묘에 배향한 명현과 국가에 큰 공훈을 끼친 이들의 사우였다. 만동묘를 혁파한 뒤에 신종의 위패를 북원(北苑. 창덕궁 북쪽 정원)의 대보단(大報壇)에 옮겨놓았다. 화양동서원은 마침내 폐지됐던 것이다.

서원을 처음 설치할 때에는 대개 좋은 뜻이었다. 세월이 지나면서 진흙탕처럼 흐려졌다. 《심경(心經)》과 《근사록(近思錄)》을 읽어 제법 수양을 쌓았노라고 뽐내는 자들은 나라에 변란이 일어나면 창을 매고 군대에 뛰어들었다. 그 자손들은 곡식 100석쯤 쌓아놓으면 교활한 마음이 열리어 집에는 울긋불긋 단청을 하고 곳간의 고기들을 썩혔다. 사물이 극에 달하면 변화하는 것은 진실로 이치의 귀결이다. 서원 철폐령을 어찌 막을 수 있겠는가? 그것이 대원군에게서 나왔다 하여 모두 그른 처사가 아니다. 이때에 백성들은 누습에 젖어 비상의 변란을 만난 것처럼 들떴다. 서원을 소굴로 삼았던 유생들은 하루아침에 의지할 곳을 잃어 더욱 미친 듯이 울부짖으며 연달아 광화문에 엎드려 상소했다. 이 꼴을 보고 식자들은 비웃었다.

유생의 소굴인 만동묘와 서원을 묶어 꾸짖는 예리한 사필을 구사하

고 있다. 짧은 글 속에 그의 비평정신이 번득인다. 이 글을 보면 시대의
식에 젖은 썩은 선비와 지배세력 그리고 허위의식으로 가득 찬 사대부
를 매도한 비판적 지식인으로 황현을 볼 수 있을 것이다.

절명시를 남기고 순국하다

황현은 병합 소식을 듣고는 순국을 결심했다. 그의 동생 황원이 "오
늘날 인망이 있는 사람으로 절개를 위해 죽을 사람은 누구이겠습니까"
라고 묻자 그는 빙그레 웃으며 "스스로 죽지 못하면서 남이 죽지 않는
다고 꾸짖는 것이 어찌 옳은 일인가? 종사가 망하는 날 사람마다 모두
죽어야 옳거늘 유난히 시대의 명망이 있는 사람만 죽어야 하겠는가"라
고 대꾸했다. 황현은 사람을 물리친 뒤 소주와 아편을 머리맡에 놓고
절명시 4수를 썼다.

난리를 겪으며 흰머리 됐으나 몇 번 목숨 버리려다 미적거렸네.
오늘 진정 죽음은 어찌할 수 없는 것, 가물거리는 촛불 창천에 비치는
구나.
요사스런 기운이 가려 임금별로 옮기니, 구중궁궐 침침해 낮도 더디
드는도다.
임금의 분부 이제 없을 터이니, 종이 위에 구슬 같은 눈물 천 갈래로
쏟아지네.
새와 짐승도 슬피 울고 강산도 찡그리니, 무궁화 나라 영영 사라졌도다.
가을 등불 아래 책 덮고 옛일 회상하니, 문자깨나 안다는 사람 인간노
릇 어렵구려.
내 일찍 나라 받히는 데 작은 공도 없었으니, 오직 인을 이룸이지 충

은 아니리.

　겨우 절의를 따라 죽을 뿐, 역적들 죽이라고 외치지 못한 것 부끄러워
하노라.

　그의 절명시는 처절하게 울부짖지도 않았으며 그저 자신의 심정을
차분하게 표백(表白)했을 뿐이다. 그리고 다량의 아편을 마시고 유명을
달리하였다. 그는 글로 시로 역사의 증인이 됐다. 이런 그의 지사적 면
모는 널리 인구에 회자됐다. 그는 이처럼 문장으로 나라를 사랑한 마음
을 표현했다.

좌절된 중도우파 김규식

유창한 영어로 독립을 호소하다

1919년 봄, 프랑스 파리에는 각 나라의 대표들이 모여 북적댔다. 일본대표도 고급 승용차에 몸을 싣고 거들먹거리면서 쏘다녔다. 파리에는 제1차 세계대전이 끝난 뒤에 전승국 대표들이 새로운 세계질서를 마련하고 평화를 추구한다는 구실을 내걸고 강화회의를 열고 있었다. 이때에 키가 작달막하고 초라하기는 했으나 기품 있고 침착해 보이는 30대 말의 동양인 한 명이 바삐 돌아다니고 있었다. 그런데 각국 대표들은 이 사나이를 만나보고 적잖이 놀랐다. 영어가 유창했던 것이다.

이가 바로 한국대표 김규식이었다. 김규식은 중국 상해에서 배를 타고 두 달에 걸쳐 파리로 어렵사리 왔다. 파리강화회의가 있다고 하자 상해에서 새로 신한청년당이 조직되었는데, 그가 강화회의의 대표로 뽑혔던 것이다. 당시 상해에는 한국의 독립지사들이 모여 있었으나 뚜렷한 조직체가 없었다. 파리강화회의에 개인 자격으로는 갈 수가 없었다. 그래서 김규식을 비롯하여 여운형, 이광수 등이 급박하게 신한청년당을 조직하고 김규식을 국민대표로 삼아 파리에 파견했다.

파리강화회의의 임시정부대표단 일행의 사진으로, 앞줄 오른쪽 끝이 김규식이다.

김규식이 파리에서 활동을 벌일 때에 뒤늦게 상해에서 임시정부가
탄생했다. 임시정부에서는 다시 김규식을 정식으로 대한민국 대표로
임명했다. 이어 미국에 있던 대한민국민회와 러시아에 있던 대한국민
회의에서도 그를 대표로 지명했다. 명실상부하게 대한민국의 대표가
됐다. 김규식은 임시정부 파리위원부 위원 자격으로 파리에 조선공보
국을 설치했다.

김규식은 수행원들과 밤낮으로 머리를 맞대고 20개 항목으로 된〈독
립청원서〉를 만들어 회의에 제출하고 한국의 독립을 호소했다. 김규식
은〈독립청원서〉에 한국은 유구한 역사의 나라라는 것, 각국이 통상조
약으로 독립국임을 인정한 나라라는 것, 일본이 불법으로 침략했다는
것, 3·1운동을 벌여 독립을 제창하고 임시정부가 수립됐다는 것 등을

피를 토하는 마음으로 적었다. 이어 〈한국민족의 주장〉, 〈한국의 독립과 평화〉 등 민족선언서를 대표들에게 배포했다. 또 공보국 회보를 발간하여 이런 사실을 적어 돌렸다.

6세 때의 김규식.

그러나 열강들은 이런 요구와 청원을 무시했고 특히 일본대표는 김규식의 주장과 활동을 끊임없이 방해했다. 그래서 성과를 거둘 수 없었으나 프랑스를 중심으로 한 유럽 대표들은 한국의 처지를 이해했고 이를 국제 문제로 부각시켰다. 4개월쯤 벌인 김규식의 선전활동은 눈부셨다. 최초로 한국 문제를 국제회의에 공식으로 알린 성과를 거두었다. 이런 결과는 김규식의 민족애와 함께 영어를 능숙하게 구사한 덕분일 것이다.

우익 대표 김규식, 좌익 대표 여운형

그러면 김규식은 어떻게 영어를 배웠을까? 김규식은 동래에서 태어났는데 그의 아버지는 동래의 낮은 벼슬아치였다. 아버지는 청나라를 반대하는 상소를 올려서 귀양을 갔고 어머니는 6세 때 죽어서 고아가 됐다. 이런 그의 처지는 개인으로서는 불행한 일이었으나 뒷날 민족을 위해서는 행운을 가져다주었다. 미국 선교사인 언더우드의 양자로 들어가 교육을 받게 된 것이다. 이어 17세에 미국으로 건너가서 7년쯤 유학생활을 하여 프린스턴에서 석사를 받은 뒤에 귀국했다. 뒷날 다시 명예박사를 받았다. 그는 조국에서 교회일을 보면서 연희전문학교 교수로 교육자의 길을 걸었다. 그러나 일제 당국의 탄압이 가중되자 1913년 상해로 망명을 했다. 이제부터 더욱 험난한 생애가 펼쳐졌다.

아무튼 김규식은 파리에서 미국으로 가서 외교활동을 하다가 1921년 상해로 되돌아왔다. 그는 상해에서 다시 임시정부의 외교활동을 도맡아 모스크바에서 열린 동방피압박민족대회에 참석하여 한국의 독립을 열렬히 외쳤고 이어 그 회장직을 맡아보았다. 하지만 25년에 걸친 상해의 생활은 말이 아니었다. 그의 아내 김순애도 독립투사여서 하루도 쉴 날이 없이 동분서주하다 보니 아이들을 돌볼 틈도 없었고 때거리가 없어서 굶기가 일쑤였다.

때로는 중국의 대학에서 영문학을 가르치면서 생활비를 얻어 쓰기도 했으나 뇌에 혹이 생겨 자주 졸도했으므로 한 직장에 오래 버티지 못했다. 이 혹은 파리에서 지나친 과로로 인해 생겨나 사람들이 '독립혹'이라 불렀다고 한다. 그는 이렇게 건강이 안 좋은데도 분열을 일삼는 임시정부를 수습하기에 온 정열을 쏟았다. 당시 임시정부는 침체한 운동에 새 바람을 불어넣기 위해 조직을 개편하자는 개조파와 현상을 유지하자는 유지파, 완전히 조직과 이념을 새로 바꾸어 출발하자는 창조파 등으로 갈라져 싸움을 일삼았다. 그는 창조파에서 외무를 책임지는 일을 맡았으나 언제나 좌익과 우익의 화합과 협상을 앞장서 주장했다.

김규식은 해방된 조국에 돌아왔다. 하지만 정국은 소란스럽기 짝이 없었다. 그는 해방정국에서 두 가지 일을 마지막 힘을 다해 추진했다. 당시 남쪽에는 미국, 북쪽에는 소련의 군정이 실시됐다. 이때 모스크바에서 회의를 열어 한반도를 미국, 소련, 영국, 중국이 일정 기간 위임통치하겠다고 결의했다. 이렇게 되면 한국의 독립은 적어도 당분간 보장되지 않는다. 전국은 이를 지지하는 좌익의 신탁과 이를 반대하는 우익

미군정의 신임을 받아 과도 입법의원 의장으로 활약하던 김규식.

의 찬탁으로 갈라져 피를 튀기는 싸움이 벌어졌다.

그는 과감하게 반탁의 지도자로 활동을 벌였다. 미군정 당국에서는 이를 무마하려고 좌우합작을 주선했는데 김규식은 우익 대표로, 여운형은 좌익 대표로 참석했다. 좌우합작회의에서는 부르주아 민주공화국의 수립, 새 정부에 좌우를 가리지 않는 진정한 애국자의 참여 등을 합의했다. 그러나 우익진영의 이승만과 김구, 좌익진영의 허헌과 박헌영 등은 각기 다른 주장을 내세워 합작에 찬물을 끼얹었다. 김규식은 이를 감당하지 못하고 병이 도져 입원하고 말았다.

미군정의 권유로 입법의원이 설치되어 김규식이 그 의장을 맡고 좌우합작을 성사시키려 했으나 다시 실패했다. 입법의원은 당시 국회의 구실을 했고 뒤에는 과도정부로 개칭하여 임시정부의 역할을 했다. 모든 일이 그의 뜻대로 이루어지지 않았다. 끝내 1948년 국제연합에서는 남한의 단독정부 수립을 결정하여 대한민국 정부의 출범을 앞두고 있었다. 이제 그에게는 마지막 할 일이 남아 있었다.

중도우파로 남북협상에 나서다

이해 2월, 그는 입법의원 의장을 사퇴하고 남북협상에 나섰다. 남북협상의 동반자는 김구였다. 두 지도자는 이승만의 반대를 물리치고 통일정부의 수립을 위해 남북협상을 제의했던 것이다. 두 지도자는 이해 4월, 38선을 넘어 북으로 들어갔다. 국토의 중간지대는 비록 신록이 우거져 만물이 생기를 내뿜고 있었으나 마음은 꽁꽁 얼어붙어 있었다. 평양에서 남쪽의 두 지도자와 북쪽의 김일성, 김두봉이 머리를 맞대고 앉았다. 그러나 북쪽에서는 두 지도자의 진의를 외면하고 이승만과 다를 바 없는 정치적 술수를 부렸다. 모두 정권욕에 눈멀어 있었던 것이다. 두 지도자는 한을 품고 다시 발길을 돌렸다.

북쪽에서 다시 남북협상을 제의해왔으나 두 지도자는 이를 거절했고, 또 남한의 단독선거도 반대하여 참여하지 않았다. 좌우합작과 남북협상은 현실정치와 국제역학 구조에서 성공할 수가 없었다. 하지만 정권 문제를 떠나 실패를 각오하면서도 분단을 극복하고 통일정부를 수립해야 한다는 민족정신은 영원한 귀감이 될 것이다. 그는 정치가라기보다 민족운동가였다. 이런 지도자는 현실정치에서 실패할 수밖에 없을 것이다. 이 과정에서 그는 민족진영의 우파로 중도노선을 선택했다.

그는 울분의 나날을 보내다가 6·25 때 병든 몸으로 납치되어 북한으로 끌려갔다. 이해 12월 몹시도 추운 만포진 용암포에서 죽었다고 한다. 민족 지도자의 비극적 말로였다. 그는 능통한 영어 회화와 해박한 지식으로 외교를 맡아 조국에 공헌했고, 온건한 성품으로 타협을 이끌면서 분열에서 단결로 역량을 모으려 했다. 그가 안정된 사회에 살았더라면 학자의 길을 걸었을 것이다. 오늘날 극단적인 성향의 정치가들이 판을 치는 것을 보면 그의 순수한 애국정열이 그립다.

〈조선의용군 행진곡〉의 작곡가 정율성

이국땅에서 민족음악을 이루다

2000년 10월 초에 중국 전국인민회의 대의원인 정설송 여사가 조용히 서울에 왔다. 그녀의 가방 속에는 정율성(1918~76)의 악보 18점이 들어 있었다. 이 악보들은 정율성이 평생에 걸쳐 채집한 전통악보와 〈긴아리랑〉, 〈방아타령〉 등이다. 이들 악보는 문화체육부에 전달됐다. 이어 국립국악원에서 모택동의 시에 곡을 붙인 〈매화의 노래〉 등 정율성의 작품발표회를 가졌다. 참으로 격세의 느낌을 주는 행사들이었다.

내가 1992년에 정율성의 삶을 남쪽에 처음 소개했을 때에는 사람들의 반응이 냉담했다. 정말 그처럼 중국에서 이름을 떨쳤느냐는 등의 관심을 보이는 정도였다. 그리고 중국공산당과 관련된 작곡만을 하지 않았느냐는 반응이었다. 그러나 위의 작품을 직접 들은 이들은 이런 의구심을 떨쳐버릴 수 있었을 것이다.

정율성은 3·1운동이 일어나기 전해에 전라도땅 광주의 양림동에 사는 가난한 농부의 아들로 태어났다. 그는 광주의 숭일학교와 전주의 신흥중학교를 다녔다. 그는 다른 공부에는 관심이 없었고 오직 악기를 다루고 악보를 들여다보는 것으로 세월을 보냈다. 하지만 그는 민족의식이 어릴 적부터 남달랐던 것으로 보인다. 그의 나이 열다섯 살에 부모를 등지고 상해로 망명 아닌 망명을 했던 것으로도 충분히 짐작할 만할 것이다.

상해는 김원봉이 이끄는 무장항일단체인 의열단의 본거지였다. 의열단에서 세운 조선혁명간부학교는 청년들을 모아 엘리트 교육을 하고 있었다. 여기에서 1년의 코스를 마쳤다. 그는 의열단 활동에 참여하면서도 남경과 상해에서 독일인에게 피아노와 바이올린 그리고 성악을 배우는 데 열중했다. 그는 음악을 통해 항일전선에 가담하고 있었다. 그는 열아홉 살의 나이에 벌써 〈유격전가〉를 발표하여 주목을 받고 있었던 것이다.

당시 상해와 남경에는 일제의 마수가 뻗쳐와서 우리의 독립기지를 더이상 유지할 수 없었다. 그리하여 정율성과 많은 의열단의 동지들은 연안에 있는 중국공산당의 근거지로 옮겨갔다. 이제부터 더욱 험한 가시밭길로 들어선 것이다. 더욱이 당시의 독립운동세력은 장개석이 이끄는 국민당이나 모택동이 이끄는 공산당에 들어가서 각기 노선을 달리하고 있었다. 정율성은 연안을 택했다.

"조선의 애국청년 정율성"

그는 스무 살 무렵인 1938년대에 저 유명한 〈연안송(延安頌)〉을 작곡했고 이어 〈팔로군 대합창〉을 작곡했다. 이들 노래는 연안의 골짜기를 울리며 항일유격대의 사기를 고무시켰다. 그리하여 모택동과 주덕 같은 지도자들은 그를 추켜세우곤 했다. 나는 모택동, 주은래의 아지트였던 서안의 판사처기념관에 들렀을 때에 〈연안송〉을 적어 걸어놓고 "조선의 애국청년 정율성의 작곡"이라는 소개의 글을 보고 가슴벅찬 감격을 맛보았다. 그리고 안내인에게 조선사람들이 찾아오느냐고 물었더니 북쪽도 남쪽도 찾아오는 사람들이 거의 없다는 대답이었다.

정율성은 조선독립동맹이 결성되고 이어 최전선의 언저리인 태항산 지구에 조선혁명군정학교를 설립했을 때 교육장을 맡아보았다. 이때 김두봉, 무정의 휘하로 들어가서 조선청년들을 교육했다. 이 무렵 그는 중국의 항일투사인 정설송과 결혼했다. 그리고 험한 산골에서 아들도 얻었고 〈조선의용군 행진곡〉도 작곡했다. 부부는 연안에서 8·15를 맞았다.

이 부부는 중국공산당의 정책에 따라 평양에 파견됐다. 그는 평양에서 음악 책임자로서 〈조선인민군 행진곡〉을 작곡했다. 6·25전쟁은 그에게도 새로운 전기를 마련해주었다. 77세의 어머니를 모시고 중국으로 돌아온 것이다. 그는 한국전쟁 때 인민군에 종군하면서 고향 광주에 들러 노모를 모시고 간 것이다. 평생 어머니에게 안겨준 한을 조금이나마 풀어드리려는 자식의 도리였을 것이다. 그가 중국으로 돌아올 적에 중국 당국의 특별한 노력과 배려가 있었던 것으로 보인다. 이후 김일성은 연안파를 여지없이 숙청했기 때문이다. 그가 북쪽에 남아 있었다면 숙청에서 제외될 수 없었을 것이다.

이 무렵 중국에서 그는 일상적인 활동 이외에 민족음악에 많은 관심을 기울였다. 그는 사회주의자이기 전에 민족주의자였다. 그가 중국공산당원이 된 것은 독립투쟁의 일환이었을 것이다. 많은 한국 출신 사회주의자의 경우와 다를 바가 없었다. 바로 이번에 가져온 작품들이 이를 증명하고 있다. 또 이른바 문화혁명이 일어났을 때 그가 창작의 권리를 빼앗긴 것도 이런 연유와 관련이 깊다고 할 수 있다.

그는 문화대혁명 기간 거의 활동을 멈추었고 '4인방'을 타도하기 위해 정열을 쏟았다. 그리고 연변조선자치주에 들려 민족정서에 탐닉하기도 했다. 그는 연변의 우리 동포들과 어울리면서 새로이 민족의식과 가락을 찾아헤맸다. 작품의 마무리를 여기에서 찾으려 했던 것이다. 그러나 이런 와중에 58세의 일기에 뇌일혈로 세상을 떠났다.

왜 정설송 여사는 그의 미발표 작품을 평양에 보내지 않고 서울로 보냈을까? 이런 의문을 풀기는 그리 어렵지 않을 것이다. 연안파가 북한에서 숙청된 것도 그 이유 중의 하나가 될 것이다. 평양에 가져가 보았자 제대로 대우받지 못할 것이라고 판단했을 것이다.

제3부

좌절과 갈등의 현대사

8·15, 그날을 생각한다

해마다 어김없이 우리는 8·15해방의 날을 맞고 있다. 분단의 비극이 여전히 우리의 가슴을 짓누르고 있으며 이데올로기의 혼돈이 계속되는 현실에서 이날의 의의를 돌아보는 감회가 깊다. 한번 과거부터 오늘날까지 그 실상을 더듬어보자.

수탈당하는 식민지

우리 나라의 19세기 후반기를 학술용어로는 봉건·반식민사회라고 흔히 말한다. 곧 중세적 왕조시대의 잔재가 그대로 도사리고 있는 가운데 개항 이후 외국세력의 침투로 자주권을 제대로 행사하지 못하는 현실이었다는 뜻이다.

양반·상놈을 구분하는 제도가 그대로 유지되어 있고 농민들은 국가의 조세와 지주들의 지대에 시달리고 있는 속에 아주 고약한 일본식 자본주의가 침투하고 있었던 것이다. 여기에 외국세력들은 이 땅의 이권을 야금야금 먹어들어가고 있었다. 그리하여 이런 상황을 두고 반쪽 식민지 상태의 봉건사회라고 진단한 것이다. 이렇게 30여 년을 지낸 끝에, 끝내 나라는 일제의 식민지로 전락하고 말았다.

1910년 이후 일제는 이 땅을 식민지로 만들고 모진 압제와 수탈을 가했다. 이런 속에서 신분제 등 일부 봉건잔재는 사라졌다. 그리하여 이런 조선을 또 식민지·반(半)봉건사회라고 진단했다. 일제는 우리 민족을 무단으로 다스리기도 하고 때로는 회유책을 쓰면서도 여느 나라의 식민지보다 가혹한 식민지 동화정책을 폈다. 그들은 맨 먼저 토지를 거두어들였다. 과거의 왕실 소유 토지 또는 경작권이 주어진 공공의 토지를 조선총독부 또는 동양척식주식회사의 소유로 만들고 일본의 농민들을 이주시켰다. 일인이 지주가 되고 우리의 농민들은 소작인이 되어 왕조시대보다 더 많은 조세와 소작료를 물었다.

또 그들은 공장을 이곳 저곳에 세웠다. 그리고 일본사람을 공장주로 앉히고 우리의 값싼 노동력을 이용하여 생산품을 일본으로 실어갔다. 이는 바로 이 땅의 목화·옷감·석탄 등의 원료를 수탈한 것이요, 살길이 없어 떠도는 농민의 노동력을 착취한 것이다. 1940년대에 들어서 그들은 중일전쟁과 태평양전쟁을 일으켰다. 이렇게 전쟁을 치르는 과정에서 그들은 온갖 수탈을 더욱 가중시켰다.

첫째는 징병 동원이 있었다. 처음에는 지원병이라는 이름으로 이 땅의 청년을 거의 강제로 군대로 끌고 갔으며 뒤에는 징병으로 이 땅의 청년들을 태평양의 섬이나 동남아시아의 오지로 몰고 갔다. 또 정신대라고 이름붙여 이 땅의 여성을 일본에 끌고 가서 강제로 노동시키고 그것도 모자라 군부대에 배치하여 위안부로 전락시켰다.

둘째는 공출제의 실시였다. 우리 나라의 모든 생산품을 공출이라는 이름으로 강제 징수했던 것이다. 쌀·콩 등의 곡식은 80퍼센트를 웃돌게 빼앗아갔고 그도 모자라 쇠붙이, 곧 철로 된 물건은 숟가락, 밥그릇,

해방을 맞아 서울 남산의 국기 게양대에 처음으로 태극기를 올리고 있다.

일제가 태평양전쟁을 시작한 뒤 전쟁물자를 조달하기 위해 공출한 쇠붙이들.

제사 그릇까지 빼앗아갔다. 또 기름이 필요하여 깨·콩은 물론 물고기
기름·송진까지 짜내 갔다.

　이렇게 모든 생산품과 생활도구까지 거두어가면서 배급제를 실시했
다. 일정한 양의 먹을 것과 생활필수품을 배급한 것이다. 그 배급 콩은
콩깻묵, 강냉이, 정어리 기름으로 만든 비누 따위였다. 나라의 주권이
빼앗기고 나니, 이런 수탈을 당할 수밖에 없었던 것이다.

감격의 8·15, 극심한 좌우 대결

이런 노예의 생활을 하고 있었으니 8·15해방이 오죽 감격스러웠겠는가? 살기 좋은 세상이 왔다고 모두 뛰고 마시고 환호했다. 35년의 질곡을 벗어나 자주독립을 찾은 것이다.

그러나 비극은 끝나지 않았다. 8·15해방이 우리의 힘으로 이루어진 것이 아니었던 것이다. 식민지 아래에서 우리 민족은 국내로는 3·1운동, 6·10만세, 광주학생사건을 일으켰고, 국외로는 상해 임시정부의 독립운동이 있었으며, 만주 일대에서도 여러 계열이 독립전쟁을 벌였다. 특히 8·15 직전에는 중국대륙에서 우리의 청년들이 참전을 시도했다.

그러나 일제를 패망시킨 것은 이런 노력의 결과가 아니라 연합군의 승리 때문이었다. 연합군의 일원이었던 미국과 소련은 일제가 항복하자 이 땅에 진주했다. 미국은 인천을 통해, 소련은 원산을 통해 이 땅에 들어와서는 점령군이 되어 38도선을 경계로 각각 분할 통치를 했다. 우리 민족은 채 독립의 감격에서 깨어나지도 않은 상태에서 군정 실시에 따라 분할통치 또는 민족분단이라는 비극을 맞은 것이다.

그리고 우여곡절 끝에 각기 단독정부를 수립하여 남쪽에는 자유민주주의 정부, 북쪽에는 사회주의 정부가 들어섰다. 이런 과정에서 남한에서는 사상적 혼돈이 극심했다. 좌파·우파·중도파, 민족주의계열·사회주의계열의 강온파 등으로 갈라져 각기 한치도 물러섬이 없이 자기의 주장을 내세웠다.

날마다 테러·데모로 혼란스러웠고, 파업·암살이 이어졌다. 그리하여 송진우·장덕수·여운형·김구 등의 지도자가 암살됐으며 그외에도 수많은 청년·학생들이 희생됐다.

도시민이나 농민 할 것 없이 생활에 쪼들리기는 일제시대나 매한가지였다. 나날이 물가가 오르고 쌀값은 천정부지로 뛰었다. "쌀을 달라, 그렇지 않으면 죽음을 달라"는 구호까지 등장했다. 이런 속에서 남한에서는 대한민국 정부가 수립됐고 우리 손으로 만든 헌법 테두리에서 모든 정치가 이루어졌다.

이렇게 되면 우리의 주권을 찾아 자주독립국가를 건설한 것이 아닌가? 의당 또 한번 감격했어야 했고 국가의 미래가 아름답게 펼쳐질 희망에 부풀었어야 했다. 그런데도 그렇지 못했으니, 새로운 비극이 시작된 탓이다. 좌우의 극심한 이념대립은 끝내 극단적 대결 양상으로 번졌다.

이 이데올로기는 애국심이나 민족의식보다 먼저 따지는 양상을 보였고 전통적 가족 · 친척 관념보다 우선되는 모습을 보였다. 그리하여 서로 믿지 못하고 헐뜯으며 불신하는 사회 분위기가 됐다.

경찰은 도둑보다도 빨갱이를 잡기에 바빴고 군인은 외국침략의 대비보다 38도선에서 총부리를 겨누어야 했다. 청년들은 무슨 청년단 따위에 가입하여 이리저리 끌려다녀야 했다. 사회는 온통 분열과 갈등 속에서 갈갈이 찢기고 있었다.

6·25, 분단으로 고착되다

1950년 6월, 끝내 동족상잔의 전쟁이 일어났다. 붉은 군대는 남쪽으로 내려왔고 많은 사람들은 살 곳을 찾아 방황했다. 이 전쟁은 같은 겨레끼리 통일을 이루기 위한 싸움으로 그치지 않고 외국군대가 끼여들어 일대 세계전의 양상으로 번졌다. 우리는 물론 자유민주주의체제를 지켜야 했다. 그러나 이런 극단적 이데올로기보다 앞서는 것이 민족이라는 공동체가 아니겠는가?

우리는 이 전쟁에서 적어도 2백만 명이 죽었고, 시설·건물·도로가 전부 파괴됐으며, 국토는 황폐해졌다. 우리 나라는 저 조일전쟁과 조청전쟁을 잊지 못한다. 그때 당한 민족적 수모는 제쳐두고라도 온 국토가 유린되고 숱한 백성들이 무참한 죽음을 당했다. 그러나 그 참화의 정도가 어찌 6·25와 견주랴! 더욱이 외국 군대와 동족이 뒤섞여 벌인 6·25가 아닌가? 이런 희생을 치렀는데도 그 대가는 참으로 허망했다. 통일은커녕 38선은 그대로 고착됐고 각기의 정부도 그대로 유지됐고 이데올로기의 갈등도 그대로, 아니 더욱 경색되어갔다.

그리하여 이 땅에 자리잡은 것이 이른바 반공 이데올로기였다. 모든 일은 반공이라는 '요술 방망이'로 처리됐다. 독재정권을 유지하는 수단으로, 분단을 고착화하는 무기로 작용했던 것이다. 그리하여 '자유민주주의'는 허울만 뒤집어쓰고 그 본 모습을 잃어갔으며, 역대 독재정권은 압제를 가중시켰다. 끝내 국민들은 이에 저항하여 4·19혁명을 일으켰고, 1980년대에 들어서는 시민들의 저항으로 6·29선언을 끌어냈다.

정권유지의 수단이 된 이데올로기

오늘날 우리는 근면과 끈기로 경제적 토대를 다져놓았다. 이제 절대빈곤은 줄어들고 국민생활도 높아졌다. 문화적 수준과 대중의 의식도 경제수준에 걸맞게 고양됐다. 그런데도 어찌하여 정치적 수준은 1980년대까지, 반세기 전과 같은 양상을 보여주는가? 빈부 격차는 서로간의 골을 깊게 하여 끝내 분열로 휩쓸리고, 지역간의 괴리는 메울 수 없는 함정을 파냈다.

이데올로기로 파생되는 각 계층간의 갈등은 점점 깊어만 간다. 자유냐, 독재냐, 성장이냐, 분배냐, 통일이냐, 분단이냐 따위의 화두는 여전

히 우리의 의식을 혼란케 한다. 모든 것이 8·15해방 후의 양상과 크게
달라진 것이 없다. 다만 여기저기에 들어선 산업시설, 도시에 우뚝 솟
은 빌딩, 곳곳에 뚫린 고속도로, 도로를 가득 메운 자동차, 곳곳에 널려
있는 쓰레기와 매연 등, 그리고 한편에서는 최저생활에 허덕이는 실업
자와 빈민들이 허덕이고 있는데 아랑곳하지 않고 흥청대는 향락 따위
가 달라졌을 뿐이다.

우리의 내면적 혼란과 의식의 혼돈은 반세기 전보다 별로 달라지지
않았다고 할 수 있다. 도대체 그 원인을 어디에서 찾아야 하는가?

그 첫째는 8·15해방을 우리 손으로 이루어내지 못해 분단을 가져온
탓일 것이다. 만약 우리가 해방을 쟁취하고 자주독립국가를 이룩했더
라면 지난 사반세기를 거치면서 어떤 나라를 건설했겠는가?

그 둘째는 분단이 고착되면서 이데올로기의 대결이 극심하게 나타났
기 때문일 것이다. 서로가 체제를 수호한다면서 극단적 대결양상을 연
출한 것이다. 냉전체제 속에서 민족이 이데올로기에 앞선다는 자각이
부족했던 것이다.

그 셋째는 양쪽의 독재정권이 분단을 정권유지의 수단으로 이용해왔
기 때문일 것이다. 진정한 통일의지보다 어떻게 정권을 유지하여 기득
권을 누리느냐에만 관심을 집중시켜온 것이다.

우리는 8·15를 맞으며 다시 돌이켜보건대, 냉철한 자기 반성이 있어
야 할 것이다. 물론 우리는 민주주의체제를 지켜야 하는 동시에 통일을
이룩해야 할 것이다. 또 평화통일을 지향하는 남북대화와 협력 그리고
국민적 공감대가 더욱 확산되어야 할 것이다.

혼란으로 치달았던 미군정 3년

진주한 미군의 환영행렬에 발포를 하다

태평양전쟁이 막바지에 다다랐을 즈음 우리 나라 상공에는 B29기가 곧잘 뜨곤 했다. 꼬리에 흰 연기를 달고 날아가는 B29기에 아이들은 만세를 부르며 손을 흔들었다. 어른들은 끼리끼리 모여 일본사람들의 눈치를 살피면서 수군거렸다. 어른들이 "미군의 힘으로 우리 나라가 곧 해방될 것"이라는 귓속말하는 것을 듣고는 어린이들은 미군이 올 날만을 손꼽아 기다렸다.

그렇게 고대하던 미군이 1945년 9월에 이 땅에 진주했다. 그런데 그게 아니었다. 그들은 35년간 당했던 식민지 상태에서의 고통을 전혀 염두에 두지 않고 이 땅에서 전승국의 군대로 군림하고자 하는 조짐이 연이어 나타났다. 주한 미군주둔사령관은 52세의 하지 중장이었다. 그는 건축공학도였으나 육사를 나온 뒤, 오키나와 전투에서 큰 전과를 올린 덕에 제2차 세계대전이 낳은 군인 영웅 가운데 한 명으로 꼽혔다.

수많은 사람들이 해방군의 사령관이 온다고 인천에 모여 환영행렬을 벌였다. 이때 경비를 맡았던 일본 군대는 이들 환영행렬을 향해 발포를

중앙청에 도착한 미군과 이를 환영하는 인파.

했고 이에 군중들은 격노했다. 그런데 하지 중장은 조선사람들이 시가 행진을 벌인 것은 미국의 상륙을 방해하기 위한 것이라고 판단하고 일본군의 발포 행위가 정당하다고 옹호했다. 이런 하지 사령관이 이해 9월 11일 서울에서 기자 회견을 통해 "한국의 정치 정세는 혼란뿐이며 한국인은 즉시 독립을 요구하는 것 이외에 이것을 달성하는 아무런 방법도 가지지 않았고 실로 나에게 필요한 지식을 주는 사람은 일본인뿐이다"라고 했다.

'혼란'이라는 용어를 제외하고는 그가 조선 문제에 얼마나 무지했는지를 엿볼 수 있는 말이다. 일이 이렇게 되자 일반 대중들은 하지에게 더 이상 기대할 것이 없다는 것을 깨닫고 너도나도 새로운 단체를 만들었다. 결국 혼란만 가중될 뿐이었다. 이때 한국민주당이 결성됐고 조선공산당과 남조선노동당도 지하에서 결성을 서둘렀다. 그래서 우익 진

미군정 사령관의 하지 중장.

영과 좌익 진영의 싸움은 더욱 그 도를 더해갔다.

하지 중장은 일본이 항복한 뒤에 한국의 즉시 독립은 어렵다는 것과, 혼란 상태가 진정될 때까지 조선 총독과 일본인 관리들을 당분간 잔류시킨다는 것을 거듭 천명했다. 하지 중장은 이런 잘못된 시각과 한국인의 감정을 무시하는 태도를 지니고 있었다.

그들은 한반도에 대한 지식이나 정보가 거의 없었다. 오죽 못난 민족이었으면 남의 나라 식민지가 됐겠느냐는 의식이 짙게 깔려 있었다. 게다가 일본인 총독부 관리들을 통해 식민지에 대한 왜곡된 지식과 정보를 얻어서 군정 정책을 펴나가기도 했다.

발언권을 박탈당했던 미군정 3년

어쨌든 진주한 미국군은 예정에 따라 곧바로 군정 실시를 선포했다.

그들은 군정을 실시하면서 국내에서 발족해 행정의 인수를 준비하고 있던 건국준비위원회와 상해에서 태동한 임시정부를 인정하지 않았다. 그와 함께 그들은 친일파 또는 부역배들인 총독부 관리와 경찰들을 요직에 등용했다. 물론 이런 일은 김성수, 윤치영, 조병옥, 장택상 같은 민족주의 우파들의 도움을 받으며 진행됐다.

또 그들은 미국 유학 출신의 수많은 인사를 통역관으로 등장시켰다. 그러나 이들 통역관은 단순히 통역만 한 것이 아니라는 데 미묘한 문제가 있었다. 이때에 등장한 통역관들 중에는 미국 유학생 출신이 중심을 이루었으나, 일본 유학생 출신도 있었다. 이들 통역관들은 미국군이나 군정 당국에 왜곡된 정보를 제공하며 자신들의 정치적인 입지나 이권을 챙기기에 열중했다.

그뿐만이 아니라 남과 북에 각기 전승국인 미국과 소련의 군대가 진주하여 분단 고착의 정책을 펴는 속에 민족주의 좌파와 우파 등의 정치 집단은 심한 분열 양상을 보였다. 일반 대중들은 갈피를 잡지 못했다. 그리고 때로는 민중들도 좌우파로 나뉘어 해방 정국에서 한몫을 하기도 했다.

그러면 미군정은 왜 잘못된 정보를 바탕으로 군정을 실시했는가? 그 첫째 원인은 한반도 문제를 국제적으로 경시한 데에서 연유된다. 조선은 일본에게 식민지 지배를 당하는 열악한 국민의식, 낮은 경제 수준에 머물러 있다는 인식이 팽배해 있었다. 그러므로 일본 본토의 점령정책과 같은 수준에서 한반도 문제를 해결하려고 한 것이다. 그러다 보니 한반도에 대한 정보를 순전히 적대 당사국인 일본에게서 얻어냈고 일본 당국은 악랄한 방법으로 미군정 당국이 편향된 시각을 가지도록 작용했다.

그 둘째 원인은 조선 문제를 일본 점령정책에 포함시켰기에 조선 문제를 결정할 때 조선사람이 하나도 참여하지 않았던 것이다. 1945년 2월 얄타협정에서 유럽 전승일로부터 3개월 후에 소련이 극동의 전쟁에 참여한다는 결의를 하고 또 미국, 소련 두 나라는 참모장 공동회의에서 북한은 소련 점령, 남한은 미국 점령 아래에 두기로 결정했다.

그리고 얄타협정 5개월 뒤에 열린 포츠담선언에서 연합국 사령부는 38선을 미국과 소련 양군의 경계선으로 할 것을 합의했다. 또 두 나라는 각서의 교환을 통해 해방 뒤 6개월간 각기 점령하고 미국과 소련을 중심으로 하여 영국과 중국을 포함한 4개국이 약 5년에 걸쳐 신탁통치를 하기로 합의했다. 이렇게 우리의 문제를 저네들 자의에 따라 결정한 것은 어쩔 수 없는 일이라고 할지라도 최소한 조선의 처지를 고려해야 했을 터인데 실제로는 전혀 그렇지 않았다.

이렇게 해서 북한에서는 김일성을 중심으로 한 소련파들과 무정을 중심으로 한 연안파들이 들어와 실권다툼을 벌였다. 하지만 소련군과 함께 진주한 소련파들이 소련 군정의 핵심에 파고들었다. 남한에서는 미군정이 업어온 이승만과 임시정부계열의 김구 등 여러 세력이 노선을 달리하며 혼란을 거듭했다.

이런 속에서 임시정부계열의 인사와 해외의 독립단체 인사들이 이 문제에 대해 자문을 한다거나 참고사항을 전달하는 등의 행동은 할 수가 없었다. 그러므로 임시정부나 그 산하의 한국광복군, 중국공산당과 손을 잡았던 조선독립군(연안파)이 남북 어느 쪽에서도 망명정부나 망명정부의 군대로서 인정을 받지 못한 것이다. 그만큼 우리는 해방 정국에서 발언권을 전혀 가질 수가 없었다. 이렇게 3년의 군정기간을 거쳐 남한 단독정부가 들어섰던 것이다.

단독정부의 수립이 불러온 분단의 비극

여운형의 암살

1947년 7월 19일, 늦여름이었다. 한낮에는 아스팔트가 녹아내릴 듯
이 무더웠다. 여운형은 이날 승용차를 타고 혜화동 로터리에서 시내 쪽
으로 길을 잡아 나오고 있었다. 차안에 비서가 타고 있었으나 경호원은
없었다. 어느 한 청년이 길 바깥쪽에서 잽싸게 달려나와 승용차에 매단
타이어를 잡고 올라타 뒷자리에 앉아 있던 여운형을 향해 권총을 발사
했다. 여운형은 가슴을 싸안으며 옆으로 쓰러졌다. 여운형은 혼란스러
운 상황에서도 경호원 없이 늘 혼자서 사람이 모여 있는 곳이라면 어디
든 서슴없이 찾아가 연설을 했다.

여운형의 죽음이 라디오, 신문 등을 통해 알려지자 통곡하는 사람,
머리를 쥐어뜯는 사람, 가슴을 치는 사람들을 서울과 지방의 거리 여기
저기에서 볼 수 있었다. 여운형은 해방공간에서 가장 대중적 인기를 누
렸다. 그는 대중들과 애환을 함께 하며 자기의 소신을 폈다. 이도 그의
인기를 높이는 한 제스처였을 것이다.

사람들은 암살자가 미군정이나 이승만계열의 사주를 받았을 것이라

1945년 8월 16일 휘문중학을 방문한 건국준비위원회의 여운형과 이를 환영하는 시민들.

고도 했고 시간이 조금 지나서는 수도청장 장택상과 그의 사주를 받은 정치깡패 김두한의 짓이라고 수군거렸다. 어느 것도 확실하게 규명된 것이 없으며 지금까지 진상이 미궁 속에 빠져 있다. 그러면 어떤 정치 상황에서 여운형의 암살사건이 일어났는지를 살펴보자.

조선총독부는 일본이 연합국에 항복하기에 앞서 행정 질서를 유지하도록 조선인 스스로의 자치위원회를 승인하고 이의 구성에 노력했다. 이와 함께 발족을 한 여운형 중심의 건국준비위원회 추진세력은 전국에 145개의 인민위원회를 성립시키고 인민공화국을 선포했다. 당시 이 인민정부는 노동조합, 농민조합, 청년동맹, 여성동맹 그리고 조선공산당의 열렬한 지지를 받았다.

인민공화국의 추진세력이 정강을 발표했는데, 그 주요 내용은 다음과 같다. 첫째, 일본인 소유 토지를 몰수하여 소작인에게 분배한다. 둘째, 친일파 및 일본인 소유의 재산을 몰수하고 광산, 공장 등을 국유화

한다. 셋째, 고리대금업자와 군국주의자를 철저하게 근절한다.

이것은 일본인과 친일부역배의 마음을 졸이게 했다. 또 일부 시설의 국유화 조항은 자유시장경제에 배치되는 것이기도 했다. 쉽게 말해서 조선총독부를 인수해 새로운 정부 수립을 공포한 것이나 다름없었는데, 미군정의 동의를 받지도 않았으며, 우파들을 배제하고 좌파를 중심으로 출범을 선언한 것이다. 미군정과 충돌을 빚을 것은 뻔한 일이다.

해방이 된 지 두 달쯤 뒤에, 10월 16일 하지 중장은 미국에 있는 이승만을 빈객의 자격으로 환국하도록 했다. 이 땅의 민중들은 미군정의 잘못된 시책과 정당 간의 혼란이 이 노정객의 중재로 바로잡힐 것이라는 기대를 크게 걸고 있었다.

노정객은 여러모로 열렬한 환영을 받았다. 그는 첫 연설에서 소련과 공산주의자를 맹렬히 비난하고 나왔다. 이 연설의 어딘가에서는 분열의 싹이 틔고 있었다. 이해 11월에는 어렵사리 임시정부의 수석인 김구가 환국했다. 이때에도 이승만의 경우처럼 국민이 열렬히 환영했다. 그러나 미군정은 그에게 이승만과 같은 대우를 하지 않았다. 임시정부를 인정하지 않으려는 술수에서 나온 것이다. 이때쯤 거물급 독립지사들이 거의 개인 자격으로 국내로 돌아왔다.

신탁이냐 반탁이냐

이렇게 두 사람이 크게 환영을 받자 여운형은 그 대중적 인기에도 불구하고 빛을 잃어가고 있었다. 이제 참으로 혼란스러운 비극적 드라마가 급박하게 연출되고 있었다. 그 세찬 불을 지핀 것은 이해 겨울에 발표된 신탁통치안이었다. 곧 한국에 임시정부를 수립하기 위해 미소 공동위원회를 설치하고 미국·영국·소련·중국이 공동 관리하되 늘려

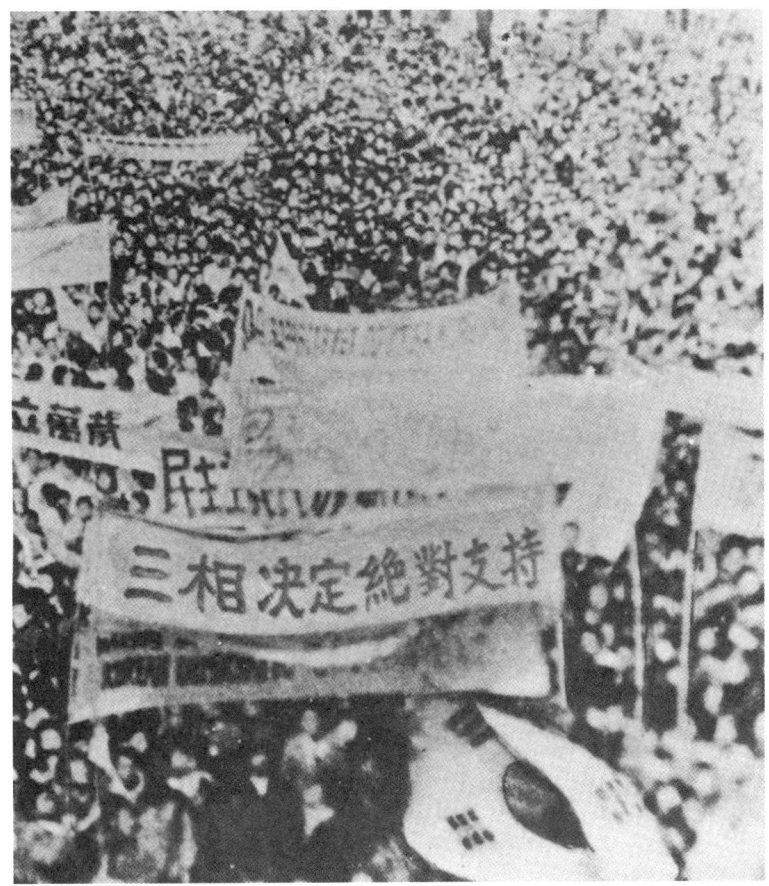

신탁통치안을 반대하다가 지지로 바꾼 공산당대회.

잡아 5년 기한의 신탁통치를 실시한다는 것이었다.

전국은 들끓었다. 곳곳에서 데모가 일어났다. '신탁통치 결사 반대', '독립이 아니면 죽음을 달라'고 외치는 메아리는 도시와 강산을 뒤흔들었다. 이 반대운동을 처음 주도한 이는 김구와 임시정부계열이었다. 반탁데모가 있는 곳에는 어김없이 임시정부 인사들이 끼어 있었다. 임시정부계열 인사들은 임시정부의 정통성을 주장하면서 미군정까지 부정했다. 이제 대중적 지지는 여운형에서 김구로 넘어가는 듯했다.

그런 속에 여운형과 조선공산당은 신탁통치안을 지지하면서 좌익 중심의 민주주의 민족전선을 발족시켜 통일전선을 추구했다. 이승만은 이를 반대해 임시정부계열과 연합했다. 이렇게 좌우의 대립은 극에 달했고 서로 테러를 감행했다. 그런 속에서도 이승만이 단독정부 수립을 공식적으로 표명해 앞서 나갔다. 이승만에게 맹렬한 비난이 퍼부어졌다.

미군정은 이런 판국에 자문기관으로, 중간노선·보수노선 그리고 진보적인 노선의 여운형을 포함시켜 민주 의원을 발족시켰다. 그러나 공산주의계열 인사는 배제했다. 결국 여운형은 참여하지 않고, 의장에 이승만, 부의장에 김구·김규식 등으로 구성된 민주 의원을 발족시켜 보수세력으로 진용을 짰다. 여기에는 한민당계열의 의원이 대부분을 차지하고 있었다.

또 신탁통치를 골간으로 한 통일 한국을 논의하기 위해 미소 공동위원회가 열렸지만 곧 결렬됐다. 국제 이해를 달리하고 이념을 달리한 남북이 통일의 길로 나아갈 리가 만무했다. 그래서 이승만계열은 신탁통치 반대·남한 단독정부 수립을, 김구계열은 신탁통치 반대·남북 통일정부 수립을, 좌익계열은 신탁통치 찬성·남북 통일정부 수립을, 김규식 등 중도계열은 식탁통치 논의 보류·임시 통일정부 수립을 내세웠다. 이런 대립 속에서 고개를 내민 것이 좌우합작이었다. 이 합작운동은 여운형·김규식 등 중간파들이 추진했으나 미국이 남한의 단독정부 수립으로 정책을 바꾸자 흐지부지 되고 말았다.

한편 미군정은 인민위원회를 해산시키고 공산주의 활동을 저지했다. 이런 일련의 과정에서 미군정은 이승만계열과 김구계열과도 극심한 대

1946년 6월 3일 이승만이 "남한만
이라도 임시 정부를 수립해야 한다"
고 발언한 내용을 실은 신문기사.

립을 보였다. 또 단정을 주장하는 이승만계열과 연정을 주장하는 김구
계열과의 대립은 또 다른 분파를 낳았다. 이런 과정에서 단독정부 수립
의 장애가 되고 있는 여운형이 암살을 당한 것이다.

남한에 단독정부가 세워지다

단독정부의 수립 결정은 남한을 더욱 혼란에 빠트렸다. 그 반대는 임
시정부계열과 공산당계열, 그 찬성은 이승만 중심의 독립촉성회계열과
지주 중심의 한민당계열로 나뉘어 치열한 다툼을 벌였다. 테러가 난무
하고 이웃과 사촌이 적과 동지로 갈라졌으며 부모와 형제가 얼굴을 붉
히며 언쟁을 벌였다. 북한에서 넘어온 우익 청년으로 구성된 서북청년
단 단원들은 무자비하게 반대파를 살상으로 다루었다.

그런 상황 속에서 일어난 가장 비극적인 사건이 제주 4·3봉기였다.
1948년 4월 3일 인민위원회에 가담했던 사람들과 많은 주민들은 경찰
과 서북청년단원에 대항해 무장 봉기를 일으켰다. 그들은 미군 철수,

단독정부 반대, 이승만 타도 등의 구호를 내걸었다. 그들은 한라산을 중심으로 1년쯤 항쟁을 벌였는데, 5만여 명의 희생자를 냈다. 토벌대의 주력인 경찰들은 대개 일제의 하수인이었던 친일파 출신이었고, 서북 청년 단원들은 주로 북한의 지주 출신이었다. 친일파들은 단독정부 수립에 공을 세워서 자신들의 과오를 덮고 출세의 길로 내달았다.

다른 한편 정치지도자들은 이런 민심을 엿보면서 남북협상을 벌였다. 곧 김구, 김규식 등은 북한으로 가서 김일성, 김두봉과 연석회의를 가져 이를 타개하려 했다. 하지만 강대국에 의해 한국의 운명이 결정되는 속에 이들의 활동은 허망한 몸짓에 지나지 않았다. 또 김일성의 정치술수에 말려드는 모습도 보였다.

평양 연석회의의 자리에서 하나의 기묘한 사건이 벌어졌다. 소련파의 젊은 장교 출신들이 "여보쇼, 남쪽에서 온 늙은이들. 일제시대 우리는 목숨을 걸고 만주와 연해주에서 싸울 적에 국내에서 밥 잘 먹고 살지 않았소?"라고 핏대를 올렸다. 소설 《임꺽정》을 쓴 홍명희는 국내파였다. 홍명희는 복도로 나와 한숨을 쉬며 눈물을 글썽거렸다. 이때 김일성이 따라나와 홍명희의 옆에 앉더니 "국내에서 더욱 고통을 참기 어려우셨지요? 저 젊은것들이 선생을 몰라 뵙고 허튼소리를 했으니 너그러이 용서해주십시오"라고 위로했다.

홍명희는 지사였으나 사상으로 무장되어 있지는 않았다. 단독정부가 곧 수립되고 친일파가 득실대는 남한에 가고 싶지 않아 그대로 평양에 눌러앉았던 것이다. 어디 홍명희만 이런 생각을 했겠는가? 우리는 이를 어떻게 받아들여야 할 것인가? 이런 시절이었다.

민족상잔의 비극, 전쟁으로

1948년 5월 10일에는 이른바 5·10 총선거가 실시됐다. 좌익들이 지하로 들어가고 김구 등 남북협상파가 선거를 거부하는 속에 95퍼센트가 넘는 투표율을 기록했다. 국민들은 내 손으로 국회의원을 뽑고 그들이 대통령을 선출한다는 데에 단독정부고 뭐고 돌볼 여지가 없었을 것이다. 한데 국회의원 총수 198명 중에 무소속이 85명이나 차지하는 이변을 낳았다. 무서워 투표장에 나갔으나 이승만계열이나 한민당계열이 아닌 무소속 인사를 뽑은 게 아닌가?

이들 제헌의원들은 헌법을 통과시키고 대통령에 이승만, 부통령에 이시영을 뽑아 1948년 8월 15일 정식 대한민국정부를 출범시켰다. 북한에서는 같은 해 9월 9일 조선민주주의인민공화국을 선포해 김일성을 수상으로 내세웠다. 이렇게 해서 남북에 단독정부가 수립되어 분단이 고착화됐고 이에 따라 새로운 남북 긴장과 민족적 비극이 연출됐다.

그러면 분단의 고착화는 어느 쪽에 책임이 있는가? 분단의 책임이 우리 민족에게 있다고 보면 그 원인은 먼 역사에까지 거슬러 올라간다. 곧 식민지 지배를 겪지 않았다면 분단이라는 현실이 없었을 것이라는 말이다.

그러나 분단의 책임이 외세에 있다고 본다면 그 원인을 19세기 제국주의의 침략에 돌릴 수도 있고 20세기에 걸쳐 이루어진 국제이해와 강대국의 점령정책에 기인한다고 볼 수도 있다. 하지만 미군정 당국에 초점을 맞추어보면 리처드 E. 라우터백이 지은 《한국 미군정사》에 실린 이런 평가도 가능하다.

어떤 나라에서든지 미국은 급격한 개혁이 요구되고 또 필요한 우익만을 지지해주기 때문에 미국 데모크라시를 생생히 설명함으로써 납득

시킬 수도 있고 또 획득할 수도 있었을 건전한 좌익의 일부를 미군정에서 멀리 떨어져가게 했던 것이다.

여기에서 말한 건전한 좌익의 일부는 여운형, 홍명희 등을 의미할 것이다. 어쨌든 단독정부 수립은 민족사의 최대 비극인 분단의 출발점이 됐다. 민중과 여러 정치세력들의 변혁의지가 활화산처럼 분출됐으나 역량을 결집하지 못했고 외세를 극복하지도 못했다. 이런 배경에서 마침내 민족상잔의 6·25전쟁이 유발됐다.

토지는 농민에게

선거공약으로 내걸린 토지개혁

1948년에 치러진 5·10총선거에는 하나의 공통된 현상이 있었다. 입후보자들이 내건 공약에 '토지개혁'이 거의 빠짐없이 들어가 있었던 것이다. 가난한 농민들은 이런 공약에 귀를 기울이며 표를 찍어주리라 마음을 굳혔으나 같은 공약을 내건 입후보자가 여러 명이어서 판단이 어려울 지경이었다. 어떤 입후보자는 청중의 눈치를 살피면서 농토를 고루 분배해서 소작농을 전부 없애겠다고 허풍을 쳤다. 예외가 있었다면 호남을 중심으로 한 일부 대지주 출신 입후보자들의 공약에 이 슬로건이 빠져 있었다는 것이다.

이런 현상은 그럴 만한 배경이 있었다. 그 배경을 좀더 거슬러 올라가보자. 우리 나라 사람들의 토지소유욕은 역사적으로 남다른 데가 있었다. 일찍이 농경사회를 이룩하여 농업생산이 물적 기초가 되어왔다. 그래서 토지소유는 부의 기준이 됐다. 대지주는 곧 부호였고 부호는 한 군의 단위에서는 몇천 석, 도 단위에서는 몇만 석의 추수를 하는 자를 가리켰다. 상업이나 제품업으로 돈을 벌어도 토지를 사들여 재부를 과시했다. 심지어 정치권력을 잡아 벼슬을 팔아 챙긴 돈으로 농토를 사들여 지주로 변신했다.

토지소유가 편중되면 비례해서 영세한 소작인이 늘어난다. 빈농들은 장리(長利)의 곡식이나 돈을 빌렸다가 이를 갚지 못하면 농토를 대신 내주고 소작인이 되어야 했다. 한편 대지주들은 소작인에게 고율의 소작료를 받으면서도 국가에 내는 조세를 소작인에게 떠넘기기도 했다. 그래서 실학자 이익은 일정한 한도 이하의 소유 토지는 팔거나 잡히지 못하게 하는 한전론(限田論)을 주장했고, 정약용은 농지를 마을 공동소유로 하고 공동경작하며 소득을 공동분배하는 여전론(閭田論)을 주장했다. 하지만 이런 주장을 지배세력은 받아들이지 않았다.

1894년 농민세력은 동학농민전쟁이라는 일대 변혁운동을 벌였다. 토지에 따른 국가적 수탈과 농토소유의 불균형과 지주의 압제를 물리적으로 타파하기 위해 봉기했던 것이다. 그러나 일본군의 개입으로 지주소작제의 모순은 철폐되지 않았다. 이와 때를 같이해 단행된 갑오개혁에도 양반·상놈을 타파하고 노비를 해방시킨다는 조항은 들어갔으나 토지소유의 개혁 조항은 빠져 있었다. 대토지 소유자들을 적으로 돌리지 않고 친일파로 만들려는 공작에서 이를 뺐다. 또 일본인들이 식민지를 경영할 때 토지를 수탈의 도구로 삼으려는 음모도 있었다.

일제 식민지 구조에서는 국가나 관아 소유의 토지를 총독부 소유로 하여 동양척식주식회사에 물려주면서 그동안 그 토지에서 누리던 농민의 영구적 경작권을 박탈했다. 동양척식주식회사는 각지에 농장을 두고 소작인을 부렸으며 온갖 특혜를 누린 일본인들이 대농장을 소유하고 지주로 군림했다. 한편 일부 조선인 대지주들도 여기에 편승해 고율의 소작료를 챙겼다.

'토지개혁'을 거의 공약으로 내걸었던 1948년 5·10 제헌국회의원 선거 때의 입후보자 선전판.

소작료는 수확량의 5할이 관행이었는데 지주들이 더욱 그 비율을 늘려가고 있었다. 그리하여 소작쟁의가 곳곳에서 벌어졌다. 이를 본 임시정부에서도 강령에 토지제도의 전면적 개편을 내걸었다.

무산된 경자유전(耕者有田)의 꿈

해방이 된 뒤 1946년 3월 북한에서는 사회주의 이념에 따라 토지개혁법을 공포했다. 그 골자는 일본인과 민족반역자, 5정보 이상의 토지를 소유한 대지주의 소유 토지를 무상 몰수하여 고용 노동자와 토지가 없거나 적은 농민에게 무상으로 나누어준다는 정책이었다. 이에 저항하는 지주는 다른 지역으로 강제 이주시켰다. 토지는 항일 애국자들에게도 특별히 분배해주었다. 6개월쯤에 걸쳐 이를 마무리지었다.

남쪽의 미군정 당국도 여기에 자극을 받아 동양척식주식회사와 일본인 소유 토지를 귀속재산으로 지정하여 농민에게 분배하려 했다. 그 첫 조치로 소작료를 소출의 3분의 1로 지정했다. 남로당에서는 소작료를 3·7제로 해야 한다고 주장하면서 북쪽처럼 무상몰수·무상분배를 정책으로 제시하여 농민들에게 열렬한 지지를 받았다. 친일파와 지주들은 이런 입법을 모두 방해했다. 미군정 당국은 전면적 토지개혁을 남한의 단독정부 수립 뒤로 미루고 한발 물러섰다.

이런 분위기는 지주들에게 위기감을 주어 스스로 소작료를 낮추기도 하고 소작인들에게 시가보다 싼값으로 농토를 팔기도 하고 다른 사람에게 위장 분산하기도 했다.

어쨌든 대한민국 정부가 수립되자 농림부에서 서둘러 농지개혁법안을 만들어 국회에 제출했다. 초대 농림부장관인 조봉암이 주동이 되어 이를 실현시켰던 것이다. 조봉암은 사회민주주의자로 열성적으로 농림부 관리들을 독려하여 그 초안을 작성했다. 제헌국회에서는 이 초안을 여러 번 수정한 끝에 1950년 3월 정부의 주장대로 지가 상환액을 평년작의 15할로 확정하고 5년에 걸쳐 나누어서 내게 했다. 또 지주에게는 기업자금을 정부가 보증하여 융자해주고 분배농지의 상환액은 평년작의 15할로 결정하여 통과시켰다. 농지소유의 상한선은 3정보였다.

많은 국회의원들은 공약에 따라 농지개혁법안을 심의 통과시켰으나 처음과는 달리 물타기를 거듭했다. 제헌국회에는 농지정책에 진보적인 한독당계열과 무상몰수·무상분배를 주장한 남로당계열은 배제되어 있었다. 그래도 대세에 밀린 무소속 의원들이 지주 출신으로 뭉친 한민당과 줄다리기를 한 끝에 얻어낸 결과였다. 고려 말기와 조선 초기에 토지개혁이 있었으나 그 소유한도를 지정하고 그 이상의 토지를 환수한 것은 역사상 처음 있는 조치였다.

1949년 6월을 시점으로 귀속농지를 합한 총 분배예정면적은 총 경작면적의 40.2퍼센트였다. 그 취지는 우리 역사에서 끈질기게 요구되어온 경자유전(耕者有田)의 원칙을 실현시키려는 것이었다. 소작농민과 빈농민들은 무상분배의 꿈이 사라졌으나 농지를 갖게 되겠다는 희망에 들떠 있었다. 일정한 농지를 분배받으면 해마다 상환을 하고도 양식이 남을 것이요, 5년이 지나면 자기 소유가 되어 자식들의 굶주림을 면할 수 있을 것이라고 손가락을 꼽으며 계산했다. 지주들은 멀쩡한 농지를 공무원들과 짜고 간척지로 둔갑시키는 따위의 불법을 저질렀고 친척들에게 소유권을 이전시켜 숨기기에 바빴다. 그런 속에서도 농민들은 어떤 논이 자기 소유로 들어올 것이라는 것을 거의 알고 있었다.

정부에서는 이해 5월부터 이 사업을 본격적으로 착수했다. 하지만 이마저 뜻대로 진행되지 않았다. 덜컥 한국전쟁이 일어나서 계획에 차질을 빚었다. 북한은 이해 7월 4일 서울시 임시인민위원회를 조직하고 무상몰수·무상분배를 원칙으로 하는 토지개혁을 발표했다. 지주의 소유상한 기준은 5정보였는데 머슴을 쓰지 않고 스스로 농사를 지을 경우에는 몰수의 대상에서 제외했다.

인심 잃은 현물세

그리고 평양에서 지도위원으로 500여 명이 파견됐다. 점령지의 각지에서 군중대회를 열고 이를 대대적으로 선전했다. 그들은 '조선 인민의 숙망인 토지개혁을 단행하러 인민군이 남쪽으로 내려왔으며 지주에게서 농민을 해방시키려 한다'고 과장 선전했다.

점령지의 소작민들은 이 선전을 듣고 열광했다. 특히 떠돌이 머슴들은 이 일을 주도하면서 설쳤다. 지주들은 어제까지만 해도 고분고분하던 머슴들이 설치는 것을 보고 이를 갈았으나 어찌해볼 수가 없었다.

남쪽의 인민위원회가 크게 인심을 잃을 짓을 했다. 바로 현물세였다. 이해 초가을 일부 점령지에서 수확물의 25퍼센트를 현물로 내게 하고 다른 조세나 공출을 일절 없애기로 했다. 사실 이는 남쪽에서 거둔 조세보다 가벼운 것이었다. 그러나 정확을 기한다고 낱알을 하나하나 세다시피 계산을 해서 거두자, 농민들은 "왜정시대 공출 때에도 그렇지 않았다"고 불평을 늘어놓았다. 그래서 그들의 토지개혁에 의심의 눈초리를 보냈다. 말할 나위도 없이 인민군이 쫓겨가서 이도 실현되지 못했다.

수복이 된 뒤에 다시 토지개혁사업을 시작했으나 서류가 거의 분실됐고 대상 농지는 축소됐다. 그래서 10년에 걸쳐 시행된 것은 처음 예정면적의 56퍼센트에 그쳤다. 본디의 목적면적보다 축소됐다. 그 결과 소작농이 다시 성행해서 1970년대 농촌을 보호하기 위해 고미가(高米價)정책을 썼으나 농가소득이 올라가지 않아 효과를 보지 못했다.

하지만 일시적이고 부분적으로나마 농민의 농지 소유로 농촌이 안정되었고 농민의 영농의욕을 북돋았으며 고율의 소작료가 사라졌다. 이승만정부가 이룩한 업적 중에서 가장 역사에 남는 개혁이었다고 할 수 있을 것이다.

그런데 정작 소작농이 사라진 결정적 계기는 산업화였다. 1970년대 이후 농민들은 도시나 공장지대로 몰려나왔다. 그리하여 농토는 버려졌고 농촌은 황폐해졌다. 그 결과 현재 식량자급도는 20퍼센트 수준에 머물고 있다. 오늘날 우리는 농지개혁을 긍정적으로 평가하고 산업사회에서 국민소득이 엄청나게 높아졌으나 농업생산이 다시 미래 산업으로 떠오른다는 사실을 잊어서는 안 될 것이다.

또 하나의 전쟁, 민간인 학살

6·25남침, 6·25사변, 6·25전쟁, 한국전쟁……

나는 이른바 6·25세대이다. 비록 10대의 어린 나이였으나 공포와 추위와 굶주림으로 성장에 장애를 받은 최대의 피해세대이다. 어린 나이로 그 참상을 생생하게 목격하고 악몽에 시달리며 살아왔다.

그동안 1950년 6월에 한반도에서 일어난 전쟁은 6·25남침, 6·25사변, 6·25전쟁, 한국전쟁 등으로 불리었다. 그 역사용어가 이렇게 다양하고 복잡하게 이름붙여진 것은 그 전쟁의 본질과 성격이 애매하기 때문일 것이다.

제2차 세계대전 뒤에 일부 패전국과 식민지를 겪은 국가가 전승국에 의해 분단되고 이어 냉전체제로 돌입하면서 분단국가들은 이데올로기에 지배를 받았다. 따라서 분단국가들은 이데올로기와 민족적 모순에 갈등을 겪게 됐다. 곧 통일정책을 두고 이데올로기와 민족 문제가 맞물려 있었던 것이다.

북한도 이런 갈등 속에서 남침을 단행했다. 한편 실제로 먼저 침략을 단행한 당사자는 북한이었으나 전쟁을 미국에서 유도했다는 주장도 일부 학자들 사이에서 제기됐다. 미국은 에치슨 선언에 나타난 대로 최후의 방어선을 일본으로 한정하여 한반도를 제외시킨 것을 그 예시로 든다. 어쨌든 북한이 전쟁선포도 없이 남침을 감행한 것이 엄연한 사실이다.

이런 탓으로 그 전쟁용어를 두고 북진 통일을 외친 자유당정권은 '남침', '사변' 등으로 명명하여 국제법으로 규정된 전쟁으로 인정하지 않으려는 의식이 작용했다. 그러나 미국군, 중국군 등이 전쟁에 뛰어들면서 국제전의 양상으로 확대됐다.

보도연맹 맹원을 집단살해하다

아무튼 한국전쟁은 국지전인데도 그 피해의 규모는 제2차 세계대전에 맞먹을 정도였다. 이 글에서는 한국전쟁의 과정과 결과보다는 남쪽에서 일어난 민간인의 피해 실상을 알아보려 한다. 이 문제는 지금도 그 사실 규명이 제대로 이루어지지 않고 계속 논란이 되고 있다. 얼마 전에 문제가 됐던 '노근리 사건'이 하나의 사례가 될 것이다. 여기에서는 그 성격에 따라 세 가지로 나누어 살펴본다.

1948년 남한에서는 단독정부를 수립했고 이에 따라 북한도 눈치를 살피다가 정부를 발족시켰다. 뒤를 이어 제주4·3사건, 여순사건 등이 발발하여 치안이 극심하게 혼란스러웠다. 그리하여 대한민국 정부에서는 단독정부를 반대하는 남로당원 등 좌익계열의 색출에 열을 올렸다. 그 대상은 조금이라도 좌익 경향이 있어 보이는 단체의 구성원들이었다.

좌익세력과 그 동조자들은 속속 잡혀들기도 했고 전향하기도 했다. 이들을 보호하여 '공산주의사상의 배격 분쇄'하는 첨병으로 써먹으려

전쟁중에 학살된 민간인의 시신들을 수습하고 있는 그 가족과 주민들.

는 목적 아래 국민보도연맹(國民輔導聯盟. 약칭 보도연맹)이라는 단체 이름으로 묶기로 결정했다. 이 단체는 1949년 6월 결성됐다.

당시 서울시경국장이던 김태선은 "전향하기 전에 악질 행위자였다면 반드시 가입해야 한다. 전향 뒤에 다시 출발해 언동으로나 실천으로나 자기가 확실히 충실한 국민이 됐다는 것을 일반 사회나 국가에 알려야 할 것이며 이 기회를 가지려면 보도연맹에 가입해야 한다"라고 선언했다. 정부 정책을 대변한 것이다. 본인도 모르는 사이 이 단체에 가입한 인사들이 수를 헤아릴 수 없이 많았다.

이렇게 해서 이해 연말에는 전체 맹원 숫자가 30만 명, 서울에는 2만여 명을 헤아렸다. 회원 속에는 조선공산당의 거물이었던 정백(鄭栢), 시인 정지용 · 김기림, 소설가 황순원, 문학평론가 백철, 국어학자 양주동, 만화가 김용환 등이 포함되어 있었다. 실제로 정백을 제외하고 나머지 인사들은 공산계열이라고 볼 수 없었다. 다만 진보적 사고를 가지고 행동했을 뿐이다. 이들의 임무는 지하에서 활동하는 좌익계열 인사의 색출, 반공대회의 주도, 국민사상을 선양하는 문화예술행사에 내몰렸다.

한국전쟁이 터지자 이승만 대통령과 정부 인사들은 허겁지겁 서울을 버리고 한강을 넘어 도망쳤다. 정부 당국자들은 후퇴하면서 하나의 중요한 결정을 내렸다. 보도연맹 맹원을 무차별 색출하여 즉결처분하는 것이었다. 후방의 치안질서를 확립하고 인민군 협조자를 소탕하자는 것이 목적이었다. 그리하여 평택 이남의 경찰들은 맹원 색출에 나서 그들 본인은 물론 가족까지 잡아가서 집단으로 죽였다. 때로는 구덩이를 파놓고 산채로 묻어버리기도 했다.

나는 당시 서산 안면도에 살고 있었다. 이런 섬에서도 수십 명을 색출해 집단살해한 현장을 먼발치에서 목격한 적이 있었다. 후퇴 과정에 노출된 충청도·전라도에서 가장 많이 발생했다. 이해 7월 후방의 산골인 경상북도 문경 호계면 별암리의 경우 200여 명, 같은 곳 영순면 포내마을의 경우 300여 명이 집단살해됐다는 사실이 확인됐다.

따라서 평택 이북을 제외한 모든 지역에서 이런 학살이 자행됐을 것이며, 그 정확한 숫자는 확인할 수 없으나 적어도 20만 명에 이를 것으로 추정된다. 인민군 점령지에서 인민위원회가 면단위까지 결성되어 점령지 행정을 맡아보았는데 보도연맹 학살자의 일가 친척들은 그 구성원으로 뛰어들었다. 이들은 미처 피난하지 못한 경찰가족, 우익가족을 찾아내 모조리 죽이는 복수극을 펼쳤다. 처절한 피의 보복이었다. 이들 희생자의 숫자도 맹원 학살자의 숫자와 비례할 것이다. 국방군이 수복하자 경찰들은 다시 잔당을 색출해 무차별 보복을 했다. 한 지역사회에서도 어느 마을은 빨갱이마을, 어느 마을은 백색마을 따위로 지목됐다. 악순환이었다.

피의 보복, 토벌군의 민간인 학살

다음은 국방군과 경찰들에 의해 무고한 민간인들이 학살됐다. 일선의 국방군은 수복전을 펼치면서 사실을 확인할 겨를이 없어 혐의자를 즉결 처분한 일은 어쩔 수 없다고 치부하더라도 후방의 군인과 경찰들은 이와 달랐다. 인민군과 부역자들은 미처 북으로 달아나지 못하고 후방에 잔류했다. 이들은 게릴라가 됐다. 게릴라의 중심지는 지리산이었고 최남단의 일월산에서 북쪽의 대둔산까지 웬만한 산은 이들의 소굴이 됐다. 이들 지역은 낮에는 국군, 밤에는 인민군의 천지가 됐다. 산골마을에는 거의 노인과 어린이, 여자들만이 살았다.

토벌군은 견벽청야(堅壁淸野) 전술을 사용했다. 즉 게릴라 출몰지역에 진지를 구축하고 게릴라의 보급기지인 마을을 비우며 집도 불태워 거점을 없애는 전술이었다. 이에 따라 민간인을 소개시켰다. 이때 민간인에게 작은 혐의나 의심이 있어도 마구잡이로 죽였다. 그 대표적 사례가 거창학살사건이다. 1951년 2월, 11사단 9연대는 공비를 토벌하러 지리산 남부지역에 출동했다.

토벌군은 거창군 신원면을 장악했다. 그리고 주민 1천여 명을 신원국민학교에 수용한 뒤 군인, 경찰, 공무원 가족을 가려내고 나머지 600여 명을 박산 골짜기로 끌고 가서 집단학살했다.

이 사건이 탄로나서 국회조사단이 파견되자 경남지구계엄민사부장 김종원(金宗元)이 국방군을 공비로 가장시켜 위협사격을 해서 조사단을 철수케 했다. 이 사건도 탄로났으나 김종원은 경찰국장, 치안국장으로 출세를 거듭했다. 거창사건은 널리 알려진 경우이나 다른 학살사건은 거의 묻혀 있다.

　미군에 의한 학살도 자행됐다. 전쟁 초기 오키나와에서 날아온 미군 비행기는 한강을 넘어 피난하는 길게 늘어진 민간인 행렬에 폭격을 무차별적으로 퍼부어댔다. 수원, 평택 사이의 국도에는 민간인 시체들이 널브러졌다. 그 뒤에도 미군기들은 흰옷을 입고 있어 민간인임을 쉽게 판별할 수 있는데도 기총소사를 해댔다. 나는 전쟁이 나던 해 초가을에 이리로 나와 있었다. 아버지와 함께 논에서 메뚜기를 잡고 있었다. 미군기가 쏜살같이 날아와 흰옷을 입은 아버지와 어린 나만이 있는 들판에 기총소사를 했다. 미군은 참전한 뒤에 도시나 농촌을 가릴 것 없이 민간인 집에 들어가 부녀자를 강간하는 일은 접어두고라도 집단학살을 일삼았다. 미군들은 후퇴하면서 마을사람 수백 명씩을 모조리 기관총으로 죽이는 일이 잦았다.

　최근 미군의 기총소사로 인한 영동의 노근리 주민 500여 명의 희생자가 밝혀졌으나 크고 작은 학살사건은 지금 확인된 것만도 수십 군데이다. 작은 규모의 희생자도 무수히 일어났을 것이다.

　지금도 이런 무고한 민간인 학살사건은 그 전모는커녕 부분적으로라도 속시원하게 밝혀진 경우가 없고 희생자 유가족은 보상도 받지 못하고 있다. 하지만 양심적인 군인·경찰 출신 인사들과 이성 있는 참전 미군들이 진실을 증언하고 있다. 한국전쟁 발발 54주년을 맞이하면서 전쟁의 피해, 특히 민족상잔의 비극을 돌아보는 뜻은 다시는 이 땅에 이런 전쟁이 일어나지 않아야 한다는 염원에서이다.

"아직도 규명되지 않은 민간인 학살의 진상"

나는 열 살 무렵 해방을 맞이했다. 일본에서 돌아온 외삼촌은 팸플 릿이나 작은 책자를 등에 맨 바랑에 넣고 다니면서 열심히 선전을 하 고 책을 팔았다. 나는 외삼촌이 왜 저러고 다니는지 도통 몰랐다. 그 러던 어느 날 외삼촌은 종적을 감추었다.

그 뒤에 들은 이야기로는, 순경들이 몰려와 보도연맹에 가입한 동 네사람들을 줄줄이 끌고 가서 모조리 총살시키고 구덩이에 묻었다고 한다. 인민군들이 몰려온 뒤 인민위원회가 들어서고 나서는 보도연 맹원들을 죽인 순경의 일가붙이와 친지를 찾아내 죽인 뒤 묻었다고 한다.

죽은 보도연맹원들은 대개 외삼촌이 선전 활동으로 끌어들인 사람 들이었다. 기억을 더듬어보면 외삼촌이 무식한 동네사람들을 모아놓 고 "지주가 없는 세상을 만든다"든지 "머슴이나 소작인들이 잘사는 세상을 만든다"든지 하는 말로 꾀어 남로당에 가입시켰던 것이요, 이 들이 뒤에 보도연맹에 가입했던 것 같다.

한국전쟁이 발발할 즈음에 나는 아버지를 따라 안면도에서 한문을 배우고 있었다. 그러다가 그해 가을쯤 어머니가 있는 이리로 나왔는 데, 이리 역의 천장이 폭격으로 뻥 뚫려 있는 것을 보고 나서야 전쟁 을 실감할 수 있었다. 동네의 또래 친구들에게서 이리 동중 2학년인 어느 애가 이리역 앞 광장에서 미군의 폭격으로 죽었다는 얘기를 들 었다.

이런 몇 가지 이야기는 머릿속에 늘 맴돌았다. 이 이야기 속에 남 로당, 보도연맹 그리고 경찰과 인민위원회와 미군 폭격이 등장한다. 내 연배라면 누구나 이 정도의 체험과 기억이 있을 것이다. 그러나 나는 한국전쟁에서 벌어진 만행의 실체를 제대로 알지 못했다. 나는 역사를 공부하면서부터 이승만정권 아래에서 배운 학교의 이른바 반 공교육이 얼마나 왜곡되고 거짓이었나를 하나씩 알게 됐다.

더욱 부끄러운 일은, 한국전쟁을 전후하여 민간인 학살의 진상을 체계적으로 알게 된 것이 미국의 브루스 커밍스가 쓴《한국전쟁의 기원》을 읽고 난 뒤였다는 것이다. 이 책도 따지고 보면 단편적 지식을 제공한 정도였다. 그 뒤 나는 제주4·3사건연구소와 역사문제연구소와 관련을 맺으면서 그 구체적 실상에 좀더 다가갈 수 있었다.

나는《한국사 이야기》를 쓰면서 세계 전쟁사를 두루 읽어보았다. 지난 시대 전쟁 기간에 무수한 민간인들이 학살당한 것을 보고 '전쟁은 인류의 재앙'이라는 결론에 도달하여 반전론에 입각한 서술을 줄기차게 도모했다. 19세기 이후 만국공법(국제법)에 따라 전쟁 기간에는 민간인 학살을 억제하는 국제적 약속이 이루어졌다. 이것이 제대로 지켜질 리 없으나, 두 차례의 세계대전 기간에는 예전보다 현저히 민간인 학살이 줄었다. 비록 나치 독일이 유대인을 학살하는 만행이 있었기는 하지만 이는 엄밀한 의미에서 전쟁 기간에 학살된 사례와는 구별된다.

일제는 한국을 식민지로 만드는 과정에서 무고한 민간인을 무수히 학살했다. 그 대표적 사례로 두 가지 경우를 들 수 있다. 3·1운동 기간 평화적 시위를 벌인 민중들에게 총칼을 휘둘러 살상을 했다. 화성 제암리에서처럼 무고한 마을사람들을 교회에 집어넣고 불을 질러 집단학살을 한 경우도 있었다. 그리하여 1919년 1년 동안 8천여 명의 민간인이 희생됐다.

일제는 독립군에게 만주땅인 청산리 전투에서 패한 뒤 조선인 근거지를 없애기 위해 초토화작전에 나섰다. 그 작전은 무고한 조선인 마을을 습격하여 살상을 저지르고 교회, 학교를 불태우는 것이었다. 1920년부터 1년 동안 만주에 사는 조선인 6천여 명이 희생됐다.

위의 두 가지 사례만 보더라도 일제의 식민지 정책이 얼마나 악랄했는가를 알 수 있다. 이런 사실이 선교사와 보도를 통해 세계에 알려지자 영국, 러시아, 미국 등에서 일제의 만행을 규탄했다. 일제는 이를 은폐하거나 수습하려고 호도책을 썼다. 하지만 이는 식민지 수행과정에서 이민족에 대한 탄압의 일환으로 야기된 것이었다.

한국전쟁을 전후하여 전쟁과 직접 관련이 없는 순수한 민간인이 학살된 숫자가 남쪽에서만 최소한 100여 만 명이었을 것으로 추산되고 있다. 그 가해자는 미군을 비롯하여 경찰, 군인 그리고 서북청년단 등의 반공단체였고 피해자는 어린이, 늙은이, 여성들이 포함되어 있었다. 한국전쟁은 제3차 세계대전이라 할 정도로 전쟁 피해가 컸다. 남북이 분단된 현실에서 좌우 이데올로기가 첨예하게 대립해 있어서 희생자를 더욱 키웠던 것이다. 세계대전에서도 찾아볼 수 없는 특수 상황이었다. 더욱이 점령군이 점령지역의 민간인들을 죽이는 것이 아니라 전쟁 외적 환경에서 마구잡이로 살상을 해댄 것이며, 대부분 동족이 저지른 사건이었다.

그 피해 가족들은 연좌법에 걸려 감시의 대상이 됐고 공무시험 등의 취직에서 불이익을 받았다. 더욱이 터무니없게도 '빨갱이 가족'이라는 수모와 손가락질을 받으며 한 많은 세월을 살아왔다. 그리고 역대 독재정권은 이를 은폐하기에 급급했고 증거를 인멸해왔다. 이른바 문민정부가 들어선 뒤에도 제주, 거창 등 일부 지역을 제외하고는 한번도 그 진상규명에 성의를 보이거나 명예회복에 동의하지 않았다. 유족들은 16대 국회에서 진상규명과 명예회복을 위한 통합입법이 국회에서 통과되기를 기다렸으나 끝내 한나라당의 반대로 무산되었다.

동족이 저지른 참담한 비극이 50년이 훨씬 넘도록 해결되지 않았다는 사실은 역사의 정의가 바로 서지 않았다는 것을 의미한다. 이 문제의 해결 없이는 왜곡된 한국 현대사를 바로 세울 수가 없을 것이요, 참된 민주적 가치가 이루어지지 않을 것이다.

세계 곳곳에서 인권을 외치는 시대, 평화의 행진을 거듭하는 세상에서 바로 얼마 전 시대에 자행된 민족사의 비극과 왜곡을 풀지 않는 사회와 국가는 미래의 희망을 열 수 없을 것이다.

호응을 얻지 못했던 이승만의 한글사랑

소리나는 대로 적는 데 익숙했던 이승만

이승만은 미국에서 오래 살면서 국내에서 발행한 신문, 잡지, 책들을 거의 보지 않았다. 그는 영자 신문과 영문 잡지만 읽었을 뿐, 식민지 상태에 있는 조국의 출판물들을 외면했다. 따라서 그는 한인교회에 나가서 보는 성경 정도가 그가 읽는 한글로 된 인쇄물의 전부였다. 그는 고국에 돌아와서도 이런 습관을 바꾸지 않았다.

도대체 이승만으로서는 1933년 조선어학회에서 제정한 '한글 맞춤법 통일안'에 따른 철자법이 혼란스럽기만 했던 것이다. "내가 국문을 배울 때는 자음과 모음을 익히고 소리나는 대로 적었는데, 이게 뭐람" 하며 늘 불만에 차 있었다. 사실, 소리나는 대로 적는 음소(音素)의 습관에 빠져 있던 이승만으로서는 문법 연구의 정수를 모아 이루어진 형태주의적 정서법을 이해하기가 어려웠을 것이다.

이승만은 비서에게 연설문 작성을 맡기지 않고 늘 자신이 직접 써서 낭독했다. 대통령이 된 뒤에도 이런 태도를 바꾸지 않았다. 그가 쓴 연설문은 쉽고 재미있었으나 문장이 소리나는 대로 적혀 있었다. 한글학

1933년 조선어학회가 제정한
〈한글 맞춤법 통일안〉.

자들이 만들어놓은 철자법을 무시한 태도였다.

　이승만은 정부가 수립된 뒤 1949년 한글날에 "현재 국문은 이전에 만든 것을 개량하는 대신 도리어 쓰기도 더디고 보기도 괴상하게 만들어놓아 퇴보된 글이 통용되고 있다"고 선언하고는 기음법(記音法)의 원칙에 따른 개정을 서두르겠다고 덧붙였다. 이 말에 관련 학자와 일반 국민들이 냉담한 반응을 보이자 1950년 2월 3일 다시 정부만이라도 이의 개정을 서두르겠다고 언급했다. 그의 왜곡된 고집은 쉽게 꺾을 수 없었다.

　곧이어 한국전쟁이 일어나 이 문제는 흐지부지 되고 말았다. 1953년 환도한 뒤에 이승만은 다시 이를 들고 나왔다. 국무회의에서 옛 철자법으로 돌아갈 것을 결의하고 국무총리 백두진의 이름으로 훈령을 반포했다. 이승만의 권위 앞에 국무위원들은 한 점 반대의사를 밝히지 못했다. 이에 교육계, 문화계, 언론계 등 여러 분야의 사람들이 들고일어났다. 특히 문교부 편수국장인 한글학자 최현배는 목숨을 걸고 반대운동에 나섰다.

'한글간소화안'을 공포하다

정부는 거센 반발에 부딪히자 어쩔 수 없이 각계 인사 50명으로 구성된 국어심의위원회를 구성했다. 여기에서 내린 결론은 '한글맞춤법통일안'의 방식을 따르는 것이었다. 정부에서는 이를 무시하고 대통령의 뜻에 따라 그 개정을 서둘렀다. 이에 문교부장관인 김법린과 최현배는 사직서를 쓰고 자리를 떠났다. 다시 이승만은 특별담화를 발표해 "3개월 이내에 현행 맞춤법을 버리고 구한국 말엽의 성경 맞춤법으로 돌아가라"고 강압적으로 나왔다.

이승만의 말을 잘 받들기로 소문난 국무총리 백두진과 새로 문교부장관이 된 이선근은 앞뒤 보지 않고 대통령의 뜻을 충실하게 따랐다. 그들은 뒷전에서 비밀스럽게 일을 추진했다. 여기에 한글 전문가는 거의 빠지고 이선근 등 몇몇 어용학자들만이 참석했다.

마침내 1954년 6월 '한글간소화안' 3원칙이 공포됐다. 첫째, 받침은 끝소리에서 발음되는 것에 한하여 사용한다. 둘째, 명사나 어간이 다른 말과 어울려서 딴 독립된 말이 되거나 뜻이 변할 때 그 어원을 밝혀 적지 아니한다. 셋째, 종래 인정되어 쓰이던 표준말 가운데 이미 쓰이지 않거나 또는 말이 바뀐 것은 그 변화된 대로 적는다.

여기에서 가장 문제되는 것은 첫째 원칙이었다. 이 원칙대로 표기하면 '없었다'를 '업섯다'로, '앉았다'를 '안잣다'로, '좋아한다'를 '조하한다'로, '좋지 않다'를 '조치 안다'로 써야 한다. 또 둘째 문제대로라면, 어간과 어미가 구별되지 않아 어원이 드러나지 않고 표기에 일정한 원리가 없어진다. 다시 말해 주시경을 시작으로 최현배에 이르기까지 30여 년 동안 온갖 핍박을 받으면서 한글연구에 몸바쳐 체계를 세운 한글을 조선시대로 퇴보시키는 것이었다. 조선시대 언문 편지의 투를 따르고 있었던 것이다.

초기 한글성경은 한글 연구가 이루어지지 않았던 19세기 끝 무렵에 번역 간행됐다. 이 번역에 주시경이 참여했더라면 철자법이 달라졌을 것이다. 다만 조선 후기에 천주(天主)를 '텬쥬'로 표기하는 수준을 넘어선 정도였다.

누구보다도 통분을 금치 못한 이는 한글학회를 이끈 최현배였다. 당시 청년 전택부는 한국기독교청년연맹에서 일을 보면서 한글간소화 방안에 반대운동을 했는데 최현배는 젊은 전택부를 만나 큰절을 하더라란다.

아무튼 이승만은 "우리 나라 문명발전에 많은 장애가 되는 것을 정지시키고 가장 단순해서 쓰기도 쉽고 알아보기도 쉽고 또 타자기나 외국인으로서 우리 국어를 배우려는 사람들이나 우리 국내의 문자를 모르는 사람들이 국어를 배우려는 데도 빠르고 배우기 쉽게 행하려는 것이다"라는 담화문을 발표했다. 자신의 일상 경험을 늘어놓고 있었다. 이에 따라 한글학회에서는 "정부의 간소화안은 일정한 원리가 없어 학술적 문자가 될 수 없고 청각적이면서 시각적이어야 하는 문자의 생명을 아주 잃는다"고 밝혔다. 차분하게 논리적으로 대응했다.

한글간소화안, 각계의 반대에 부딪히다

이렇게 논란을 빚자 국회에서는 이선근 문교부장관을 출석시켜 한글간소화안에 대해 질의를 벌였다. 국회의원들은 여론에 밀려 이를 반대했고 조병옥은 "우리 나라에는 지당장관(至當長官), 낙루장관(落淚長官), 여신장관(如神長官)이 있어 대통령에게 올바르게 진언하지 않는다"고 질책했다. 바로 대통령의 말끝마다 "지당합니다"라거나 눈물을 흘리며 감격해하고 신처럼 받드는 신성모, 백두진, 이선근 등을 지목한 말이다.

당시 국회는 여당인 자유당이 다수 의석을 차지하고 있었다. 그런데도 국회에서는 국회와 정부와 학술원을 구성원으로 한 특별대책위원회를 발족시켰다. 여기에서 내린 결론은 한글간소화안을 보류한다는 것이었다.

그런데도 이선근과 이승만은 거듭 담화를 발표하며 일선 교육기관에 그 시행을 지시했고 총무처에서도 덩달아 나섰다. 이에 따라 자유당도 찬동하는 성명서를 발표했다. 또 어용 어학단체인 어문연구회를 발족시키기도 했다. 어문연구회는 국민학교 교장, 상공부 특허국과 한글타자기 회사의 대표를 임원으로 채웠지만 한글 연구자나 전문가는 한 사람도 없었다. 하지만 이 단체의 임원마저 여러 명이 이탈하자 다시 활동이 흐지부지되고 말았다.

이승만은 물러설 줄 몰랐다. 이승만은 "한글간소화안은 세종대왕의 뜻을 받들어 시행하려는 것"이라고 말하면서 한글의 진보주의자임을 표방하고 백성을 위한 방안임을 거듭 천명했다. 하지만 한글학자들은 물러서지 않았고 국민들은 호응하지 않았다. 일부 자유당 국회의원은 이런 여론의 동향을 대통령에게 전달했다.

이승만은 이때서야 물러섰다. 1955년 9월 19일에 다음과 같은 담화를 발표했다. 그는 앞부분에서 국문이 세계에서 가장 좋은 취음문자임을 밝히고 아직도 국문을 무시하는 폐단이 있다는 지적을 하면서 이렇게 말했다.

내가 해외에 있는 동안에 한 가지 문화상 중대한 변경이 된 것은 국문 쓰는 법을 모두 다 고쳐서 쉬운 것을 어렵게 만들며 간단한 것을 복잡하게 만들어놓은 것이니, 이전 한문 숭상할 적에 무엇이든지 어렵게 만드는 것이 학자들의 고상한 정조(情操)로 알던 생각을 버리지 못하고 국문 쓰는 것도 또한 어렵게 한 것이므로 이것을 고치려고 내가 여러 번 담화를 발표했으나 지금 와서 보니 국어를 어렵게, 복잡하게 쓰는 것이 벌써 습관이 되어서 고치기가 대단히 어려운 모양이며 또한 여러 사람들이 이것을 그냥 쓰고 있는 것을 보면 무슨 좋은 점도 있기에 그럴 것이므로 지금 여러 가지 바쁜 때에 이것을 가지고 이 이상 더 문제삼지 않겠고 민중들이 원하는 대로 하도록 자유에 부치고자 하는 바이다.

이렇게 해서 2년쯤 벌인 한글파동은 종지부를 찍었다. 권력자로서 비전문가의 독선이 불러온 소모적 논쟁이었다. 하지만 이승만의 한글 사랑과 쉬운 문체로 글과 담화문을 쓰는 태도는 눈여겨볼 만한 점일 것이다. 이승만은 한시를 능숙하게 지을 줄 아는 한문 실력을 지니고 있었으나 어렵고 복잡한 한자 쓰기를 좋아하지 않았다.

특무부대장 김창룡 살해사건

김창룡, 그는 누구인가

1956년 1월 30일 아침, 김창룡은 여느 때와 같이 출근하려고 집 앞에 대놓은 지프에 다가갔다. 그의 모자에는 소장의 계급장이 번쩍였다. 건장한 체격의 김창룡과 그의 보좌관은 경계심을 늦추지 않으며 지프에 올라탔다. 이때 골목에 숨어 있던 군복 차림의 두 청년이 쏜살같이 달려와 김창룡에게 권총을 난사했다. 김창룡은 말 한마디 남기지 못하고 거꾸러졌다. 그날 낮 서울의 거리에는 김창룡의 죽음을 알리는 호외가 뿌려졌으며 석간신문 1면 톱으로 '특무부대장 김창룡 살해'가 일제히 보도됐다.

김창룡은 누구인가? 그의 개인사부터 먼저 더듬어보기로 하자. 그는 함경남도 영흥의 가난한 집안에서 태어났다. 그는 가난한 집안을 일으키고 출세하려는 의지에 불타 영흥의 농잠실습학교를 어렵사리 나와 제사공장에 취직했다. 그는 사교성이 뛰어났다. 일본사람의 주선으로 만주 장춘역의 역무원으로 일자리를 옮겼다. 제사공장이나 역무원의 일자리도 보통 사람들은 쉽게 얻지 못했다. 1941년에는 일본사람의 추천으로 일본 헌병대 보좌 일을 보았다. 그때 만주에 있던 일본 헌병들은 군인을 단속하는 일보다 이른바 밀정을 풀어놓고 조선 독립군을 잡는 일에 더 힘을 기울였다. 조선사람으로 헌병 보좌 일을 하게 되면 상당히 출세도 할 수 있었고 생활비도 넉넉히 받았다. '더러운 놈'이라는 뒷말은 못 들은 체하면 그만이었다.

김창룡 소장의 피격을 보도한 《동아일보》 1956년 1월 31일자.

어쨌든 김창룡은 밀정 노릇을 한 것이다. 그는 눈을 번뜩이며 조선사람들을 감시하여 낱낱이 헌병에 보고했다. 수많은 독립투사와 그 가족들이 김창룡의 손에 잡혀 헌병대로 넘겨졌다. 김창룡의 공적을 높이 산 일본 헌병들은 그를 관동군 헌병교습소에 들어가 정식으로 헌병 수업을 받게 했다. 이 교습소를 마친 김창룡에게 주어진 임무는 만주에 흩어져 있는 공산당 색출이었다. 당시 중국공산당과 손을 잡고 일본군에게 타격을 주었던 항일연군(抗日聯軍)들은 퇴각했다. 다시 말해 만주의 조선독립군 게릴라들은 일본군의 철저한 소탕작전에 밀려 소련의 연해주나 중국 본토의 태항산지구로 옮겨 활동했다. 보기로 김일성은 연해주로 갔고 김원봉은 남경 등지, 김두봉은 태항산지구로 들어갔다.

김창룡은 남은 조선독립군을 색출해 공산당으로 얽어서 관동군 지하실에 처박았다. 김창룡은 열성적으로 일했으며 조선사람들은 그가 떴다는 소리를 들으면 솔개를 만난 병아리처럼 재빨리 숨었다. 일개 헌병의 역할은 관동군 장교들이 따라가지 못할 정도로 눈부셨다. 당시 관동군에 소속된 조선인 장교로는 정일권, 박정희 등이 있었다.

1945년 그는 비록 조국을 배반했지만 몸을 붙일 곳이 고향밖에 없었다. 그의 악명은 만주땅에서 조선에까지 퍼져 있었다. 그는 진주한 소련군과 인민위원회의 눈을 피해 철원에 살고 있는 옛 친구의 집에 몸을 숨겼다. 그의 친구는 그를 숨겨줄 수도, 더욱이 민족반역자를 친구로 여길 수도 없었을 것이다. 그는 친구의 밀고로 두 번이나 소련군에 체포되어 사형선고를 받았다. 눈치 빠른 그는 원산으로 압송되는 기차에서 탈출하는 데 성공했다. 두 번에 걸쳐 체포됐다가 두 번에 걸쳐 탈출에 성공한 뒤 38선을 넘어 남쪽으로 내려왔다.

공작의 명수로 권력에 빌붙다

그는 해방 후 최초로 편성된 국방경비대에 입대했다. 이것밖에 살길이 없었을 것이다. 국방경비대에는 일본군에 몸담았던 조선 군인들이 몰려들었는데 그는 경력에 따라 정보 임무를 맡아보았다. 그가 독립군과 공산당을 잡던 솜씨는 다시 빛을 보았다. 1947년에는 경비사관학교에 입학하여 정식 소위로 임관됐다. 그는 정보장교로 정보소대를 창설하는 일을 맡는 따위로 탁월한 공로를 세워 승진을 거듭했다. 그는 여순사건이 일어났을 때 남로당의 조직을 파악해 소탕하는 데 혁혁한 공로를 세웠다. 한때 남로당에 가입했던 박정희는 이때 남로당 조직을 모조리 털어놓아 살아남았다. 그는 일본군식 고문기술을 구사하는 것에 누구도 따라가지 못할 정도로 탁월한 솜씨를 발휘했다. 그의 고문기술은 특무부대에 전수됐다. 이근안의 대선배였던 셈이다.

끝내 1951년에는 육군 특무부대장(보안사와 기무사의 전신)에 임명됐고

1953년에는 마침내 준장으로 임관됐다. 그는 정치감각이 뛰어난 인물이다. 이승만의 반대세력을 마구잡이로 색출해 고문을 하고 감옥에 집어넣었다. 또 공작의 명수였다. 신익희가 뉴델리에서 북한에서 파견한 조소앙과 만났다는 따위 무수한 거짓공작을 벌여 이승만 독재정권을 도왔다. 더욱이 이승만을 경호하면서 일부러 수류탄을 이승만 주변에 미리 떨어뜨려놓고 발로 차내면서 신임을 얻는 꾀도 부렸다.

이승만의 독재는 환도한 뒤에 더욱 그 정도를 더했다. 어느 신문사의 식자공이 대통령(大統領)을 견통령(犬統領)으로 글자를 잘못 뽑자 감옥에 들어갔으며, 동아일보의 시사만화가 고바우가 경무대(청와대)의 무소불위의 권력을 풍자해 경무대의 '똥' 푸는 일꾼이 거들먹거리는 만화를 그렸다가 고초를 당하기도 했다. 이승만을 헐뜯은 사람들을 공산당으로 몰았다. 김창룡은 이승만의 신임을 등에 엎고 군 내부의 위계질서를 어지럽혔다. 군통수 계통은 그의 안중에 없었다. 상급자도 그의 앞에서는 오금을 펴지 못했다.

그는 군의 비리를 찾아내 수사를 벌이기도 했다. 한국전쟁이 끝난 뒤 군장교들은 이른바 후생사업(厚生事業)을 벌여 이권을 챙겼다. 군인의 후생을 돕는다는 평계로 군의 차량을 동원해 산판을 깎아 벌목을 하고는 그 목재를 실어내 팔아먹는 따위의 일이다. 군의 후생사업은 장교들의 배를 불렸다. 김창룡이 수사를 벌이자 장성들 사이에 원성이 높았다. 이 수사가 정치적 복선이 깔려 있지 않고 부정을 바로잡으려 했다면 비난받을 일이 아니다.

독재자의 하수인, 저격당하다

이런 김창룡이 저격을 당해 죽었으니 온 나라가 들썩거린 것은 당연한 일일 것이다. 이승만은 이례적으로 범인 체포를 엄명하는 담화를 발표했으며 죽은 김창룡에게 1계급을 특진시켜 중장으로 추서했다. 그의 장례식은 이승만의 특별 지시에 따라 육군특무부대장으로 성대하게 치러졌다. 그의 묘는 관악산 양지바른 곳으로 정했다. 국립묘지를 택하지 않은 것은 국민의 따가운 눈총을 의식해서일 것이다. 그가 죽은 당시의 나이는 한창 때인 36세였다. 가난한 집안에 태어나 출세와 권력을 위해 물불을 가리지 않고 달려온 자의 생애치고는 너무 허망했다.

그런데 그의 묘비문은 이 땅의 국사학자로 첫손 꼽힌다는 이병도의 손에 의해 씌어졌다. 이병도는 묘비문에서, 그를 국가의 큰 공로자로 추켜세우면서 그의 친일 부역행각은 한마디도 언급하지 않았다. 이병도는 독재자의 하수인을 옹호하고 찬양한 이 일만으로도 두고두고 표본적 어용교수로 찍혔다.

그가 저격 당한 지 28일 만에 범인 일당이 잡혔다. 주모자는 허태영, 이진용 등 두 대령이었으며 직접 총격을 한 군인으로도 두 명이 체포됐다. 허태영, 이진용은 김창룡의 주요 참모였다. 조사 당국에서는 두 장교가 김창룡의 미움을 받아 좌천된 데에 앙심을 품고 죽였다고 발표했다. 허태영은 재판정에서 꿋꿋한 자세를 보였다. 허태영은 군법회의에서 김창룡이 자기의 권력을 위해 상관과 동료를 모략질하거나 터무니없는 사실을 꾸며냈으며 수많은 사건을 조작하고 무고한 사람들을 얽어넣었고 고위 장성들을 이간질해서 군의 단결을 해쳤다고 진술했다. 그러면서 대통령의 환심을 독차지해서 이권을 챙기고 국가 기강을 문란케 했다고 선언했다.

국민들 사이에서는 당당한 자세를 보인 허태영을 사내다운 의인으로 바라보는 분위기가 조성됐다. 더욱이 허태영이 감옥에 있을 때 그의 부인이 면회를 가서 임신한 사실이 알려져 동정과 충격을 던졌다. 서대문 형무소(교도소)의 간수들이 그들 부부에게 특별대우를 한 증거이다.

이럴 때에 허태영의 부인이 탄원서를 내서, 그 배후에 고위 장성이 관련됐다고 세상에 알렸다. 그 결과 강문봉 중장이 체포됐다. 강문봉은 한국전쟁 때의 공로를 참작해 무기형으로 감형됐으나 나머지 주모자들은 사형에 처해졌다. 이를 바라본 국민들은 한탄했으나 소용없는 일이었다. 독재권력은 김창룡 같은 인물을 배출했다. 김창룡과 같은 부류로는 거창양민학살사건과 장면저격사건을 조종한 경찰국장 김종원도 있었고, 3·15부정선거를 총지휘한 내무장관 최인규도 있었다.

대통령 후보들의 죽음

신익희 민주당 대통령후보의 느닷없는 사망

1956년 초여름 전국은 제3대 대통령 선거를 앞두고 들끓었다. "못살 겠다, 갈아보자"라고 외치면 "구관이 명관이다"로 맞받았다. 그런데 사람들은 "못살겠다, 갈아보자"고 외치는 쪽으로 몰려가 열렬히 박수를 보냈다. 경찰들은 감시의 눈을 번득이며 청중의 동정을 예리하게 살폈다. 이럴 때에 비보가 날아들었다. 민주당 대통령 후보인 신익희가 유세하러 호남으로 오는 도중에 열차에서 사망했다는 소식이었다. 이 뉴스가 전해지자 사람들은 이승만의 졸개들이 독살했을 것이라고 귓속말을 주고받았다.

사망 원인이 뇌일혈이라고 곧바로 밝혀졌으나 사람들은 곧이곧대로 믿으려 하지 않았다. 또 천시(天時)가 따라주지 않는다고들 말하기도 했다. 집권당인 자유당 사람들은 가슴을 쓸었다. 아무리 부정선거를 일삼아도 신익희에게 쏠리는 인기를 막을 수 없다고 판단했기 때문이다.

이제 신익희가 죽어버렸으니 민중의 마음을 돌릴 수 있을 것이라고 여겼다. 하지만 진보당의 조봉암 후보는 신익희 못지 않게 민중의 지지를 받고 있었다.

신익희는 경기도 광주 출신으로 일본의 와세다 대학에서 수학했다. 그는 3·1운동 후 상해로 건너가 임시정부의 문교부장 등을 역임하며 모진 고생을 했다. 해방 후 귀국하여 한때 이승만에게 협조하기도 했으나 독재정권에 반대하여 반이승만 노선을 걸었다. 제헌국회 의장과 제2대 국회의장에 뽑

1956년 제3회 대통령 선거 때 민주당 대통령후보 신익희와 부통령후보 장면, 그리고 그들이 내건 슬로건 "못 살겠다, 갈아보자"가 보이는 선거 차량의 모습.

혔다. 이어 민국당 위원장, 민주당 대표최고위원이 되어 대통령 후보로 선출됐다.

그런데 개표를 하자 두 가지 큰 사태가 일어났다. 대통령에는 이승만이 504만 표를 얻어 당선됐으나 조봉암에게 나온 표는 216만 표였던 것이다. 더욱 놀라운 일은 신익희에게 던진 추모표가 185만 표였다. 전면적 부정선거였음을 감안하면 조봉암이 승리한 것이나 다름없었다.

그래서 투표에 이기고 개표에 졌다는 유행어가 끊임없이 떠돌았다. 부통령 선거에는 민주당의 장면이 401만 표, 자유당의 이기붕이 380만 표를 얻어 장면이 당선되는 이변을 낳았다.

그러니 대통령은 자유당후보, 부통령은 민주당후보가 당선되어 꼴이 우습게 됐다. 이는 민심이 이승만과 자유당에서 떠나 있다는 것을 보여

대통령 선거를 앞두고 갑작스레 죽은 대통령후보 신익희의 1956년 5월 5일 운구에 모인 사람들.

준 것이다.

장면 부통령은 이승만에게 눈에 박힌 가시였다. 그때 이승만의 나이
는 81세였다. 이승만이 죽으면 장면이 대통령직을 승계하도록 되어 있
었다. 이렇게 되면 자유당정권은 하루아침에 무너지는 것이다. 민주당
의 인기는 대단히 높았다. 장면과 조병옥 등 민주당 지도자들은 이기붕
과 비교가 되지 않을 정도의 인기를 누렸다. 대통령 선거를 치른 지 4
개월쯤 지나 민주당 전당대회가 명동 시공관에서 열렸다. 한 청년이 뛰
어나와 단상을 향해 권총을 발사하여 총탄이 장면의 왼손을 뚫고 나갔
다. 장면은 암살을 모면했다.

이 청년이 김상붕이었다. 민주당의 내분을 눈뜨고 볼 수 없었고 장면
이 원수인 일본과 친밀하게 지내려 해서 저격했다고 말했다. 누구도 이
말을 믿지 않았다. 신문들은 연일 의문을 제기했다. 이럴 때 김상붕의
형인 김상봉이, 당시 야당지인 경향신문사를 찾아가 그 배후로 자유당

공판정에 선 진보당 피고들의 모습으로 앞줄 오른쪽에서 두 번째가 조봉암이다.

비밀당원인 최훈을 지목했다. 최훈은 자유당의 실권자인 임흥순과 내무부장관인 이익흥이 장면저격공작을 꾸몄다고 폭로했다. 김상붕에게는 사형이 내려졌으나 나머지 배후인물에 대해서는 흐지부지 넘어갔다.

음모에 말려든 진보당의 조봉암, 사형에 처해지다

조봉암을 향해서도 은밀한 공작이 진행됐다. 특무대에서는 북한에서 내려와 전향한 양명산을 유인했다. 양명산은 한때 조봉암 밑에서 지도를 받으며 독립운동을 한 적이 있었다. 양명산은 조봉암에게 접근하여 달러를 전달했다. 조봉암은 남을 의심할 줄 모르고 통이 큰 인물이었기에 양명산의 출입을 허용했다. 마침내 검찰에서는 1958년에 들어서 조봉암과 박기출, 윤길중 등 진보당 간부를 모조리 구속했다. 조봉암과 간부들이 북한에서 보낸 간첩과 내통하고 북한에 동조하는 통일방안(평화통일)을 주장했다는 혐의였다. 그리고 조봉암의 집에서 조봉암이

친필로 쓴 김일성에게 보내는 편지도 찾아냈다고 발표했다.

조봉암이 간첩이었다는 사실은 말할 것도 없이 조작이었으나 그의 통일방안은 국제연합 감시 아래 남북 총선거를 실시하는 평화통일이었다. 이는 이승만이 주장하는 무력 북진통일과 반대되는 주장이었다. 그래서 세상은 한바탕 들끓었다. 보수 언론들은 검찰의 발표를 모두 사실인 양 보도했다. 더욱이 옛 동지였던 서상일도 진보당은 마르크스주의 이론에 토대를 두었으며 노동자, 농민만을 위한 계급정당이라고 검찰에서 진술했다. 이런 말은 과장됐으나 진보당이 당시 자유당과는 다르게 진보적 색채를 띠고 있었던 것만은 사실이었다. 그러나 그 진보적 성향도 오늘날의 관점에서 보면 탈잡을 것이 거의 없는 것이다.

이승만은 처음 이 사건을 보고받았을 때, "조봉암은 벌써 조치됐어야 할 인물이며 이런 사건은 조사가 완료될 때까지 외부에 발표되지 말아야 할 것이다"라고 말했다. 그리고 나서 이 사건을 책임지고 처리하라는 증거로 '만(晩)' 자 사인을 했다고 한다. 아무튼 먼저 진보당의 등록이 취소됐다. 1차 공판에서 양명산은 고개를 숙이고 조봉암을 똑바로 바라보지 않았다. 재판장 유병진은 외부의 압력에 굴복하지 않고 증거가 없다는 이유를 들어 조봉암에게 징역 5년형을 선고했다. 이때 한 무리의 청년들이 법정으로 난입하여 "친공 판사 유병진을 타도하라", "조봉암을 간첩죄로 처벌하라"고 외치며 소동을 피웠다. 대법원장을 지낸 김병로 같은 재야의 변호사들도 법이 유린되고 있다고 분통을 터뜨렸다.

2심 공판이 열렸을 때 양명산은 심정의 변화를 일으켜 지난 진술을 모조리 번복했다. 그런데도 재판부에서는 이를 하나도 인정하지 않았다. 조봉암과 양명산은 2심 공판과 대법원 판결에서 국가보안법을 위반했다고 사형이 내려졌다. 재판은 일사천리로 진행됐고 재심이 청구됐

조병옥 대통령 후보의 국민장 행렬.

으나 기각시키고 사형을 집행했다. 이렇게 하여 또 하나의 대통령 후보
가 죽었다. 그의 묘는 망우리 언덕에 잡았는데 묘비를 세우면서 묘비문
은 공백으로 남겨두어 지금까지 비어 있다.

　조봉암은 강화도 출신으로 일본의 중앙대학에서 정치학을 공부하고
사회주의이념에 입각한 독립쟁취를 목표로 활동을 펼쳤다. 그는 모스
크바에 가서 동방노력자공산대학에서 2년간 수학했다. 귀국해서는 여
러 차례 일본 경찰에 잡혀 감옥살이를 했다. 해방 후 공산당을 탈당하
고 우익진영으로 돌아 국회의원, 농림부장관, 국회부의장을 역임했다.
하지만 그는 한때 공산주의자였던 탓으로 그의 인기에 비례해 많은 모
략을 받았다.

집권의 꿈에 부풀었던 민주당 조병옥의 죽음
　1960년 3월 15일 제4대 정부통령 선거를 실시했다. 민주당은 집권의

꿈에 부풀었다. 그런데 민주당은 신파·구파로 나뉘어 치열한 경쟁을 벌였다. 구파의 영수는 조병옥이었고 신파의 영수는 장면이었다. 두 파의 세력은 팽팽하여 우열을 가리기 어려웠다. 대통령 후보를 가리려고 표 대결을 벌인 끝에 조병옥이 3표 차이로 선출됐다. 장면은 다시 부통령 후보가 됐다. 일단 민주당은 당내의 파벌 경쟁을 봉합하고 국민의 열망에 따라 집권의 길로 매진했다. 그런데 조병옥의 건강에 이상이 생겼다.

조병옥은 선거전을 앞두고 건강진단을 받기 위해 미국 월터리드 육군병원으로 갔다. 그곳에서 조병옥은 불의에 죽었다. 아무도 예상치 못한 일이었다. 이미 후보등록을 마친 뒤여서 민주당으로서는 대통령 후보를 바꿀 수도 없었다. 다시 음모설이 제기되어 민심이 들떴으나 역사의 수레바퀴는 아랑곳없이 굴러갔다.

조병옥은 천안 출신으로 연희전문학교를 졸업하고 미국으로 유학을 가서 콜럼비아대학에서 공부했다. 귀국하여 연희전문학교의 교수가 됐으나 좌익 교수와 대립하여 사직했다. 그는 우익 성향으로 신간회, 수양동지회 등 민족운동에 참여하면서 여러 차례 감옥을 들락거렸다.

해방 후 친미파로 경무국장과 내무장관을 역임하면서 반좌익세력의 타도에 앞장섰다. 그 뒤 민의원을 지내고 민주당 대표최고위원에 선출됐다. 이승만 독재정권 타도의 맹장이었다.

이승만에 맞서 대통령이 되려는 사람들은 장면을 제외하고 모두 우연하게도 중도에 죽었다. 이것이 현대사의 비극이었다. 그 결과 이승만도 쫓겨나 미국으로 도망쳐서 그곳에서 쓸쓸하게 죽었다.

부정선거로 촉발된 미완의 4·19혁명

외교에 귀신, 내정에 병신, 인사에 등신

1960년에 들어 이승만정권과 자유당에 대한 민중의 반감이 고조됐다. 이 무렵 세상에는, 이승만을 두고서 외교에는 귀신, 내정에는 병신, 인사에는 등신이라는 말들이 공공연하게 나돌았다. 그 말뜻을 풀이해 보자. 이승만은 집권 이래 철저한 반공을 표방했다. 이승만은 외교에도 이를 적용했다. 그는 주한 미군 사령관이나 주한 미국 대사가 미지근한 반공정책을 쓰거나 공산주의자들과 대화와 타협을 시도하면 어김없이 반발했다. 미국이 북한과 정전협정을 벌일 적에는 북진통일을 표방하고 관제 데모를 조정했으며 포로 교섭을 벌일 적에는 불법으로 반공포로를 석방시켰다.

또 일본에게는 철저한 반일감정을 드러냈다. 일본과 외교교섭을 거부하며 일본 어선을 나포하고 일방적으로 '이승만 라인'을 선포했다. 이를 두고 사람들은 '외교에는 귀신'이라고 했으나 미국이나 일본에서는 고집불통의 노인으로 통했다. 한때 미국에서는 이승만을 제거하려는 공작을 꾸몄다고도 한다. 그래서 반공은 국시(國是)가 됐고 이데올로기가 됐다. 이 이름으로 조금의 혐의가 있어도 경찰에 잡혀가 문초를 받았으며 국가보안법에 따라 연좌죄를 적용하여 혐의자 가족들을 감시하고 취직도 제한했다.

'내정에는 병신'이라 했다. 이승만은 국내에서 발행하는 신문을 보지 않고 영자 신문만 보았다. 그는 가끔 민정을 알아본다고 시장 같은 곳을 시찰했으나 경찰들은 미리 상인에게 거짓으로 물건값을 말하라고 지시해놓았다. 또 농촌 마을을 시찰할 때에는 집을 새로 고치고 도로를 닦았고 전등을 가설했다. 그래서 이승만은 쌀 파동이 일어나면 "쌀만 먹지 말고 계란, 사과도 먹으면 되지 않느냐"고 말했다는 소문이 돌았다. 이승만의 눈과 귀는 가려져 있었다. 그러니 내정이 어떻게 돌아가는지 알지 못했다.

'인사에는 등신'이라 했다. 그는 아부꾼이나 친일파들을 고위직에 등용했다. 신성모는 공식으로 만나는 자리에서도 큰절을 올리면서 말끝마다 눈물을 뚝뚝 흘렸다. 그래서 그를 두고 낙루(落淚)장관이라 불렀다. 최인규는 이승만의 말이 떨어질 때마다 "지당하십니다"를 연발하여 지당(至當)장관이라 불렀다. 이익흥은 이승만이 방귀를 뀌자 "시원하시겠습니다"라고 말하여 유행어를 만들어냈다. 이런 아부꾼들이 이승만 내각의 장관일을 보았다. 바른 말을 하는 장관들은 가차없이 쫓겨났다.

한편 정권에 빌붙은 실력자들은 원조경제의 혜택을 누려 원조물자를 불법으로 빼냈고 재벌들은 특혜를 받으면서 성장했다. 그래서 도시의 중소기업인들과 영세 상인들은 불만이 쌓여갔다. 또 잉여 농산물이 도입되어 쌀값이 폭락하자 농촌은 이농현상을 빚어 황폐해졌다. 이농민들은 도시의 빈민촌을 형성하여 살아갔고 저급 공장 노동자로 전락하여 저임금에 시달렸다. 1957년 원조가 대폭 삭감되고 세계 불황이 겹쳐지자 영세 상인과 공장 노동자들은 불만이 절정에 다다랐다.

깡패까지 동원된 부정선거

이 무렵 이승만의 나이는 85세였다. 그런데 부통령은 야당인 민주당의 장면이어서 이승만이 죽으면 저절로 민주당에게 정권이 넘어가게 되어 있었다. 다시 정부통령 선거를 치러도 이승만과 이기붕의 당선을 보장할 수 없었다. 제4대 정부통령 선거를 앞두고 이 문제를 풀어야 했다. 그러면 이기붕은 누구인가? 이기붕은 중국 상해와 미국에서 독립운동을 벌이다가 1930년대에 귀국했다. 그는 친일을 거부하고 요릿집의 지배인으로 일했다. 그의 부인 박마리아도 미국 유학파로 식민지시대 기독교운동을 했다. 해방 후 이기붕은 통역관으로 활동한 뒤에 서울특별시장을 지냈으며 자유당 창당의 주역으로 2인자 자리를 굳혔다. 박마리아는 이화여대 부총장으로 재직하면서 정계의 막후 인물이 되어 남편의 출세에 큰 영향을 끼쳤다. 두 사람의 권력은 나는 새도 떨어뜨린다고 말할 정도로 위세가 컸다.

아무튼 1960년 제4대 정부통령 선거를 앞두고 오늘날의 관점에서 보면 엉성하기 짝이 없는 각본이 짜여졌다. 내각에는 최인규 내무장관이 경찰을 총지휘했고 자유당은 깡패조직까지 동원하여 부정선거를 획책했다. 마침 민주당 후보인 조병옥이 신병을 치료하러 미국에 갔다가 갑자기 죽는 사태가 벌어졌다. 그래서 대통령 선거는 승산이 보였으나 부통령 선거에서는 장면이 버티고 있어서 전혀 가망이 없어 보였다. 그리하여 조병옥의 죽음을 틈타 예정보다 두 달 앞당겨 선거를 3월 15일에 하기로 했다.

최인규는 공무원을 총동원하여 선거에 투입하되 4할 정도의 표를 사전에 투표함에 투입할 것이며, 세 사람을 한 조로 묶어 누구를 찍었는지 알 수 있도록 투표할 것이고, 완장부대를 동원하여 유권자들이 공포감을 자아내도록 해서 투표에 유도할 것이며, 개표할 때 야당 참관인을 구실을 부쳐 쫓아낼 것이고, 유령 유권자를 만들어내고 야당 성향 유권자의 기권을 강요하여 대리 투표할 것 따위의 방법을 시달했다. 마지막으로 불리한 지역에 사전 투표한 투표함으로 바꿔치기하고 개표할 때에 투표지를 섞어넣으며 야당에 찍은 투표지를 빼내 득표수를 조작해 발표하기로 계획했다.

그런데 사단이 벌어지고 말았다. 한 말단 경찰관이 '부정선거 지령서' 사본을 민주당에 제공한 것이다. 물론 이 사실은 신문에 공개됐고 곳곳에서 규탄대회가 열렸다. 그런데도 자유당정권은 부정선거 계획을 취소하지도 야당 탄압을 멈추지도 않았다. 그 반응은 대구에서 먼저 일어났다. 2월 28일 민주당은 대구에서 유세를 벌이기로 계획했다. 그런데 일요일인데도 학생들이 유세장에 가는 것을 막으려고 모든 학생들에게 등교를 지시했다.

이에 경북고를 비롯하여 대구고 · 사대부고 학생들은 학교에 집결해 있다가 스크럼을 짜고 교문을 나와 시가를 행진했다. 학생들의 입에서는 "민주주의를 살리자"거나 "학생을 정치 도구화하지 말라"는 등의 구호가 터져나왔다. 학생들의 분노는 시민들에게도 전달됐고 서울 · 부산 · 대구 · 광주 · 대전 · 마산 · 전주 · 수원 등지로 확산됐다. 대구학생시위는 4·19데모의 전주곡이었다. 3월 15일 선거날에는 부정선거를 목격한 마산의 학생들이 역사적 의미를 던지는 항의데모를 벌였다. 마산의 학생들 데모는 열기가 가득 찼다.

1960년 3월 15일 선거날에 부정선거를 목격한 마산 학생들이 항의 데모를 벌였다.

그런데도 부정선거는 진행되었고, 3월 17일 개표 결과가 발표됐다. 내무부와 자유당은 최종으로 표를 계산해보니 이승만·이기붕의 지지표가 95～99퍼센트에 이르렀다. 부정선거를 지휘한 자들도 이 어처구니없고 황당한 개표 결과에 당황했다. 그래서 자유당 지도부에서는 최인규에게 득표율을 하향 조정하라고 지시했다. 최인규는 이승만 88.7퍼센트, 이기붕 79퍼센트로 조정하여 발표했다. 이 발표를 누구도 믿지 않았으며 민주당은 선거무효소송을 냈다.

'부정선거 타도'에서 '독재 타도'로

전국에서는 규탄 데모가 연이어졌다. 마산에서도 더욱 세찬 데모가 벌어졌다. 4월 11일 마산 학생데모가 벌어진 뒤에 김주열이 실종됐다. 그리고 그의 시체가 마산 앞바다에 떠올랐는데, 그 시체의 눈에는 최루탄이 박혀 있었다. 이 사건이 알려지자 전국적으로 학생들의 의분심이 하늘을 찔렀다. 전국적으로 데모는 더욱 격렬해졌다. 서울의 빈민과 공장 노동자들, 특히 구두닦이, 양아치, 넝마주이들도 틈을 엿보아 학생

데모에 가담했다.

4월 18일 고려대 학생들 3천여 명의 데모대는 태평로 국회의사당 앞에 진출하여 연좌데모를 벌이고 항의집회를 가진 뒤에 학교로 돌아가고 있었다. 이들이 종로 5가에 이르자 동대문 일대에 숨어 있던 깡패들이 쇠파이프, 몽둥이, 자전거 줄을 가지고 학생들에게 휘둘러 부상을 입혔다. 이에 분노한 학생들은 부정선거 타도에서 독재 타도로 방향을 바꿨다. 다음날 전국의 학생들이 동시에 궐기했다. 서울의 데모대 10만여 명은 서울 시내를 누비며 서울신문사와 반공청년단, 자유당 등을 습격하여 파괴했고 일부는 경무대로 진출했다. 경무대를 지키던 경찰들은 총을 쏘아 학생들을 쓰러뜨렸다. 경무대 앞은 피로 흥건했다.

정부는 계엄령을 선포했고 군인들이 탱크를 몰고 나타났다. 그런데 군인들은 데모대에게 발포하지 않아 대량살상을 막았으나 전국적으로 경찰들에 의한 사망자가 186명, 부상자가 6,026명이었다. 이런 과정에서 이기붕은 "총은 쏘라고 준 것"이라고 말하기도 하고 "국민이 원한다면 사퇴하겠다"는 미적지근한 발언을 하여 물의를 일으켰다. 4월 25일 서울에 있는 대학 교수들은 '학생의 피에 보답하라'는 슬로건을 내걸고 "이승만 하야하라"는 구호를 외치며 종로를 거쳐 광화문까지 데모를 벌여 이승만정부에 결정적 쐐기를 박았다. 그런 뒤에 이기붕 일가는 경무대에서 자살했고 이승만은 하야하여 이화장으로 들어갔다가 4월 29일 새벽에 하와이로 도망쳤다. 이런 과정을 거쳐 4·19혁명은 마무리지었다.

1960년 4월 25일 서울에 있는 대학교수들이 '학생의 피에 보답하라'는 슬로건을 내걸고 데모에 나섰다.

제2공화국 민주당의 신파·구파 싸움

자유당의 몰락, 민주당의 득세

4·19혁명은 국민의 희망이었다. 국민들 사이에는 이제 독재정권이 물러가고 민주사회가 열릴 것이라는 기대가 부풀어 있었다. 이제 그 지긋지긋한 감시와 강제연행 같은 일이 없을 것이라는 사실만으로도 편안히 숨쉬며 살 만할 것이라고 여겼다. 이는 지나친 기대요, 거품 같은 희망이었다.

4·19혁명이 일어난 지 두 달이 채 못 된 1960년 6월 15일 민의원에서는 헌법 개정안을 통과시켰다. 그 골자는 내각책임제를 도입하고, 헌법재판소를 설치하며, 대법원장 대법관을 선거로 뽑고, 경찰을 중립화시키며, 지방 자치단체장과 지방 의회를 주민의 선거로 뽑는다는 것이었다. 그리고 자유당정권이 그동안 헌법에 보장된 양원제 실시를 이 평계 저 평계를 대고 미루었는데 이를 실시하기로 결정했다. 자유당 출신의 국회의원들은 꿀 먹은 벙어리처럼 민주당 사람들이 제시하는 대로 따라갔다. 예전에는 거수기 노릇을 했으나 이번에도 허수아비 노릇을 했다.

이해 7월 29일 참의원, 민의원으로 나누어 국회의원 선거가 실시됐다. 예전과는 달리 자유로운 분위기에서 치러졌다. 부정이 개입됐다면 여전히 막걸리를 아무때나 퍼질러 놓고 돈 봉투를 마구잡이로 뿌리는 정도였다. 학생들의 인기는 대단했다. 입후보자마다 학생을 모셔다가 찬조 연설을 시켰다. 학생들 특히 호국단 간부들은 이 연설장 저 연설장을 뛰어다니며 연설을 해주고 두둑한 돈 봉투를 챙겼다.

그 결과 민주당이 민의원 233석 중 175석, 참의원 58석 중 31석을 차지했다. 무소속의 당선자 상당수가 민주당에 가까운 인사들이었다. 자유당은 겨우 6석을 얻어 여지없이 군소 정당으로 몰락했다. 이제 민주당 천하가 된 것이다. 이렇게 다수 의석을 차지했으니 민의를 받들어 참 민주주의를 실현할 수 있었을 것이다. 또 지방의회 의원선거가 실시됐다. 서울특별시의 시의원을 비롯해 도의원, 시의원, 군의원, 면의원까지 뽑아 지방의회를 구성했으니 완전한 지방자치제의 실시였다. 그런데 지방의원들은 지방 행정을 두고 사사건건 문제를 걸고 넘어졌다. 민주의식으로 훈련되지 않은 인사들이 선출됐던 것이다.

장면 · 박순천의 신파와 윤보선 · 유진산의 구파

민주당 내부에서는 오래 전부터 이른바 구파 · 신파가 생겨나 정쟁을 일삼고 있었다. 구파는 대개 지주 출신들이 중심세력을 이루고 독립운동가들이 더러 끼어 있었으며 지역으로는 경상도와 전라도 인사들이 다수를 차지했다. 신파는 관료 출신으로 미국 · 일본 유학파가 다수를 차지했으며 지역으로 평양 인사들이 많았다. 일제 식민지 시기 지주나 관료는, 가재와 게의 차이였지 친일행각을 한 점에서는 마찬가지일 것이다.

민주당의 신파·구파 의원들이 협상을 벌이고 있다.

　신파의 보스는 장면, 곽상훈, 박순천 등이었다. 장면은 카톨릭 신자
로 미국 유학을 다녀온 뒤 교육계에서 평생을 보내다가 해방 후 국무총
리를 지냈다. 그는 친미 인사로 미국식 민주주의 방식에 익숙했으나 성
격이 너무 온건하여 우유부단하다고까지 했다. 그에 비해 곽상훈, 박순
천은 성격이 깐깐하다는 평을 들었다. 구파의 보스는 윤보선, 김도연,
유진산 등이었다. 윤보선은 대지주 출신으로 영국 유학을 다녀온 뒤에
지조를 지키다가 해방 후 서울시장 등을 지냈다. 윤보선은 성격이 외곬
이었다. 김도연은 정치가라기보다 학자풍의 면모를 지녔으며 유진산은
지도력과 술수에 능란했다.

　두 파는 서로 으르렁거렸다. 쉽게 말해 한 당 안에서 누가 헤게모니
를 쥘 것이냐로 싸움을 시작한 것이다. 구파의 윤보선이 실권이 없는
대통령으로 선출됐으나 국무총리 지명권을 가졌다. 그는 구파의 김도
연을 국무총리로 지명했으나 국회 인준을 받지 못했다. 그래서 어쩔 수

없이 다시 신파의 장면을 국무총리로 지명하여 가까스로 인준을 받았다. 장면은 내각을 구성하면서 구파 인사를 한두 명 끼워넣는 시늉을 하고 거의 신파 인사로 짰다.

아무튼 이 민주당정권을 제2공화국이라 부른다. 윤보선이 구파였으니 신파로 국무총리를 지명하는 것이 형평에 맞을 것이요, 장면이 신파이니 구파 인사를 안배했더라면 구파의 불만이 어느 정도 풀어졌을 것이다. 이때 구파에 김영삼, 신파에 김대중이 소장(少壯)의 한 사람으로 줄을 대고 있었다. 그런데 인간은 나누어주기보다 독식하려는 생물학적 버릇이 있다. 갈등은 여기에서 골이 깊어졌다. 이 골을 더욱 깊게 부채질한 것은 언론매체였다. 동아일보는 지주 중심 정당이었던 한민당 계열로 구파 인사들과 가까워 구파를 지지했고, 경향신문은 카톨릭계열로 장면이 카톨릭 신자여서 신파를 지지했다. 둘 다 자유당 독재정권에 항거한 공로를 등에 엎고 이익집단으로 전락한 것이다.

성숙되지 못한 민주의식이 혼란을 부추기다

어쨌든 제2공화국이 출범했다. 앞에서 말한 대로 가장 민주적 헌법 아래에서 출범한 민주당정권은 민의를 존중했다. 그런데 그동안 억압됐던 민의는 절제되지 않은 속에 마구잡이로 분출됐다. "내가 민주시민이다"고 외치며 길가에 담배꽁초를 버리는 것도 자유라고 우겼다. 경찰관의 멱살을 움켜쥐고 한번 잡아당기고는 자기 만족에 취했다. 이런 방식의 집단이기주의가 만연했다. 상이 군인들은 목발을 짚고 국회에 들어가 의장 단상을 점령하고 기물을 마구 부수며 소리쳤다.

군 내부에서는 하극상(下剋上) 사건도 일어났다. 1960년 5월 김종필, 김형욱 등 육사 8기생들인 8명의 중령들은 부정선거를 방조한 군 고위

인사의 책임 추궁과 부정축재를 일삼은 장성의 처단, 군의 정치적 중립 등을 내걸고 정군(整軍) 모의를 했다. 이들은 사전에 탄로가 나서 체포됐다. 이 여파는 공군, 해군, 해병대 등으로 번졌는데 해병대의 김동하 준장은 해병대 사령관인 김대식 중장의 해임을 건의하기도 했다. 이들의 정군운동이 겉보기에는 그럴듯하지만 남북이 대치하는 긴장 국면에서는 장면정권의 리더십에 큰 타격을 주었다. 이때 강력하게 군의 분파작용을 정리했더라면 5·16쿠데타를 막을 수도 있었을 것이다.

학생들은 횃불 시위를 벌이며 "가자, 북으로! 오라, 남으로!" 하고 외치며 거리를 누볐다. 이런 주장은 당시 반공이데올로기 교육에 젖은 일반 민중의 정서에 맞지 않았다. 또 교원들도 노조운동을 벌였다. 교원들은 전국적으로 노조운동을 세차게 벌였으나 장면정권은 이를 허용하지 않았다. 장면정권은 노동자 이익에 별 관심을 기울이지 않았다. 혁신세력들은 진보당이 해체된 뒤에 숨을 죽이고 있다가 재건운동을 힘차게 벌였다. 이들은 여러 정당으로 갈라져 각기 주의 주장을 내걸었다. 이들은《민족일보》라는 매체를 통해 자신들의 정치적 견해를 서슴없이 표출했다.

9개월 동안 가두 시위는 2천여 건, 연인원 1백만 명을 헤아렸다. 거리는 온통 소란스럽게 보였다. 하지만 이 소란은 역사적으로 볼 때 일시적 현상이었으며 민주주의 훈련기간이라 해도 틀린 말이 아닐 것이다.

우유부단한 민주당이 5·16쿠데타를 부르다

아무튼 민주당정권은 부정선거관련자처벌법과 부정축재자특별처리법에 따라 3·15부정선거를 지휘한 내무부장관 최인규와 깡패 이정재·임화수 등을 체포하여 재판에 회부했다. 또 경제개발제일주의를 내걸고 장기적인 경제계획을 세웠다. 그런데 역사의 오류를 범하고 있었다.

미국은 한미경제협정을 체결하자고 압력을 넣었다. 장면정권은 이에 동의하여 협정을 맺었는데 거기에는 환율을 인상하고 원조의 배당과 지출을 미국이 직접 감독하는 조항이 들어 있었다. 환율의 인상은 원화의 가치를 여지없이 떨어뜨렸으며 원조와 관련된 조항은 주권의 침해와 다름없었다.

또 일본 상품의 수입 허가조치를 내렸다. 이승만정권은 일본 상품의 수입을 아주 제한적으로 허용해왔다. 일본 상품의 대폭 수입은 취약한 국내 기업을 더욱 위축시켰다. 당시 일부 애국시민들은 국산품 애용운동을 벌이고 있었다. 국내 기반을 다지지 않고 성급한 조치를 내렸던 것이다. 더욱이 이 조치는 정치자금 확보와 관련이 있었다.

그런 속에 실질적 개혁은 아무것도 이루어지지 않았다. 그리하여 물가는 38퍼센트나 뛰었고 실업률은 24퍼센트에 이르렀다. 생활이 더욱 힘들어지고 경제가 침체되자 과거 이승만정권의 억압을 잊은 채 '구관이 명관'이라는 말이 튀어나왔다. 민주당정권은 9개월을 버텼으나 5·16 쿠데타로 역사의 전면에서 사라졌다.

절대권력을 휘두른 군사정권 18년

"반공을 국시의 제일의로"

1961년 5월 16일 아침 출근길에 오른 서울 시민들은 전차에서 내려 사무실로 들어서면서 두려움에 떨어야 했다. 라디오를 듣고 어느 정도 사태를 짐작한 사람들도 가슴이 서늘했다. 요소마다 군인들이 중무장을 하고 지켜 서 있으며 공공 건물에는 군인들이 출입을 통제하고 있었던 것이다. 하룻밤 사이에 세상이 뒤집혔다. 육군과 해병대 병력들이 탱크를 앞세우고 한강을 넘어 이날 새벽 5시를 기해 서울을 완전 점거했다. 그들은 저항을 거의 받지 않았다.

군인들은 연속 포고문을 발표했다. 군사혁명위원회를 발족시켜 의장은 육군참모총장인 장도영, 부의장은 육군소장인 박정희라고 발표했으며 이 기구가 정권을 인수한다고도 했다. 연달아 혁명공약이 발표됐는데, 그 첫째 줄에 "반공을 국시의 제일의로 한다"고 적혀 있었다. 반공, 너무나 많이 듣던 소리가 아닌가? 이승만정권에서 하루도 빼놓지 않고 들었던 단어였다.

군사 쿠데타의 성격이 확연하게 드러났다. 여전히 국무총리 장면은 행방이 오리무중이었으며, 실권이 없는 대통령 윤보선은 "올 것이 왔다"고 알쏭달쏭한 말을 했다. 정세가 긴박하게 돌아가는 속에 장면이 뒤늦게 나타나 쿠데타를 인정하는 발언을 했고 미국은 군사정권을 인정했다. 미국은 한국에 강력한 반공정권이 들어서기를 기대했다. 미국은 이런 면에서 장면정권이 불만족스러웠던 것이다.

차츰 그 주체세력이 일본 장교 출신의 박정희와 숙군을 외치던 김종필 등이라는 사실이 알려졌다. 그동안 국민들은 박정희가 누구인지, 김종필이 누구인지 거의 몰랐다. 아무튼 서슬 퍼런 군인들 위세에 거리를 소란스럽게 만들던 데모대들은 사라졌다. 군사혁명위원회를 개편한 국가재건최고회의에서는 하루도 거르지 않고 중대 발표를 내놓았으며 이해 6월에 발족한 중앙정보부에서는 연일 이른바 불온분자들을 잡아들였다.

그런데 반공정권답게 예전에 조금이라도 의심스런 행동을 했거나 진보적 정당에 가담한 사람들이 있으면 모조리 잡아들였다. 이해 7월 혁명재판소가 열려 최인규 등 부정선거 책임자, 정치폭력배 임화수, 진보적 언론인인 민족일보 조용수 등이 사형됐으며 삼성그룹의 이병철 등 부정부패분자와 반혁명분자 등 697명이 입건됐다. 산천초목이 두려움에 벌벌 떨었다.

거리에서는 군인들이 길을 막고 깡패 단속을 하고 병역 기피자를 색출해 끌고 갔다. 신문사 기자들은 기사를 들고 서울 시청으로 가서 군인들에게 검열을 받은 뒤에 신문을 찍었으며 중앙정보부 요원들은 학교를 비롯하여 각 기관들을 제집처럼 드나들면서 감시했다. 어느 시민은 질서가 잡힌다고 좋아하기도 했는데 골목에서는 곧잘 친구나 이웃끼리 이런 군인들의 행동을 두고 말다툼이 벌어졌다. 한편으로 국민재

건운동본부를 발족시켜 생활개선과 근검절약운동을 벌이느라 소란을 피웠다. 고려대 총장을 지내며 학자로도 명망이 높은 유진오 같은 사람들이 본부장을 맡아 어용이라는 지탄을 받기도 했다.

절대권력을 틀어쥔 군사정권의 패악

박정희와 그 세력들은 여러 번 본연의 임무로 돌아가겠다고 말했다. 그러면서도 민정 이양에 대비하여 은밀하게 민주공화당의 사조직을 서둘렀다. 박정희는 여러 번 말을 번복한 끝에 1963년 대통령에 출마하더니 당선이 됐다. 그 상대 후보인 윤보선은 전면적 부정선거라고 외치고 '정신적 대통령'이라는 말을 만들어냈다. 군사정권은 몇 년 동안 절대권력을 쥐고 이권챙기기와 부정선거를 일삼는 등 구악을 뺨치고 있었다.

어쨌든 합법성을 확보한 군사정권은 5개년 경제개발계획을 발표하여 '선 건설 후 통일'과 '자립 경제'를 내걸고 강력하게 밀고 나갔다. 이런 과정에서 한일 국교 정상화를 단행하면서 이를 자립경제의 재원을 마련하는 한 방법이라고 말했다. 김종필은 1962년 말경부터 그 교섭을 맡아 무상과 차관 등의 명목으로 6억 달러를 받기로 하고 한일 교섭을 타결했다. 이것이 식민지 35년의 대가치고는 너무 굴욕적이라 하여 학생들이 들고일어났다.

학생들은 연일 서울 광화문의 세종로 거리를 메우고 열찬 데모를 벌였다. 이 열기는 야당도 합세하여 전국으로 퍼져나갔다. 이 무렵 김종필은 "내가 제이의 이완용이 되어도 좋다"고 말하고 한일회담을 마무리지었다. 1964년 6월 3일에 데모는 절정을 이루어 세종로의 국회의사당과 청와대 입구까지 1만 명의 학생들로 메워졌다. 광화문 파출소를 불태우는 등 과격으로 치달았다. 학생들은 정권 퇴진을 구호에 올렸다.

한일회담에 반대하며 6월 3일 세종로에서 청와대 입구까지 1만여 명의 대학생들이 모여 데모를 벌였다.

군사정권이 처음으로 국민적 저항에 부딪혔다. 서울대에서는 박정희가 내세우는 '한국적 민족주의'를 장례식의 형식을 빌려 격렬하게 성토했다. 단식 농성도 연이어졌다.

　군사정부는 끝내 서울에 비상계엄령을 선포하고 학생들을 잡아들였다. 이를 '6·3사태'라고 하며 여기에 참여한 학생을 6·3세대라 부른다. 계엄령 선포를 시발로 강압정치는 다시 본격화됐다. 그런데 북한은 무장공비를 침투시켜 청와대 습격을 시도했고 연달아 미국의 첩보함 푸에블로호를 동해에서 납치하여 전쟁의 분위기가 고조됐다. 박정희는 이런 정세를 이용하여 대통령의 임기를 2선으로 제한한 헌법을 고치는 개헌에 나섰다.

　이 개헌 작업은 이승만의 사사오입 개헌을 방불할 정도로 무리수를 거듭 두었다. 중앙정보부를 시켜 여당의 반대 의원을 위협 공갈했으며 야당 의원들을 회유 매수했다. 그런 뒤에도 표결할 때에는 국회의사당을 피해 공화당 의원만을 새벽에 별관으로 불러모아 통과시켰다. 야당 의원들은 표결에도 불참했다. 이 불법적인 개헌은 박정희정권의 도덕성에 치명적인 상처를 입혔다.

개발독재가 경제발전을 가져왔는가

1971년 개정 헌법에 따라 박정희는 온갖 방법을 동원해 40대 기수론을 펴고 있던 김대중 후보를 무난히 물리치고 제7대 대통령에 당선됐다. 이 무렵 사회는 더욱 혼란스러웠다. 산업구조의 개편에 따라 농촌 인구는 도시로 끝없이 밀려들어와 도시의 빈민층을 이루었으며 상대적으로 농촌은 황폐해졌다. 도시 빈민들은 달동네에 모여 살거나 신설동 등지에 천막촌을 형성해 살아갔다. 경제성장정책을 강력하게 밀어붙이는 정부의 수출 주도에 따라 노동자들은 최저 임금에 시달리며 라면만 먹으며 하루하루를 버텼다. 노동운동은 철저하게 통제됐다. 그리하여 노동자들은 숨막히는 먼지 속에서 하루 15~16시간 일을 했으나 법의 보호를 전혀 받지 못했다.

이런 현실에서 청계천에서 노동운동을 하던 전태일이 분신 자살했다. 이 사건은 엄청난 파문을 일으켰다. 전태일은 노동운동의 화신으로 받들어져 전국 노동자의 에너지를 분출시켰다. 이어 도시 빈민들의 집단 거주단지를 성남에 만들어 강제 이주시켰는데 땅 몇십 평씩 떼어주고 천막을 치는 열악한 환경에 살게 했다. 이들은 서울로 나와 생계 활동을 벌어야 했는데 교통도 불편하기 짝이 없었다. 성남의 수많은 이주민들은 서울로 진출하여 화물차를 뒤엎어 불을 지르는 등 폭력으로 항의했다. 이런 동요는 전국적으로 확산될 조짐을 보였다.

정치적 위기에 몰린 박정희정권은 한편으로는 국가 안보의 위기를 내세워 영구 집권을 기도했으며 한편으로는 자주, 평화 그리고 민족대단결의 원칙을 내걸고 남북 대화를 시도했다. 1972년 중앙정보부장인 이후락이 밀사로 평양에 파견되어 김일성을 만나는 등 막후 협상을 벌였다. 이후락은 그 보고를 하는 기자회견 자리에서 목소리를 떨기도 하고 통일이 금방 될 듯이 과시하는 언동을 보였다. 남북적십자회담이 열리고 북쪽 대표가 청와대를 오갈 때 시민들은 몰려나와 박수를 쳤다. 수많은 이산가족이 곧 통일이 되어 고향에 돌아갈 것이라는 꿈에 부풀어 있었다.

　그러나 이는 하나의 음모이고 장난이었다. 이해 10월 박정희는 남북대화와 통일을 위해서는 장기 집권이 요구된다는 성명을 발표하고 이른바 유신체제로 돌입했다. 유신체제 이후의 현대사는 긴장과 갈등과 공포의 연속이었다. 긴급조치가 연달아 발표됐고 유신을 반대하면 감옥에 들어가야 했다. 남북대화도 중단되고 미국을 비롯한 세계 각국들은 유신독재를 비난하고 나섰다. 이런 과정의 이야기는 너무 장황하니 일단 접어두기로 하자.

　박정희정권 18년은 분명히 한국 현대사의 한 가파른 고비였다. 이 시기를 개발독재로 경제발전을 이룩했다고 말하기도 하고 암흑의 시대라고 말하기도 한다. 우리는 근현대 100년 과학기술의 발전과 비록 분단구조에서나마 전쟁이 없는 가운데 물질생활의 풍요를 누릴 수 있었다. 그 공적을 근면한 기업인과 노동자에 둘 것인지, 개발독재에 둘 것인지는 앞으로 냉철히 판단해봐야 할 것이다.

제4부

역사는 현재진행형이다

지리산의 정신사와 저항사

산과 들은 자연의 오묘한 조화일 것이다. 우리 나라 사람들은 들판의 문화보다 산의 정신을 더 추구해왔다. 산을 보다 하늘에 가까운 곳으로 여긴 탓도 있었겠지만, 산은 들보다 신비스럽고 온갖 자연물(自然物)이 그 안에 담겨 있기 때문일 것이다. 그리하여 나라의 할아버지인 단군도 산에서 잉태됐고 끝내 산속에서 사라졌다고 생각했다. 우리 나라의 많은 산들 중에서 흔히 백두산, 금강산, 지리산을 꼽는다. 또 민중의 이상을 담은 삼신산으로 금강산, 지리산, 한라산을 꼽기도 한다.

지리산은 백두산의 산맥이 바다를 앞두고 멈춘 산으로 일컬어 두류산(頭流山)으로 불렸지만 삼신산의 하나로 더 우러름을 받았다. 그리하여 신라 이후 나라에서 5악(嶽)을 지정하여 산신을 받들 적에 다른 산들은 왕조에 따라 그 지정이 바뀌었지만 지리산만은 남악(南嶽)으로 지정된 뒤 변함이 없이 유지되었다.

한편 산의 경치나 산의 영험을 두고 말할 적에 금강산과 지리산을 꼽는다. 많은 사람들이 지팡이를 끌며 이 두 산을 올라보고 각기 그 특성을 말하고 그 경치나 느낌을 시나 기행문으로 남겼다.

저 광해군 때에 남원부사를 한때 지낸 유몽인(柳夢寅)은 두 산을 이렇게 비교했다.

금강산은 북쪽에 가까우면서 4월에나 눈이 녹고 두류산은 남쪽에 바짝 붙어 있으면서 5월에도 얼음이 언다.

……금강산은 뼈다귀가 많으면서 고기가 적고 지리산은 고기가 많으면서 뼈다귀가 적다.

　　　　　　　　　　　　　　　　　　　　　　—《어우집(於于集)》

이 말은 두 산의 자연조건의 특이함을 말하면서 금강산은 지자(知者)와 이지의 산임을 말하고 지리산은 인자(仁者)와 덕상을 갖춘 산임을 말한 것이다. 그러기에 그는 또 지리산의 산형을 두고 와우형(臥牛形)이라 했다. 소가 누운 형국이라는 것이다. 소야 오죽 덕스러운가? 풀이나 뜯어먹으며 인간에게 봉사하다가 제 육신마저 인간의 삶을 위해 바치는 희생의 표상이 아닌가? 그리하여 유몽인은 지리산을 동방 제일의 산으로 서슴없이 꼽았다. 어디 유몽인만이었던가? 이 산을 돌아본 많은 사람들은 거의 유몽인과 같은 비유를 시로 읊조리기도 했고 상탄(賞歎)하기도 했다.

내가 이번에 지리산의 숨결을 맡은 것은 다섯 번째였다. 그전에는 언제나 피아골에 들어가 그 고동 소리를 듣거나 대원사 입구에서 옛 나무꾼을 생각하거나 화엄사, 화계사 골짜기에서 옛 납자(衲者)의 발걸음을 연상하는 것으로 도취해 있었다. 일테면 언저리만 맴돌며 역사의 꿈속에서 헤맸던 것이다.

나는 이번에 긴 화엄사 골짜기와 노고단 그리고 피아골의 깊은 계곡

18세기 김윤겸의 그림 〈지리산〉, 국립중앙박물관 소장.

을 오르고 내리며 우리 어머니를 연상했다. 나를 포근히 감싸주고 나에게 자양분을 날라다주시던 우리 어머니. 그야말로 '다육소골(多肉小骨)'이라는 표현에 나도 흔쾌히 동의한 것이다. 이렇게 먹을 것이 있는 곳, 몸을 감싸주는 곳이기에 지리산은 인간과 너무도 친밀한 산이었다.

그러나 이런 덕성 속에 비극이 도도히 흐르고 있었던 것이다. 오랜 세월 동안 우리 겨레와 함께 숨을 쉬면서 그들의 안식처가 되기도 했지만 피가 튀기고 살점이 찢기는 비밀을 그는 알고 있으리라. 새삼 옷깃을 여미고 이런 맥들을 추적해보리라.

정신사적 숨결

무속의 고향

우리 나라의 무속은 불교나 도교가 오기 전, 원시인들이 자연재해나 인간의 원귀(寃鬼)를 달래주는 의식이었고 수단이었다. 그후에도 인간의 한을 풀고 맺힌 것을 풀어주는 민중의 소구(訴求)는 이 무속으로 끊임없이 이어졌다. 이 무속의 원류가 지리산 천왕봉에서 나왔다는 것이다.

전설에 의하면 지리산 천왕봉에는 성모(聖母)가 살고 있었다 한다. 그 성모께서 남자를 끌어들여 교회(交會. 성교를 뜻함)를 했다고 한다. 성모께서 100명(또는 8명이라고도 하고 50명이라고도 한다)의 딸을 낳아 세상에 내보냈다고 한다. 이 100명의 무당이 8도에 퍼져 각기 무당의 주인노릇을 했다는 것이다.

이 성모가 어느 때에 지리산에 와 살았다는 말은 이 전설에는 보이지 않는다. 어쨌든 이렇게 하여 성모가 우리 나라 무당의 시조 할머니라 했고 지리산 속에는 백무(百巫. 백명의 무당을 뜻함) 마을이 있었다는 것이다.

또 천신의 딸 마고(麻姑)가 지리산에 내려와 반야도사와 혼인한 후 딸 여덟을 낳아 모두 무당으로 가르쳐 8도에 보내 연중의 길흉화복을 다스리게 했다는 말도 있다.

이런 까닭인지 천왕봉에는 성모사(聖母祠)가 있었다. 이 성모사를 어느 때에 세웠다는 기록이 없으나 고려 때에도 있었고 조선 후기까지 보존되고 있었음을 《고려사》 등의 역사책을 통해 알 수 있다. 전설에는 이 성모사에 마고성모와 마야부인(석가의 어머니)의 두 석상을 모셔왔다고 한다.

유몽인에 의하면 성모사는 판잣집으로 지어졌고 신사 중앙에 돌로 빚은 백의의 여상(女像)이 안치되어 있었다고 한다. 그리고 이어 "혹 고려 태조의 어머니라고 말하는데 호남, 영남의 복을 비는 자들과 무당들이 몰려들어 봉우리 아래에 빙 둘러서 판잣집을 짓고 마을을 이루었다"고 했다.

무당들이 성모에게 제사를 올릴 적에는 수많은 사람이 밀려들어 한 마을을 이루었고 오는 사람들에게 밥을 해주고 소를 잡느라고 솥과 소들이 봉우리 아래에 널려 있었다고 했다. 이 무당의 소굴로 성모사를 비롯해 백모당(白母堂), 연유담(蓮遊潭)이 중심이 됐다고 한다. 이것을 삼굴(三窟)이라고 불렀다. 성모 이외에 백모라고도 불렀고 백모를 따로 모신 신당도 있었음을 알 수 있겠다.

여기에서 성모가 고려 태조의 어머니라는 것은 이가 맞지 않는다.

《삼국사기》에 신라시조 박혁거세의 어머니 선도성모(仙桃聖母)는 지리산의 산신으로 받들고 나라의 수호신으로 모셔 봄·가을에 제사를 올렸다 했다. 이 예에 따라 고려에서도 고려 태조의 왕비 위숙왕후를 산신으로 받들었다 한다. 그러나 이것은 성모사와 구분되는 것으로서, 다음의 얘기에서도 알 수 있다.

고려 고종 때에 지리산 성모의 모가지가 달아나서 소동을 피운 적이 있었다. 곧 나무로 깎은 성모상의 목을 벌레가 갉아먹어 목이 떨어졌는데, 이런 변괴는 곧 나라에 큰일이 일어날 조짐이라는 소문이 크게 돌아 권경중이라는 사람이 조정에 그 경계심을 높이는 글을 올리기도 했다. 이 일이 있고 난 뒤에 몽골의 침입이 있었는데 이때 고려 태조의 어머니라는 말은 비치지 않는다.(《고려사》 열전 참고)

최남선은 다른 해석을 내렸다. 우리 나라 사람은 예로부터 산을 곧잘

지리산 정상에 서 있는 천왕봉 비.

어머니에 비유했다고 한다. 우리 인간의 요구를 들어주고 우리에게 복을 내리고 원을 갚아주는 인격화된 어머니로 산을 표상했다는 말이다. 그러기에 모악산, 모산(운봉의 옛 이름) 등 어머니를 나타내는 산명이 많이 보인다는 것이다. 지리산의 성모도 원시인의 신앙 형태를 보인 것으로 자연스레 성모를 모시게 된 것이라는 것이다.

이리하여 지리산의 성모는 우리 나라 신장(神丈)의 대표로 그 영이(靈異)가 으뜸이어서 많은 부녀자들이 목욕재계하고 마음을 맑게 가져 성모 앞에 빌려고 모여들었다. 이런 의식을 '산들다'라고 했으니 '신들다'와 비슷한 어감을 풍긴다.

또 지리산의 3대 봉우리로 천왕봉을 비롯해 반야봉, 노고단을 드는데 반야봉은 남자, 노고단은 여자로 친다. 반야봉의 남신과 노고단의 여신이 혼인을 하여 산의 평화를 유지했다고 한다. 그리하여 노고단에는 할미당이라는 신당이 있었던 것이다.

한편 고려 때에는 이런 성모사나 할미당만이 아니라 지리산 대왕에게도 복을 비는 기록이 나온다. 곧 한 장군이 출정을 앞두고 병이 들자 그 구병(救病)을 지리산 대왕에게 빌었다는 것이다. (《동국이상국집》)

신라 이후 이 산에 나라에서 제사를 올렸고 그 사당을 남악사(南岳祠)라고 했는데 이런 국가의식은 민중들이 받드는 성모와는 다른 것이었다. 그리고 남악사를 세운 뜻은 성모사를 누르기 위한 면도 있었던 것으로 보인다.

조선조 초 민간에는 온갖 도참설이 떠돌아 왕조의 안정을 저해하는 분위기가 깔려 있었다. 그러하여 이 도참의 책을 전국에 수색하여 불태우게 했고 만약 이 책들을 감추고 내놓지 않은 자가 있으면 참형에 처하도록 엄명을 내렸다. 그 성과가 별로 없자, 이 책들을 스스로 바치는 자들에게는 후한 상을 내린다고 공포하기도 했다.

그런데 그들 책 속에는 〈한양참기(漢陽讖記)〉를 비롯해, 〈지리성모하사양훈(智異聖母河沙良訓)〉이 들어 있었다.(《예종실록》,《성종실록》) 그 내용은 알려져 있지 않으나 왕조에 불온한 것이 지리산 성모의 가르침 속에 들어 있었음을 알 수 있다. 어느 누가 지리산 성모를 빌려 왕조에 불온한 언사를 늘어놓았을 것이다.

이로 보면 지리산 성모가 압제를 받았음을 짐작할 수 있겠다. 한편 남악사도 일제가 이 땅을 식민지로 만든 뒤 그 신사와 제사를 폐지해버렸다. 이리하여 이곳의 민중들은 종래 〈지리산신령지위(智異山神靈之位)〉를 받들고 곡우 때마다 곡우제를 지냈고 근래에 들어와서는 박수제라는 이름으로 명맥을 잇고 있다.

이런 지리산의 무속적 배경으로 하여 우리 나라 2대 무맥(巫脈)을 잇고 있다. 곧 개성 덕물산의 무맥과 나란히 한자리씩을 차지한 것이다. 덕물산은 고려를 지키려다가 목숨을 바친 최영을 신으로 모시면서 그곳을 중심으로 한 무당이 퍼져나갔다고 한다. 그러나 덕물산 신당은 그 시간으로나 그 영향으로 따져 지리산 무당보다 훨씬 아랫자리에 놓여 있음을 알 수 있겠다.

화랑의 터전

지리산은 백제와 신라의 경계였다. 특히 주봉인 천왕봉을 경계로 하여 잦은 싸움이 있었고 북쪽으로 지리산 위의 무주와 남쪽으로 섬진강 주변의 석주관이 그 경계의 기준이 되면서 잦은 분란이 있었던 것이다.

지금도 천왕봉 아래에는 영랑대(永郎臺)라는 널찍한 터가 있고 노고 단 아래에는 소년대(小年臺)라는 곳(지금 산장이 있는 곳)이 있다. 김유신 등 화랑들이 이곳에서 수양을 했고 "화랑의 우두머리가 무리 3천을 거 느리고 산과 바다를 오유했다"는 기록(《삼국사기》)이 있는데 그 중심이 지리산이었다고 한다. 화랑도는 그 수양의 기본 요목이 "명산대천을 찾 아 몸과 마음을 닦는다"는 것이었는데 후기 신라 이전, 그 주변에 지리 산이 가장 웅장하고 넓었던 데에서 연유했을 것이다.

고려 말 이성계는 남원의 황산에서 왜적을 크게 물리쳤다. 왜적은 그 들의 비결에 "황산(黃山)을 피하라"고 되어 있어서 단성(丹城. 지금의 산청 군 단성면)의 황산을 피해 지리산을 넘어 들어왔다가 남원의 황산에서 크게 깨졌다는 것이다. 왜적이 넘어온 지리산의 길은 백제, 신라 때부 터 있어온 천왕봉의 추성(楸城) 너머 팔령의 통로였던 것이다.

정유재란 때 왜군은 진주성을 함락하고 호남 쪽을 두 길로 나누어 쳐 들어왔다. 곧 하나는 지리산 추성의 통로였고 하나는 섬진강을 끼고 구 례, 남원으로 와 닿는 길이었다. 그때 왜군은 섬진강의 통로로 남원에 쳐들어간다고 떠들며 한쪽으로 추성통로로 몰래 군사를 빼돌렸다.

이때 남원에는 명나라 장수 양원(楊元)이 군사지휘권을 쥐고 있으면 서 우리 나라 장수들의 우려를 억누르고 섬진강 쪽의 적만 대비했다. 이리하여 추성통로로 들어온 적에게 명군과 우리 나라 군대는 궤멸했 던 것이다. (《선조실록》) 왜적들도 지리산의 산길을 환히 알고 있었던 것 이다. 지리산은 산짐승이 가장 많은 곳이었고 화적이 들끓는 곳이었고 나무꾼과 약초 캐는 사람들이 무시로 들락거렸기에 짐승길, 사람길이

골과 봉우리마다 나 있었던 것이다. 뒤에 이 길들은 산적, 의병 들이 이용했고 8·15 후에는 빨치산이 이용하기도 했다.

주변의 애기로 김시습의 유명한 소설 〈만복사저포기〉와 작자 미상의 〈홍보전〉도 그 무대가 지리산이었는데, 이것은 민중과 가까운 산임을 나타내주는 것이리라.

도가의 이상향

우리 나라 도가의 맥은 대개 두 가지로 분류할 수 있겠다. 하나는 도가사학에서 보이는 대로 우리 나라 고유의 도가류(道家流)이다. 이들은 도가가 원래 우리 나라에서 생겨나 중국으로 건너갔다는 설을 내세우며 유가에 반대되는 이념을 고수했다.

하나는 중국의 도가사상이 건너온 것으로 《도덕경》 또는 《장자》 등을 통해 무위사상이라든가, 신선사상을 통해 정치이념으로 변용되거나 사회사상으로 수용된 것이다.

지리산을 도가에서는 삼신산의 하나라 했다. 그리하여 진시황이나 한무제가 삼신산에 있다는 불로초를 구하기 위해 3천의 동자를 보냈다든지, 도인을 가려 보냈다든지 하는 전설이 전해온다.

도가사학자요, 단군기원을 찾아낸 북애노인은 그의 저서 《규원사화(揆園史話)》에서 삼신산은 진시황이나 한무제가 말하는 중국 도가의 산이 아니라고 했다. 곧 이것은 우리 고유의 삼신신앙에서 나온 것이라고 했다. 삼신은 우리 나라를 연 환인(桓因), 환웅(桓雄), 환단(桓檀. 단군 왕검)이라는 것이다. 이 삼신은 하늘과 땅의 배합에서 이루어진 삼신신앙으로 수용됐다고 했다. 그리하여 우리 나라 사람들에게 삼신을 모시고 삼신에게 비는 민간신앙이 전래된 것이라 했다.

흔히 아이를 낳았을 적이나 삼칠일(21일째)이 되었을 적에 그 아이의 건강과 안녕을 위해 삼신할머니에게 비는 것이라고 했다. 이뿐만이 아니라 민간에서는 삼신을 받드는 여러 모습이 보인다는 것이다. 북애노인은 삼신의 중심되는 곳을 백두산이라 했다.

이렇게 볼 적에 백두산의 지류인 지리산을 삼신산의 하나로 받드는 것은 그대로 의미가 있을 것이다. 또 성모라든지 노고(할미당의 여신) 같은 것은 위의 뜻과 깊이 연결되어 있다 하겠다. 이들 여신은 인간의 악령과 원귀를 몰아내는 신령으로 생각했고 그 대행자는 무당이라고 여겨진 탓인지 여신이나 무당의 상에서 눈은 언제나 무서운 모습을 한다.

지리산 주변에는 두승산 등을 삼신산이라 달리 부르기도 하고 삼신동이라는 마을 이름이 있기도 하다.

이와는 달리 지리산에는 청학동(靑鶴洞)이 있다는 전설이 끝없이 나돌았다. 신선이 타고 다니는 붉은 벼슬을 하고 푸른 깃을 한 학이 깃들이는 곳으로 이곳에서 살면 신선이 된다는 것이다.

이런 구절이 기행문에서 자주 보인다.

청학동은 길이 매우 좁아서 겨우 사람이 다닐 만하다. 사람이 구부리고 엎드려 기어가서 몇 리쯤을 지나면 넓고 툭 트인 곳에 도달한다. 사방이 모두 좋은 밭으로 땅이 걸어 곡식을 심어 먹기에 알맞다. 푸른 학이 그곳에 깃들이므로 청학동이라는 이름이 붙었다. 대개 옛날 세상을 피해 사는 사람들이 살았다.

많은 사람들이 이 지리산의 청학동을 찾아나선 것이다. 그리하여 지팡이로 '이곳일 것이다' '아니 저곳일 것이다'로 자주 입씨름을 벌인다.

지리산에는 분지가 많다. 분지는 험한 산을 타고 오르다가 어느 지점에서 평퍼짐해지는 곳이다. 이곳에서 바깥을 내다보면 환히 보이지만 바깥에서 들여다보려면 안 보이는 것이다. 이것이 바로 승지(勝地)였다.

상주의 속리산 언저리에 우복동(牛腹洞)이 그렇고 마곡사 아래 유구(維鳩)의 어느 마을이 그렇다. 그리하여 세상의 시끄러움을 피하려는 사람, 벼슬아치의 수탈을 피해보려는 사람, 난리에 목숨을 건지고자 하는 사람들이 이런 곳을 찾아 꾸역꾸역 몰려든다. 이런 곳의 대표가 바로 지리산 청학동이요, 속리산 우복동이요, 마곡사 아래 유구였다.

청학동을 맨 먼저 찾아내려 했던 유명인사는 최치원이었다. 최치원은 신라 말기 사회가 혼란한 모습을 보고 지리산에 은거했다. 그리하여 그는 이 산을 헤매며 화계사 언저리에서 글을 읽기도 하고 지리산의 정신을 담은 사산비명(四山碑銘. 지금의 화계사에 그 하나가 남아 있다)의 하나를 쓰기도 했다. 최치원이 세상에서 없어질 적에 가야산 동구 앞에 신 두 짝만 남기고 사라졌다는 전설이 전해진다. 그런데 그가 가야산에서 잠적한 뒤에 지리산 청학동으로 들어와 신선이 됐다는 전설이 남아 있다.

어떤 짓궂은 사람이 세상사람들이 너무 청학동을 찾아헤매는 것에 용심이 났던지, 청학동의 청학이 무등산으로 날아갔다고 한 전설이 있기도 하다. 근래에 흰옷만을 입은 사람들이 하동군 청암면에 있는 한 마을을 청학동이라 이름을 붙이고 모여 살고 있기도 하다.

화개골에 피는 복숭아꽃을 두고 청학동이 그곳이라 부르기도 하고 피밭골(피아골)의 연곡이라고 지레 생각하기도 한다고 한다. 또 천왕봉 위에는 선가에서 말하는 태을선인(太乙仙人)이 산다고도 한다.

아무튼 신선이 찌든 세상의 이상적인 인간상일진대 유토피아를 찾아

조선 중기의 도학자 조식이 천왕봉 아래에서 제자를 가르치던 산천재.

헤매는 민중들에게 청학동은 하나의 마음의 고향이었던 셈이다.

조선 중기에 산 도학자 조식(曺植)은 만년에 천왕봉 아래 덕산에 산천재(山天齋)를 짓고 살았다.

그리고 그는 지리산을 두고 이런 시를 남겼다.

    저 무거운 종을 보오(請看千石鍾)
    크게 두드리지 않으면 소리가 없다오(非大扣無聲)
    어찌하여 하늘이 울어도 울리지 않는(天鳴猶不鳴)
    두류산과 같으오(爭似頭流山)

이것은 지리산 시라기보다 자기와 지리산을 대비하여 지리산만큼 자기 마음도 넓고 묵직함을 나타낸 것이라고 볼 수 있지 않을까? 이 시의 끝 구절은 다음과 같이 바꾸어놓은 것도 전해진다.

　　만고의 천왕봉이여(萬古千王峯)
　　하늘이 울어도 산은 울리지 않는다네(天鳴山不鳴)

　이만큼 그는 지리산을 숭배했다. 그런데 사실 그는 겉으로는 유가의
선비라고 했지만 마음속은 도가의 도인이었다. 유가의 재실(齋室)에는
으레 주자가 글을 가르치던 백록동의 모습을 벽에 그려놓은 것이다. 산
천재의 재실 벽에는 상산사호(商山四皓. 중국에서 수염이 흰 네 도인이 세상
을 피해 상산에서 산 것을 말함)를 그려놓았으니 알 만하지 않겠는가? 아무
튼 조식은 지리산 언덕에 뛰노는 사슴 떼를 바라보며 세상과 인연을 끊
고 살았다. 그외에 이름없는 도가들이 얼마나 많이 이 산속에 터전을
잡았겠는가?

불교와 유교의 흔적들

　우리 나라의 절들은 대개 산속에 자리잡고 있다. 그리하여 명산대찰
(名山大刹)이라 하는데 절터를 잡을 적에는 풍수설에 따른 산세를 보는
것이다. 절터가 많고 산이 큰 지리산에는 우리 나라에서 가장 많은 절
을 안고 있다고 한다. 그 중에서도 세 절을 꼽을 수 있을 것이다. 의상
이 해동에 화엄종을 열고 전국에 10찰을 두었는데 그중의 제1찰이 화
엄사(연기도사가 창건)였다. 신라의 최치원이 손수 글을 짓고 글씨를 써
서 세운 진감국사비가 쌍계사에 있다. 이 비야말로 신라의 불교맥을 알
려주는 가장 오래된 자료가 된다. 칠불암은 인도의 불교를 받아들인 가
락국의 왕자들이 인도승이 이 절을 세우자 따라와 중이 됐다는 전설을

간직한 절이다. 곧 우리 나라의 불교는 북방불교가 주맥인데 이곳은 보기 드물게 남방불교의 발상지 또는 상징이 된다 하겠다.

유교의 선비들 또한 이 산을 정신의 고향으로 삼은 흔적이 많다. 조선조의 영남사림파는 김종직을 그 종장(宗匠)으로 내세운다. 김종직이 함양군수로 와 있으면서 이곳을 중심으로 지리산에 그 정신의 씨를 뿌렸다. 그리하여 그의 제자 정여창이 이 산속에서 글을 읽거나 글을 가르쳤으며 안음현감으로 와서는 스승의 유적을 보존하고 스승의 정신을 계승했다.

조선 중기의 성리학자 서경덕은 남쪽에 사는 후배 조식을 만나 함께 지리산을 돌아보고 찬탄해 마지않았고 조선 후기의 학자요, 정치가인 허목도 만년에 청학동을 찾고 지리산을 등반하면서 그 기록을 남겼다.

조식을 따라온 많은 제자들, 곧 최영경 등은 아예 이 산속에서 살면서 은둔적 삶을 누렸고 토정 이지함의 지팡이도 지리산의 풀섶을 헤쳤다. 구한말의 매천 황현은 시세를 한탄하면서 지리산을 바라보며 살다가 그 산자락에서 아편을 마시고 순국했다.

어디 이들만이겠는가? 많은 선비들이 틈을 내 이 산을 돌아보고 기행시나 기행문을 남겼다. 그리하여 금강산에 관한 시와 기행문과 함께 이 산 관계의 글들이 가장 많이 전해진다.

육당 최남선은 지리산 주변을 샅샅이 돌아보고 〈심춘순례(尋春巡禮)〉를 쓰고 지리산은 너무 웅장하고 내용이 많아 별도의 책으로 쓴다고 밝힌 적이 있었다. (이 뜻을 이루지 못한 듯하다. 육당전집에는 지리산의 글이 빠져 있다.) 그가 〈백두산근참기〉와 금강산 기행문을 쓰고 끝내 지리산 기행문을 쓰지 못한 것은 그가 어떤 행각을 벌였든, 후학으로 안타깝다.

저항사적 흐름

지리산의 저항사는 다른 곳과 마찬가지로 두 가지 흐름이 있다. 하나는 민족사적 저항이요, 하나는 민중사적 저항이다.

민족사적 저항은 왜구를 물리치거나 일본에 맞선 의병투쟁의 기록이요, 민중사적 저항은 왕조의 봉건체제에 도전한 세력들이다. 또 속세를 벗어난 화전민이나 승지를 찾아나선 사람들과 같은 도피성 세력도 있었다.

화전민과 나무꾼

지리산에는 분지가 많고 토지가 비옥하기 때문에 많은 화전민이 있었다는 기록들이 전해진다. 화전민은 어떤 사람들인가?

나라에 내는 세금은 원래 전세(田稅)의 경우 소출의 10분의 1이었다. 그러나 군포를 물고 공납을 바치고 그외 갖가지 명목의 무명잡세(無名雜稅)를 내다보면 토지의 소출 중 10분의 7, 8을 빼앗긴다. 위의 경우는 자작농의 처지였다.

소작농은 땅을 빌린 값인 지대(地代)로 5할을 바치고도 지주가 물게 된 전세를 강제로 내거나 온갖 명목의 잡세를 내다보면 10분의 8, 9할을 빼앗겼다. 도대체 살 수가 없었다.

그리하여 이들은 지리산 속 깊이 들어와 화전을 일구는 것이다. 산속까지 구실아치의 손이 미치지 않아 조세를 물지 않는 것만으로도 화전민은 생존해나갈 수 있었기 때문이다. 화전으로 곡식이나 감자, 옥수수 따위를 얻는 것 외에 산나물이나 산과일이나 개울의 물고기나 숲속의 멧돼지를 잡아 영양을 공급받을 수가 있었다.

흉년이 들거나 역질이 돌거나 하면 무수한 하층민들이 봇짐을 싸고 덕유산 계곡에 모여들었고 함양, 운봉, 연곡골, 화개골의 올라가는 길들이 가득 메워졌다고 한다.

이런 화전민이 지리산에 가장 많았고 지리산 중에서도 피아골(연곡골)과 화개골에 가장 많았다고 한다. 그리하여 지금도 피아골에는 화전민들이 일군 천수답의 논배미가 한 골에 150개가 넘는 것들도 있다.(유수원의 《우서》 등 참고)

다음은 나무꾼이다. 지리산에는 원시림이 울창했다. 이 나무꾼들은 삭정이 따위를 해서 주변 장에 파는 경우도 있지만 참나무 숯을 굽거나 장작 따위의 땔감을 지게로 나르거나 달구지에 실어 도회나 주변 장터에 내다 판다. 이들은 다시 산속으로 들어올 적에 화전민의 생필품을 공급하기도 하고 화적들에게 정보도 제공해준다. 진주봉기 때에는 이들 나무꾼이 주력부대가 됐다.

또 지리산에는 많은 산짐승과 약초가 있어서 포수들과 약초 캐는 사람들이 들끓었다. 이들이 다니던 길이 지리산의 신경선이 됐던 것이다.

산적과 화적의 거점

덕유산에서 지리산으로 넘어오는 길에는 육십령고개가 있다. 왜 육십령인가? 이 길을 넘나드는 길손이나 장꾼들은 이 고개에서 출몰하는 산적들에게 늘 물건을 털리므로 60명이 모여서 고개를 넘어야 했기 때문이라고 한다.

실제 태백산의 줄기가 덕유산으로 와서 하나는 지리산으로 또 하나는 차령산맥으로 뻗었는데 이 능선들이 산적들의 통로였고 지리산에 집결한 산적들이 태백산 줄기를 넘어 함흥, 두만강 밑의 서수라까지 닿았던 것이다.(이것이 뒤에 빨치산의 루트이기도 했다 한다) 그러기에 남쪽에서는 지리산이 산적 또는 화적의 중심 거점이었다.

김유신이 지리산의 산적을 토벌했다는 기록이 있고 왕건도 지리산의 산적을 잡았다는 기록이 있는 것으로 보아 이 산의 산적 역사는 오래된 것으로 보인다.

또 조선 초기 홍길동이 충청도에서, 이연수가 전라도에서 도둑 노릇을 심하게 하면서 행정조직까지 설치했다고 하는데 서울의 우는 아이들에게 "홍길동이 나타난다, 이연수가 나타난다"고 하면 울음을 그쳤다고 한다. 이들은 불을 밝히고 다니기에 명화적이라고도 했는데 단순한 도둑이 아니라는 데에 문제가 있다.

곧 《홍길동전》에서 홍길동의 활약처럼 관가의 곡식이나 양반, 토호의 재물을 빼앗아 가난하고 찌든 사람들에게 나누어주는 의적이었던 것이다. 이 의적들은 관가나 양반에 폭력을 써서 저항했기에 왕조에서는 늘 반역으로 다루었다. 그리하여 관군이 이들을 수색하러 나서면 주변의 마을에 사는 하층민들이 연기를 피워 올리거나 신호를 보내 산적에게 연락을 하는 것이다. 그러면 산적들은 그들의 아지트로 도주한다.

지리산 중에서도 계곡이 가장 긴 피아골이 그 중심 거점이었다 한다. 화전민이나 나무꾼은 언제나 산적들과 한통속이었음을 쉽게 짐작할 수 있겠다. 이들이 본격적으로 왕조의 변혁세력으로 등장한 것은 다음의 경우와 같다.

변혁세력의 집결지

조선 선조 때 정여립은 전라도 일대에서 포수, 종을 중심으로 대동계를 조직하여 새로운 사회세력을 형성했다. 그는 지리산의 중 의연(義衍)

을 시켜 '목자망 전읍홍(木子亡 奠邑興. 木子는 李, 奠邑은 鄭의 파자, 곧 이가 가 망하고 정가가 일어난다는 뜻)'이라는 글자를 옥판에 새겨 지리산의 석굴에 숨겨두었다고 한다. 그러고 나서 그 자신이 지리산을 돌아보고 이 옥판을 발견한 척하고는 은밀히 사람들에게 이 내용을 퍼뜨렸다는 것이다. 이 얘기에서 사실 여부는 쉽게 판정을 내릴 수 없으나 사실이었다면 정여립이 벌써 지리산을 이용하여 변혁을 꿈꾸었다고 보아야 할 것이다.(《연려실기술》)

다음 임진왜란 때 충청도에서 서자인 이몽학이 부여 임천사의 중들을 중심으로 조정에 맞서 봉기했다. 그런데 이몽학은 지리산의 도둑들과 손을 잡아 그들의 호응을 기대했다고 한다. 실제 이때 지리산 도둑들의 발호가 심해 왜란을 치르면서 관군은 이들 토벌에 나서기도 했다.

다음 영조 때 이인좌의 난이 일어났다. 이 난을 강경파 소론들과 일부 남인들이 노론 및 온건파 소론의 정권에 맞서 일어난 것인데 이들은 청주의 관아를 점령하고 경기도 일대에까지 진출했다. 이때 지원부대로 지리산 세력의 호응을 약속받았다.

이인좌가 청주에서 기세를 떨치자, 지리산의 연곡사와 화개사에는 이들이 수천 명씩 모여 있다가 흩어지기도 했다고 한다.

전라감사의 조사에 의하면 이들은 이인좌 세력과 손을 잡아 호남을 석권하기로 했다는 것이다. 곧 태백산 세력과 덕유산 세력과 변산 세력이 지리산 세력과 연결하여 봉기하기로 했다는 것이다.

이들 여러 세력이 지리산을 중심으로 연결되어 있는 무리들인데 그 중심세력은 지리산 무리였던 깃이다. 지리산의 중 대유(大有)와 중 출신의 떠돌이 송하(宋賀)가 그들의 우두머리로 활약했다. 이들은 정세를 관망하면서 별도로 '할거호남(割據湖南)'하려는 계획을 세웠다고 했다.

다시 말해서 겉으로는 재야 지배세력인 이
인좌·나승대(나주 출신의 반란 참모로 연락
임무를 맡았음)와 손을 잡으면서 실제로는
별개의 행동목표 곧 호남을 차지하겠다는
것이라고 한다.(《감란록》)

이들은 이인좌난이 평정되자 잠적해버
려 대유는 끝내 잡히지 않았다. 우리가 주
목해야 할 것은 관변 측 기록에 쌍계사와
화개사에 수천 명씩 모일 수 있을 정도로
이들의 세력이 컸고 또 그들이 일시에 모여

《정감록》, 규장각도서.

식량 등의 공급도 받을 수 있었다는 점이다. 한편 태백산, 덕유산, 변산
의 무리와 연결되어 있었다고 하니 그들이 어떤 연계와 조직 위에서 행
동했다는 점이다.

다음은 정조 때 하동을 중심으로 벌어진 변란음모가 있었다. 서울을
비롯해 강원도, 충청도 인사들이 하동의 문양해와 손을 잡고 화개사와
칠불암을 거점으로 모의를 진행시켰다. 이들은 《정감록》의 설을 이용
해 "우리 나라가 셋으로 나뉘어 백년 동안 전쟁을 벌인다"고 민심을 선
동하고 이런 때에 정진인(鄭眞人)이 나온다고 떠들었다.

이들은 경상·충청·전라 삼도를 중심으로 변란을 모의하면서 지리
산을 그 거점으로 삼으려 한 것이다. 이들 일부는 끝내 잡혔고 쌍계사
의 승려 상화(尙華) 등이 연루됐다고 하는데 지리산 세력과의 구체적
연계관계는 기록에 나타나 있지 않다.(《정조실록》)

여기에서도 보이는 대로 하나 빼놓을 수 없는 것은 지리산에 있는 승
려들이 변란에 가담하고 있는 점이다. 그들은 변란을 지원하기도 하고

직접 지휘에 나서기도 하고 불온한 책을 감추기도 했다. 또 하나의 예로 정조연간《정감록》을 나라에서 수색하여 불태워버릴 적에 화엄사의 중 구장(久藏)이《정감록》을 감추어두었다가 발각되어 흑산도로 귀양 간 일이 있었다. 이런 따위의 일은 흔히 있었던 것이다.

1862년에는 진주를 중심으로 농민들이 봉기했다. 그런데 유계준 등 지도자들은 진주의 누곡동에서 농민을 규합했다가 곧바로 진주로 진출하지 않고 거꾸로 지리산 밑으로 들어왔다. 이들은 지리산 밑 덕산장터에서 일대 집회를 벌이면서 지리산의 나무꾼을 모아 행동부대로 내세웠다. 지리산의 나무꾼은 경제적으로 가장 영세한 계층이었던 것이다.(《임술록》 참고)

다음은 1860년대 말, 이필제가 2차의 진주봉기를 계획했다. 그는 덕산장터를 거점으로 하여 비밀모의를 하면서 천왕봉 아래 대원암에 무기를 숨기기도 하고 그 자신의 아지트로 삼기도 했다. 그는 고령, 거창, 합천, 하동에 출몰하면서 지리산의 지리적 조건과 그 아래 사는 사람들의 사회불만을 이용하려 한 것이다.(《경상감영등록》 참고)

1894년 동학농민전쟁이 일어났을 적에 김개남 부대는 남원에 진을 치고 있었다. 김개남은 백정으로 편성한 1천여 명의 부대를 주력으로 양반, 토호들을 여지없이 징치했으며 화엄사에 많은 양곡을 비축하고 새로운 왕국 건설을 꿈꾸었다. 전봉준이 공주 공방전을 벌일 적에 전주를 지키다가 지리산의 산세력으로 보이는 박성인(朴姓人)에게 패전을 당하기도 했다 한다. 남은 김개남 부대의 농민군은 지리산과 섬진강 주변에 흩어졌다. 이들은 양반, 토호를 징치하고 부정한 관리를 잡아 처형했다.

양호대접주 김인배 등은 지리산의 주변지역인 하동, 광양, 진주, 산청에 출몰했는데 이들이 농민군의 주력부대로서는 가장 끈질기게 저항한 세력이었다. 그들은 진주를 점령하기도 했고 하동을 석권하기도 했다. 그리하여 하동의 유림들은 일본군에 통문을 보내 구원해달라고 애소하기도 했고 일본군은 군함을 광양만에 대놓고 이들을 섬멸하려 하기도 했다.

지리산에 쌓인 눈 속에 이들의 선혈이 뿌려졌고 섬진강의 강물에 이들의 시체가 떠내려갔다.

일본에 맞선 의병활동

석주관의 의병항쟁은 그 장렬했던 정도와는 달리 조일전쟁사에서 크게 다루어지지 않았다. 석주관이란 지리산의 한 봉우리인 왕실봉 줄기 아래, 섬진강가에 있는 관문이다. 곧 경상도와 전라도, 또는 신라와 백제를 가르던 곳으로 지난날에는 석주성이 있었고 조선조 때에는 나루가 있었던 곳이다. 곧 요새이다.

정유재란 때 진주성을 함락한 왜군이 남원을 향해 두 길로 나누어 쳐들어왔다는 사실은 앞에서 말한 바와 같다. 섬진강을 따라 남원으로 올라오는 왜적에게 가장 큰 타격을 가할 수 있는 요해처(要害處)로는 석주관을 꼽을 수 있을 것이다. 당시 이곳을 지키던 구례현감 이원춘은 밀려드는 적을 막지 못해 많은 부하들의 시체를 버리고 남원으로 후퇴했다. 왜군들은 석주관은 물론 구례, 남원을 함락하고 이 일대에서 분탕질을 했다. 왜군들은 석주관을 후방의 보급기지로 활용하고 있었다.

구례 출신 왕득인(王得仁)은 이렇게 외쳤다.

"석주성은 한낱 조그마한 산성에 불과한 것이 아니라 호남지방을 지키는 목구멍과 같은 보루인데 어찌 적이 함부로 들어오게 하겠느냐?

내 비록 무예를 모르는 선비이기는 하지만 이 고장과 나라를 지키기 위해 목숨을 바치리라."(구례군 간행, 《내 고장 전통가꾸기》) 그리고 그는 가문의 대를 잇기 위해 아들을 지리산 속으로 피란케 했다. 왕득인은 집안의 종과 마을 장정들 900여 명을 규합하여 성채와 산 위에 숨어 있다가 왜의 보급이 오면 바위를 굴리면서 싸워 보급로를 차단했다.

이에 왜군 1천여 명이 이들을 섬멸하기 위해 진격해왔는데 왕득인 의병부대는 용감히 싸워 왜군 수백 명을 죽였으나 의병장 왕득인 이하 많은 의병들이 궤멸됐다. 석주관을 다시 손아귀에 쥔 왜군들은 더욱 분탕질을 했다.

아버지의 죽음을 들은 왕의성은 지리산 속에서 나와 다시 의병을 규합했는데 이에 이정익 등 다섯 명의 의장병들이 호응해왔다. 그리하여 이들은 석주관을 차지하고 또다시 왜의 보급을 끊었다. 왜군은 하동, 화개 등에서 진을 치고 석주관을 넘보지 못했다.

이들이 의병대장 조경남의 지원을 얻어 석주관을 지키고 있을 적에 왜군 60여 명이 진격해온다는 소식을 전해들었다. 그리하여 의병부대는 피아골 아래 외곡리의 언덕에서 왜군을 기다렸다.

왜군은 이곳에서 50여 명의 시체와 500여 명의 조선인 포로와 소총 등을 버리고 도망쳤다. 이 승리 뒤에는 의병들의 소모도 컸고 또 장기전에 필요한 양곡도 준비되지 않았다. 그리하여 6의사는 화엄사의 주지에게 글을 보내 지원을 요청했다.

화엄사에서는 이에 군량미 103석과 승병 153명을 지원해주었다. 의병들은 승병과 연합군을 편성, 통나무와 바위로 길을 막아놓고 산속에 숨어 있으면서 유격전법을 써서 왜군의 길을 끊었다.

호남의 보급로가 끊긴 왜군은 1만 명의 대부대를 이끌고 길을 두 갈래로 하여 쳐들어왔다. 첫 번째 전투에서 소수의 의병부대는 용감히 싸워 왜군을 물리쳤다. 두 번째 밀려드는 왜군과 하루 밤낮을 싸운 끝에 6의사를 비롯해 1천여 명의 의병은 시체로 변했다. 이때 석주진의 골짜기는 피로 냇물을 이루어 그후 '피내골(血川谷)'로 불리었다고 한다.

시체 속에서 왕의성은 혼절해 있다가 살아나 지리산 천은사 골짜기로 들어가 초막을 짓고 숨어살았다 한다. 그가 지리산 속에 숨어산 것은 함께 죽지 않은 부끄러움 때문이리라. 그 뒤 병자호란 때 그는 의병을 모아 충청도까지 갔다가 화의로 물러나오기도 했다.

이 석주관 전투가 증거될 만한 기록이 없어 조정으로부터 공인을 얻지 못했다가 200여 년 뒤 화엄사 대웅전 천장에 보관된 6의사의 격문과 화엄사 중이 쓴 《정유년일기》가 발견되어 1804년 나라에서 7의사에 대한 포상이 내려졌다 한다. 그리하여 이곳에 7의단과 7의각을 세워놓았고 그 아래 7의사의 가무덤을 만들어주었다. 그런데 이름 없이 죽어간 승병과 의병들에게는 혼을 달랠 아무 조처가 없었다. 이에 근래 구례군 민들이 짤막한 비를 세워 이들의 혼을 달래주고 있다.(지리산 산악회장 우종수 씨 등의 증언과 관계 문헌을 종합)

다음은 구한말 의병의 활약상이다. 민비의 시해가 있고 단발령이 내려지자, 전통 유림들은 곳곳에서 개화정부와 일본에 맞서 의병을 일으켰다. 전라도 지방에서는 장성의 기우만, 기삼연 등과 창평의 고광순(高光洵) 등이 의병을 일으켰다. 고광순은 의병을 이끌고 정읍까지 갔다가 임금의 윤음을 받고 일단 의병을 해산했다.

그후 1905년 이른바 을사조약으로 나라의 주권을 빼앗기자, 고광순은 의병 700여 명을 모았다. 그는 남원에 있는 왜병부대를 습격하기로 계획을 세우고 남원 지리산 속에서 의병 1천여 명을 거느리고 있던 양한규와 합동작전을 펴기로 했다. 끝내 1906년 12월 30일 이들 연합군은 남원의 왜병에게 큰 타격을 입혔다. 그러나 양한규 등이 죽었다. 이에 이들 의병부대는 여러 곳에서 왜병을 괴롭히다가 본진을 피아골 연곡사로 옮겼다.

이들이 연곡사에 본진을 두고 의병모집의 격문을 돌리자, 많은 의병들이 모여들었고 물자도 조달됐다. 고광순 일행은 유격전을 벌일 계획을 세웠다. 이때 진주·하동지방에서 의병활동을 벌이던 김동신 의병부대가 왜군에게 쫓겨 피아골 아래 문수골로 몰려왔다. 왜군은 이들을 쫓아 문수골에 있는 거점 문수암을 불태우고 화개골에 진을 치고 있었다. 피아골과 화개골은 고개 하나 사이이다.

왜군이 계속 화개골을 차지하고 있으면 영남과의 연락이 끊기고 고광순 부대의 활동도 위축될 수밖에 없었다. 고광순 부대가 화개골의 왜군을 습격하자, 마침 피어오른 아침 안개 속으로 왜군들이 도망쳐서 큰 성과를 거두지 못했다.

왜군 곧 일본군은 주변의 군대 1천여 명을 화개골에 집결케 했다. 고광순 부대는 이 사실을 모르고 유격전을 위해 의병들을 흩어보내고 부하 장수들에게 한편으로 섬진강을 따라 화개골 입구에 숨어서 지나가는 일본군을 무찌르게 하고 또 한편으로 연곡사 뒤편 재를 넘어 일본군을 습격케 했다.

이런 속에 일본군은 고광순의 본진을 치기 위해 연곡사로 기어 올라왔다. 연곡사를 완전히 포위한 채 절을 불태우고 고광순 이하 남은 의병 20~30여 명을 죽였다. 1907년 9월 11일에 총대장 고광순은 죽었으나 남은 의병들은 지리산을 거점으로 완강히 유격전을 폈다.

포수 출신 한규순과 황사중 등은 남은 의병을 수습하고 지리산 포수들을 모아 새로이 300명의 의병부대를 편성했다. 이들은 지리산을 거점으로 광양, 구례, 곡성 등지에서 일본군을 괴롭혔다. 산속에 숨어 있다가 이동하는 일본군을 습격하기도 하고 야음을 틈타 주둔 일본군을 공격하기도 했다.

몇 달에 걸쳐 큰 활약을 보인 이 포수 출신의 의병들은 1908년 가을, 일본군의 총공격으로 백운산 전투를 끝으로 종지부를 찍었다.

지리산을 거점으로 한 의병은 이들만이 아니었다. 육십령고개 아래에도 의병들이 모여 있었고 산청 쪽 천왕봉 아래에서도 의병들이 활약했고 장수와 남원 쪽에서도 의병들이 출몰했다. 그리하여 어느 곳보다 호남 등 지리산 주변 의병의 활동상이 컸던 것이다.(《매천야록》 등 참고) 이곳을 중심으로 한 의병 활동은 적어도 1910년대까지 이어졌는데 그후 의병의 주력부대가 만주로 옮길 적에야 수그러들었다.

민족적 비극의 상징

지리산은 이렇게 많은 얘기를 담고 있다. 그 수많은 얘기를 우리의 작은 머리로 어찌 다 알아낼 수 있으랴. 더욱이 그 숨은 얘기에 대한 기록들이 거의 없고 기록해둔 것이라도 별 쓸모 없는 것으로 치부하여 내버렸고 무수한 일들을 겪으면서 불에 타거나 휴지로 버려졌기에 우리를 안타깝게 한다.

아무튼 이 산은 많은 것을 지니고 있다. 여느 경우도 그렇지만 특히 지리산 속의 절들은 예전대로 보존된 것이 거의 없다. 저항세력들이 절을 거점으로 삼았기에 관군이나 일본군에 의해 절이 불질러졌던 것이다. 그리하여 타지 않은 석탑 같은 것만이 보존됐던 것이다. 그 중에서도 연곡사는 일만 만나면 불 속에서 연기로 사라졌다.

이런 중에 절의 승려들은 저항세력에 끼여들거나 협조를 했기에 이곳의 중들 또한 많은 핍박을 받아야 했다.

다음, 이 산속에 들어가 산 사람들의 성분은 세 가지로 나눌 수 있겠다. 곧 세상을 피해 들어온 화전민 같은 사람들, 세상에 맞서 약탈을 일삼는 산적들, 봉건체제와 일제침략에 저항한 변혁세력과 민족투쟁세력들, 끝으로 민족해방을 내걸고 인공세상을 만들겠다는 빨치산. 지리산은 이들의 생활터전이었고 거점이었고 그리고 안식처였다. 이 글에서 위의 어느 성분들의 행동은 옳고 어느 성분들의 행동은 그르다는 따위의 논단은 이 글의 논제가 아니기에 감히 거론할 수가 없겠다. 다만 시대의 모순이 낳은 비극의 상징임을 말할 뿐이다.

이 산에는 밀림이 우거져 있었다고 한다. 그 숲속에 약초가 자라고 멧돼지가 뛰놀았다. 우리네 서민들이 약초를 캐고 사냥을 하고 아름드리 나무를 베었다. 그래도 남아돌았던 것인데 일제 당국은 지리산의 나무를 베어 자기네 나라로 가져갔다.

그런 뒤에 8·15와 6·25를 거치면서 이 산이 빨치산의 아지트가 되자, 나무숲에 휘발유를 끼얹어 불을 질렀다. 몇 년에 걸쳐 이런 분탕 속에서 수백 년 동안 자란 원시림들은 불타고 그을려졌다.

그리하여 예전의 상탄의 소리와는 다르게 한때 민둥산이 되고 말았다. 산에 나무가 없다는 것은 강에 물이 없다는 것과 같다. 예전 섬진강의 강물에는 큰 배가 구례, 남원까지 드나들 정도였다고 한다. 산에 나무가 없으니 강물도 줄어들어 배가 지나다녔다는 것이 전설처럼 들리게 됐다. 한때 지리산이 민둥산이라는 것은 바로 이 산의 역사를 사실적으로 표현하고 있는 것이다. 이곳 저곳에 널려 있는 철쭉만이 제가 산의 주인인 양 자태를 뽐내는 것을 바라보는 것으로 우리의 심정을 달랠 수밖에 없겠다.

이토록 지리산은 민족비극의 상징으로 우뚝 솟아 있으면서 웅장함을 드러내놓고 있다. 얼마나 많은 사람들이 이 속에서 숨쉬다가 명부(冥府)에 들었던가?

19세기 중엽, 서학과 동학교도들이 잡혀 무수한 목숨이 칼날 아래 떨어졌다. 이들의 시체는 광희문(수구문이라고도 함) 밖에 내버려져 까마귀밥이 됐다. 이때 서대문 밖 백련사 중들이 이 무주고혼(無主孤魂)들을 달래기 위해 며칠동안 재(齋)를 올렸다. 포도청에서는 이 중들을 잡아들여 사학비류(邪學匪類)를 천도(薦度)했다고 치도곤을 올리거나 귀양을 보냈다.

중들이 이들의 혼을 달랜 것은 중생제도였다고 하겠다. 지리산에는 무수한 혼령이 살아남은 인간들의 위로 한번 받지 못하고 원귀로 떠돌 것이다.

그들은 인간 세상에서는 찌든 화전민이었고, 산적들은 수탈당하던 농민이었고, 이름 없는 의병들은 중이나 포수나 종이나 머슴이었다. 살아서도 당하기만 했고 죽어서도 잿밥 한술 못 얻어먹었다. 남명 선생도 제향을 받고 7의사나 고광순 의사도 철 따로 흠향하는데, 이 무주고혼의 넋을 달래는 일은 없다.

그들의 죽음들이 어떤 사정에서 이루어졌든지, 우리는 그 흔한 위령제를 이들을 위해서도 한번 벌여볼 일이다. 인간의 화합만을 외쳐낼 것이 아니라 원귀의 화합을 위해서 말이다. 이에 지리산의 무주고혼을 위해 제문을 바친다.

제지리산혼령문(祭智異山魂靈文)

오호(嗚呼)라. 정묘년(丁卯年) 오월달, 만물은 소생하고 신록의 가지에는 물기가 돌고 붉은 진달래는 자태를 뽐내는 시절이옵니다.

지리산 묏뿌리에 시신을 묻어두신 혼령들이시여, 생각이 모자라고 용기도 없으며 때로는 비열하기도 하고 때로는 간교하기도 한 우리 백면서생(白面書生)들은 여기 조촐한 제수(祭需)를 차려 올리나이다. 저희들이 이 주제 넘는 짓을 왜 벌인다고 생각하시나이까? 여러 혼령들께서는 생전에 굶주리고 밟히고 찢기고 할퀴면서 살아오셨고 유명(幽明)을 달리해서는 말무덤에 시신을 아무렇게 포개져 뉘었사옵니다. 양지바른 유택(幽宅)은커녕 잡초 무성한 무덤에 그 누가 한 잔 술이라도 올렸사옵니까! 저 납자(衲子)들은 툭하면 천도(薦度)를 찬미하고 법석을 떨지만 무주고혼(無主孤魂)이 되신 지리산의 원혼(寃魂)들을 위해 그 누가 목탁을 두드리며 게송(偈頌) 한 줄이라도 외워 올렸사옵니까? 잿밥이 없는 탓인가 합니다.

원혼은 원통하고 절통한 세속의 일을 잊을 수 없어 극락왕생하지 못하고 공중에 혼령이 떠돈다고 합니다. 그러기에 그런 사연을 풀어드리려고 저 간교한 인간들은 굿거리 푸닥거리로 맺힌 한을 한올 한올 매듭을 묶어 다시 한올 한올 풀어준답니다. 어찌 인간과 원귀 사이에 한 번 상처난 화기가 이런 짓거리로 풀어지겠사옵니까?

원귀 된 사연이야 이 얄팍한 머리로 어떻게 다 알아낼 수가 있겠습니까? 하오나 조금은 압니다. 포악한 지배자에 짓눌리고 모진 벼슬아치에게 빼앗기고 오만한 양반붙이에게 학대를 받다못해, 짓눌리지 않기 위해, 빼앗기지 않기 위해, 학대를 벗어나기 위해 이 산속으로 기어들어와 감자, 강냉이 심고 풀뿌리 캐먹고 나무껍질 벗겨 먹으며 모진 목숨 잇다가 죽었지요. 아니올시다. 저 무도한 자들을 베고 저 횡포한 자들을 징치하고 저 강한 자 저 귀한 자들을 몰아내려고 싸우다가 이 산속으로 쫓겨와 살다가 죽었지요. 아니올시다. 낫, 삽, 몽둥이, 죽창 꼬나들고 이 능선 저 능선을 날쌔게 타고 다니기도 하고, 이골 저골을 날렵하게 넘나들면서 이 더러운 세상 한바탕 뒤집어보려고 싸우다가 죽었지요. 그리하여 천왕봉, 반야봉이 울리고 육십령, 뱀사골, 피아골에 피가 튀고 연곡사, 칠불사, 대원사에 불길이 솟았지요.

혼령들이시여!

지금 이 세상 돌아가는 꼴이 어떠합네까? 한번 굽어보시고 시원하게 말씀 좀 해주소서. 어떤 자들은 책 좀 읽었다고 머리를 이리저리 굴려 빌붙을 자리를 찾아 온갖 궁리를 짜냅니다. 어떤 자들은 장사솜씨 좀 배웠다고 부림을 당하는 군상들에게 푼돈이나 던져주며 갈취하고는 저네들은 떵떵거리며 살다못해 남은 재물을 요리조리 물 건너 나라로 빼돌립니다. 어떤 자들은 나라를 지켜 달라고 우리네가 피땀 흘려 만들어주고 사다준 총과 대포를 꼬나들고 제 주인을 깔보고 압제하다못해 온갖 사술을 부리고 온갖 술수를 쓰면서 금력과 권력을 움켜쥐고 있사옵니다. 이런 사회이다 보니 예의염치나 미풍양속이 사라진 지 이미 오래이옵니다.

이웃과 이웃은 사소한 일도 서로 믿지 못하고 친구와 친구는 시국 보는 눈이 다른 탓으로 서로 갈등이 깊어갑니다. 좀 떠들며 불평을 일삼는 사람은 꽁무니에 무엇무엇들이 붙을까 가슴을 졸입니다. 조금 푼돈이 있는 사람들은 산과 바다로 떼지어다니며 온통 향락 속에 빠지거나 또는 운동장에 몰려가 악다구니를 써댑니다. 아니면 유부녀, 유부남이 무슨 클럽에 달려가 쿵작에 몸을 떱니다. 내일이 없고 내일을 살 정력을 몽땅 쏟아버립니다. 이를 두고 사회의 괴리현상이니 불신풍조의 만연이니 현대사회의 병리현상이라 말하기도 하고 도덕과 윤리가 땅에 떨어지고 물질문명의 위기, 기계문명의 말폐, 대중사회의 저열성이라고 지적하기도 합니다. 비록 원귀의 혼령들이시지만 이를 차마 내려다보시겠습니까?

어찌 이뿐이겠사옵니까? 제 입이 더러워지고 제 입에 신물이 나서 더 옮길 수도 없사옵니다.

혼령들이시여!

두 손 모아 머리 조아리며 축수(祝手)하옵나니, 이 멀쩡히 살아 있는 잡귀들을 냉큼 잡아가소서. 그리고 염라대왕께도 비옵나니 이 잡귀들을 끌어가 쇠못이 박힌 쇠방망이로 골통을 부수소서.

오호라. 이렇게 가슴을 터놓고 혼령님들께 조금이나마 말을 올리고 보니 비감스런 심회를 가눌 길 없사옵니다. 천지는 유유(悠悠)하고 고금은 망망(茫茫)하옵니다. 이런 속에 생사고락을 그 누가 요량하겠습니까? 한 목숨의 운명이나 한 나라의 운수를 그 누가 점쳐 보이겠습니까? 이토정(李土亭) 선생도 전우치(田禹治) 선생도 희미한 몇 말씀 남기고 영영 사라지셨습니다.

여러 혼령들이시여!

유명을 달리했고 시공(時空)을 달리했지만 역사나 세상 돌아가는 꼴이야 다같이 감지(感知)하고도 남음이 있겠습니다.

원통한 혼령들이시여. 가장 서러운 귀신은 몽달귀신이요, 주려죽은 귀신이라고 합디다. 모진 목숨 바둥대며 살아보려고 남부여대(男負女戴)하고, 산채(山菜) 많고, 약초 많고, 나무 많고, 퍼진 땅 많다고 이 산속으로 기어들지 않았습니까? 그리하여 오직 믿는 것은 하늘이었고 마고(麻姑)할미였고 또 지리산의 덕성(德性)이었지 않았습니까? 옛적 어우당(於于

堂) 유몽인(柳夢寅)이라는 선비는 이 산을 두고 인자하고 덕성스런 어머니의 품안과 같다고 했습니다. 그리 가파르지도 않고 넓기만한 이 산을 두고 하는 말이 아니겠습니까? 그리하여 이 산속에서 땔감을 해다 팔아먹는 사람을 초군(樵軍)이라 불렀고, 숯을 구워 팔아먹는 사람을 연군(烟軍)이라 했고, 땅을 이루어 파먹고 사는 사람을 화전민(火田民)이라 했으며, 길손의 주머니를 터는 사람을 산적(山賊)이라 했고, 횃불을 들고 부자의 재물을 빼앗아가는 사람을 명화적(明火賊)이라 했습니다.

절통한 원귀들이시여!

눈을 부릅뜨고 인간들 주변을 맴돌며 해코지하려고 왕왕거리는 귀신은 매맞아 죽은 귀신이나 억울한 누명을 쓰고 죽은 귀신이나 비명으로 횡사한 귀신이라고 합니다. 이들은 무도한 자들을 메다꽂거나 횡포한 자들을 논배미에 처넣고 한걸음에 내달아 이 산속에 기어들지 않았습니까? 그리하여 이쪽 저쪽의 산등성이에서 뛰고 이골 저골에 몸을 숨기지 않았습니까? 피아골이 그렇고 화개골이 그렇고 청학동이 그렇고 덕원동이 그런 곳 아닙니까? 육십령 고개가 그렇고 노고단 평지가 그렇고 황산마루가 그런 곳 아닙니까? 옛적 도학자 화담(花潭) 서경덕(徐敬德)은 이 산의 웅장함을 보고 이 산의 정기를 받아 영웅이 나겠다고 읊었습니다. 빼앗은 물건을 한 목구멍에 털어넣지 않고 가난한 사람을 도왔으니 의적(義賊)이라 불렀고, 잘못된 사회를 바로잡아보겠다고 죽창을 들고 일어섰으니 동학군(東學軍), 활빈당(活貧黨)이라 불렀고, 이 나라를 삼키려는 왜놈, 로스케, 양키들과 피나는 싸움을 벌였으니 의병(義兵)이라 불렀사옵니다. 이들이 영웅 아니겠습니까?

저 포악한 지배자들은 충절이라느니 복종이라느니 교화라느니 떠벌리며 정당한 저항을 호도하여 노예근성을 기르려 했습니다. 말만 듣기 좋아하는 도덕군자들은 선(善)이니 악(惡)이니 가르쳤지만 알맹이는 몽땅 지배논리를 위장하여 깔아놓았습니다. 그리하여 상민(常民)이니 천민(賤民)이니 노비니 백정이라는 굴레를 씌웠습니다. 그리고 이들을 부린 양반 의병장(義兵將)은 향사(鄕祠)를 짓고 비석을 세우고 철 따라 제사를 드리면서 목숨을 초개처럼 버린 천민·노비 출신의 무명의병들에게는 위령제나 진혼제 한번 올리지 않습니다. 먹물에 묻은 저 학자님네들은 반봉건투쟁이라거니 반침략투쟁이라거니 반제국주의투쟁이라거니 민족해방투쟁이라거니 제법 그럴싸한 이름을 붙입니다.

이런들 저런들 그 무엇과도 나눌 수 없다는 목숨을 누가 보상하겠으며 그 원통하다는 영혼을 무슨 말로 달래겠습니까?

이 백면서생은 지리산 언저리를 맴돌거나 등성이를 오르면서 더러 옷깃을 여미고 험난한 역사를 뒤돌아보았습니다. 만고(萬古)의 비밀을 담고 말없이 웅자(雄姿)를 드러내고 우뚝 솟아 있는 지리산.

시운(時運)은 순환하고 역사의 법칙은 엄정하고 역사의 경험은 오늘의 삶을 위한 거울이 됩니다.

이 온갖 것을 알고 있는 지리산 자락에 시신을 묻은 혼령들께서는 철 따라 제향을 드릴 자손도 없을 터이지만 이 산의 나뭇가지 하나, 풀 한 포기가 바로 영원을 함께 할 다정한 이웃이겠습니다. 비록 양지바른 곳에 음택(陰宅)을 골라잡지도 못했고 봉분이 내려앉은 묘에 상석(床石) 하나 마련되지 않았지만 그런 허장성세(虛張聲勢)가 어찌 대자연의 아늑함에 비길 수 있겠사옵니까? 편안하소서.

오늘 이 백면서생은 목소리를 낮추어 여러 혼령께 작은 위안을 드립니다. 그리고 옷깃을 여미고 경건한 마음으로 소소감응(昭昭感應) 비옵나이다. 우리 이웃과 이웃, 친구가 오순도순 흉금을 헤치고 즐겁게 사는 사이를 만들어주소서. 저 압제를 일삼는 자들을 황급히 잡아가 염라대왕 앞에 무릎을 꿇리소서. 그리고 지금 우리 후인들은 분단이라는 엄청난 민족비극을 겪고 있으니 통일을 이룩해주소서.

여기 날을 잡아 조촐한 제수와 작은 술잔을 마련하여 진혼(鎭魂)의 제향을 역사기행에 참여한 동호인들이 다함께 절을 올립니다.

부디 감응(感應)하시어 흔쾌히 흠향하소서.

1987년 5월에

이이화 지어 올리나이다

고려시대의 개성, 어떤 도시였나

근래 들어 고려의 수도 개성에 대한 관심이 조금 높아진 것 같다. 그동안 경주와 평양에 묻혀 사람들의 관심이 집중되지 않았던 것이다. 남쪽의 경주와 김해, 부여, 서울은 각기 왕조의 오랜 수도였던 곳으로, 남아 있는 유물·유적을 통해 일반인의 관심을 끌었다. 관광정책의 하나로 지역의 특성 또는 문화를 개발해야 한다는 구호 때문인지 또는 영상매체에서 부각시킨 역사드라마의 영향 때문인지 후백제의 수도 전주와 태봉의 수도 철원도 새삼 사람들의 이목을 끌었다.

고대조선과 고구려의 수도 평양은 조선민주주의인민공화국의 수도로 지정된 뒤에 나름대로 각광을 받았다. 북쪽은 평양을 조선역사의 정통성을 상징하는 도시로 부각시키려 하기도 했다. 5천 년 앞서 살았던 단군릉을 복원한 경우가 바로 그 보기일 것이다. 화해 협력을 추구하고 민족통일의 과제를 앞둔 오늘날 이런 비과학적·비합리적 정통성 또는 정체성 논쟁은 소모일 뿐이다.

고려는 최초의 민족통일 국가였다. 후기 신라는 북방의 발해를 통일할 의지가 없었고 대화나 교류조차 거부했다. 몇몇 귀족 중심으로 나라를 끌어나가면서 기득권을 고수하려던 전형적 고대국가였다. 고려 초기에는 북방진출 의지로 충만해 있었다. 고구려 고토회복과 발해의 정통성을 이었다는 이념을 확립시키기 위해 노력했다. 고려는 귀족사회를 극복하고 과거제를 통해 혈통보다 능력에 따라 인재를 등용하며 중앙집권제를 강화하여 권력분산을 막으려 했다. 상업의 장려와 발달도 빼놓을 수 없는 사항이다.

고려의 심장부는 개성이었다. 개성은 918년 고려 수도가 된 뒤에 473년 동안 유지됐다. 그동안 거란족, 몽골족, 홍건적의 침입으로 엄청난 피해를 받았으며 6·25전쟁으로 쑥대밭이 되어버렸다. 그 뒤에 개성은 휴전선 근처에 자리잡은 지정학적 조건에 따라 통제지역이 되었다. 이런 조건은 개성을 마치 신비의 도시처럼 만들었다. 신비의 무덤에 파묻혀 있는 개성의 비밀을 조금씩 풀어나가보자.

풍수설에 따른 왕건의 탄생

개성을 고려 도읍지로 정한 것은 말할 나위 없이 왕건의 세계(世系)와 깊은 관련이 있다. 개성 천도의 목적·의도·과정이 정확하게 기록된 사료가 없는 마당에 고려 건국설화라 할 왕건의 세계와 여기에 얽힌 전설을 통해 이를 복원해볼 수 있을 것이다.

왕건의 6대조인 호경(好景)은 백두산에서 내려와 부소산(개성 북쪽에 있는 송악산의 옛이름) 북쪽에 있는 좌곡이라는 곳에서 장가를 들어 살았다고 한다. 호경은 부호로 활을 잘 쏘아 사냥으로 세월을 보냈다. 호경의 아들 강충(康忠)은 부호의 딸을 아내로 맞이했다. 신라의 풍수가가 와서 부소산을 돌아보고는 그에게 부소산 남쪽으로 옮겨가 살면서 소나무를 심어 바위를 가리면 "삼한을 통합할 자손이 나온다"고 일렀다.

그 말대로 사람들을 거느리고 와서 소나무를 심었다. 이런 연유로 부소군을 송악군으로 바꾸었다고 하며, 강충은 신라의 벼슬을 받아 더 큰 부호가 되었다고 한다.

강충은 아들 둘을 두었다. 작은아들 보육(寶育)은 중이 되었는데, 곡령(鵠嶺. 송악산 마루)에 올라 남쪽을 향해 오줌을 누니 삼한의 산천을 넘치게 하여 은빛 바다로 만들어버리는 꿈을 꾸었다. 그의 형 이제건(伊帝建)이 꿈 이야기를 듣고 "너는 하늘을 받칠 기둥을 낳을 것이다"라고 말하며 자신의 딸 덕주를 아내로 삼게 했다. 덕주가 어느 날 오관산 마루에 올라 오줌을 누니 천하에 넘쳐흘렀다고 한다. 이 꿈 이야기를 들은 동생 진의가 "비단바지를 줄 테니 꿈을 팔라"고 요구하여 허락했다.

당나라 숙종이 잠저(潛邸)에 있을 때 천하를 주유하다가 송악산 곡령에 올라 남쪽을 바라보면서 "이곳은 도읍지가 될 땅"이라 말하고 보육의 집에 거처하게 되었다. 숙종이 두 여인을 보고 마음에 들어 터진 옷을 꿰매달라고 요청했다. 보육은 그가 중국의 귀인임을 짐작하고 진의를 들여보내 임신케 했다. 숙종은 길을 떠나면서 진의의 임신을 알고는 활과 화살을 주면서 "나는 당나라 귀인인데 아들을 낳으면 이를 주라"고 당부했다. 이 아들이 왕건의 할아버지인 작제건(作帝建)이다.

작제건은 아버지가 남겨준 활로 백발백중의 실력을 길러 신궁이라 일컬어졌다. 아버지를 찾아 상선을 타고 중국으로 들어가다 풍랑을 만났는데 배에 탄 점쟁이가 "고려사람을 내려보내라"고 말했다. 작제건은 목숨을 건지려 바다에 뛰어들어 용왕을 만났다. 그러고는 용왕의 원수인 여우를 활을 쏘아 죽이고 용궁으로 가서 용왕의 딸과 혼인하고 용왕이 준 칠보와 버드나무 지팡이와 돼지를 얻어왔다.

주변 고을사람들이 용녀를 위해 궁궐을 지었다. 용녀는 개성 동북쪽

산비탈에 은발우로 땅을 파서 물을 얻으니 이곳이 바로 개성 대정(大井)이다. 돼지는 강충이 살았던 송악산 남쪽에 가서 자리를 잡았다. 용녀는 송악산 아래에 살면서 집의 창 바깥에 샘을 파서 샘 밑으로 서해용궁을 왕래했는데, 이 우물이 광명사의 북정(北井)이다.

용녀의 장남은 용릉(고려 건국 이후에는 왕릉이라고 썼다)이다. 용릉은 옛집의 남쪽에 새집을 짓고 살았다. 어느 날 도선이 용릉의 안내를 받아 곡령에 올라가 산수의 맥을 두루 살피며 위로는 천문을 보고 아래로는 시수(時數)를 따져보았다. 도선은 용릉에게 이렇게 당부했다고 전한다.

이곳의 맥은 임방인 백두산으로부터 수(水)를 어미로 목(木)을 줄기로 하여 말머리에 떨어진 명당을 일으킨 곳이오. 그대는 수명(水命)에 따라 수의 대수인 6, 6의 제곱수인 36구의 집을 지으시오.

그러면 천지의 대수에 부응하여 명년에는 틀림없이 성스런 아이를 낳을 것이오. 아이 이름을 반드시 왕건이라 지으시오.

—《고려사》〈세계(世系)〉

아무튼 용릉은 이 말에 따라 집을 짓고 살았으며 그곳에서 왕건을 낳았다고 한다. 여기까지가 고려 건국설화에 해당한다.

《고려사》〈세계〉에는 김관의(金寬毅)의 《편년통록(編年通錄)》 기록을 정리하여 설화를 옮겨놓았다. 이 설화에는 신비스런 왕건의 세계를 알려줄 뿐만 아니라 개성과 관련된 여러 사항을 시사해준다. 신화나 설화의 줄거리에서 상징적인 역사성을 추단해낼 수 있다.

이 기록대로라면 호경은 고구려 유민이었거나 발해 주민이었을 것이다. 그 자손들은 대대로 부를 누리고 신라에 벼슬하면서 호족 행세를 했다. 모두 고구려 후예답게 활을 잘 쏘았다. 꿈 이야기는 오래 전부터 민간에 전해오는 이야기를 교묘하게 짜맞추어 넣었다. 김춘추와 김유신 그리고 김유신의 여동생인 보희와 문희 자매의 설화를 약간 윤색하여 그대로 옮겨놓았다. 또 당나라의 외경(畏敬)을 빌려 민심을 휘어잡으려는 의도가 깔려 있으며 무덕을 강조하여 힘을 과시하려 했다.

무엇보다 풍수사상을 여러 군데 깔아 왕건의 탄생과 고려 건국을 예정론으로 몰아갔다. 풍수사상은 신라 말기부터 유행을 타고 퍼져나갔다. 궁예는 미륵신앙을 빌려 자신의 이미지 조작을 시도했으나, 왕건 일가는 풍수설을 이용했던 것이다. 또 해양세력 내지 해양을 중심으로 한 상인세력의 등장을 꼽을 수 있다. 여기에서 바다의 신인 용왕의 도움을 받았다. 또 설화에서 송악산의 소나무를 왕건 일가가 조성했다는 점, 개성의 우물을 이들 일가와 연관지었다는 점, 돼지를 등장시켰다는 점은 당시의 사정을 사실적으로 전해준다. 송악산에는 소나무가 울창했으며, 개성에는 송악산이 높지 않고 골짜기가 짧아 개천에 물이 적었으므로 우물을 많이 팠고, 민간에서 돼지는 부의 상징이었다. 이런 설화는 모두 당시 대중이미지를 조작하기 위해 짜맞추었다고 풀이할 수 있을 것이다.

군사 · 교통 · 상업의 요지

가장 중요한 대목은 도선의 당부일 것이다. 이 말을 좀더 알기 쉽게 풀이해보자. 오행설에 따르면, '임방'은 북쪽이고 물에 해당한다. '목'은 동쪽에 해당하고, '말'은 남쪽을 나타내는 오방(五方)에 해당한다. 다시 말하면 송악산 줄기는 백두산에서 시작하여 북쪽의 물을 뿌리로 하여 내려와 동쪽의 나무를 줄기로 삼아 뻗어내려 정남쪽인 송악산의 명당에 떨어졌다는 것이다. 따라서 이곳은 수덕 곧 물의 덕을 근본으로 삼아 다스려야 한다. 그러니까 송악산은 북쪽의 수덕을 함축한 진산이라는 뜻이다.

이 말처럼 개성은 백두산 줄기를 따라 내려와 마천령, 낭림산, 마식령의 동쪽 척추를 거쳐 오관산과 그 아래 송악산으로 이어지고 있다. 동남쪽에 용수산(龍岫山), 서쪽에 만수산, 서남쪽에 진봉산이 자리잡고 있다. 이런 곳이 명당인지의 여부는 제쳐두고라도 지리적 조건은 사실대로일 것이다. 개성을 중심으로 놓고 볼 때 송악산이 진산이고, 왼쪽의 내성 주변을 청룡, 오른쪽의 외성 주변을 백호, 남쪽의 주작현을 주작으로 보면 어김없이 명당의 구색을 갖추었다고 할 수 있다.

도선의 당부에 따라 용룡은 36칸으로 구획된 집을 지었다. 예언대로 아들을 낳자 '왕으로 세운다'는 뜻을 따서 이름을 왕건이라고 지었다. 뒷날 왕건은 나라를 세우고 통치의 기본 방향으로 물이 만물에 베푸는 덕성을 본받아 '수덕'을 내세웠다. 나중에는 수덕을 연호로 삼기도 했다.

풍수설에 따른 이러한 이미지 조작은 접어두고라도 개성의 입지조건은 남쪽의 후미진 경주와 달리 주목을 받는다. 한반도의 중심은 북위 37도 선상이다. 개성은 이 선상에 자리잡고 있으며, 한반도 지형의 특징인 동쪽은 높고 서쪽은 낮은 지대의 한가운데에 있다.

개성의 북쪽으로 백두대간이 뻗어내려 임진강 상류에 와 닿고, 서남쪽으로 예성강과 임진강이 둘러져 있다. 개성 주변에는 높은 산줄기가 없고 대체로 낮은 구릉지대로 형성되어 있다. 북쪽에서 가장 높은 봉우리인 국사봉은 높이가 760미터쯤 되고 송악산은 580미터 정도이다. 개성은 사방이 낮은 산으로 둘러싸여 있어 병풍을 둘러친 모습이다. 구릉지대를 중심으로 작은 분지를 이루고 있다. 적의 침입을 효과적으로 방어할 수 있는 천혜의 조건을 갖추고 있으나 오래 버틸 입지조건은 못된다는 지적이 있다.

하지만 남쪽 바다에 교동도와 강화도가 일자로 뻗어 있어 자연적 요새를 이루었으며, 북쪽의 낮은 산은 일단 적의 침입로를 차단할 수 있다. 교통이나 상업적 측면의 입지조건은 뛰어난 편이다. 서쪽 30리 지점에 예성강 하구가 있는데, 이곳에 있는 천연 항구인 벽란도는 상업의 중심지역이 되었다. 동쪽의 임진강과 사천이 합해지는 동강리는 배로 오르내릴 수 있어 하항(河港)이 되었다. 남쪽으로는 임진강 하류를 통해 한강과 연결되어 육지로 경상도 내륙과 교통할 수 있었다.

궁궐, 관아, 사찰, 시전

용릉은 궁예가 나라를 세워 철원에 도읍을 정하고 세력을 떨치자 궁예에게 귀부했다. 그런 뒤 용릉은 옛 조선과 삼한을 통일하여 왕 노릇을 하려면 송악에 도읍을 정하는 것이 가장 좋을 것이라고 꼬드겼다. 그리하여 송악에 도성 쌓는 일을 왕건이 맡았고, 898년 송악으로 천도하여 905년까지 7년 동안 송악은 태봉국의 수도가 되었다.

궁예는 왜 송악에서 다시 철원으로 수도를 옮겼을까? 확실한 근거는 없으나, 송악에는 자기 세력기반이 취약하고, 바다 근처에 있어 적의 침입을 쉽게 받을 것이라고 우려했을 것이다. 그래서 산악지대에 있는 철원으로 들어가 철옹성을 지키는 것이 옳겠다는 전략적 판단을 내렸을 것이다. 그런데 왕건은 송악 출신의 수군을 휘하에 거느리고 많은 수전(水戰)을 벌여 전공을 세웠다.

아무튼 왕건은 쿠데타로 왕위에 오른 다음해인 919년 송악에 천도하고 주변 고을을 합하여 개주(開州)라 했다. 중세국가의 수도는 말할 나

송악산 아래에 있는 만월대 신봉문터의 주춧돌.

위도 없이 정치, 군사, 경제, 문화의 중심지 역할을 하게 마련이다. 송악
은 한반도의 중심으로 위에서 설명한 대로 이런 입지조건을 충분히 갖
추었다. 더욱이 고려는 고구려, 발해를 이은 정통국가를 표방하면서 북
방진출 의지를 보였으니 남쪽 후미진 곳에 수도를 지정하는 것은 걸맞
지 않을 것이다.

　송악산 아래 산줄기 양쪽으로 펼쳐진 지역은 보름달 같은 형상이라
서 이곳을 만월대라고 이름붙이고, 만월대를 중심으로 성곽과 궁궐을

배치했다. 성곽은 919년 처음 시작하여 여러 단계를 거쳐 완성된 것으로 보인다. 1차로 완성한 궁성은 둘레 2,170미터에 면적 23만 평방미터(7만 5천 평), 황성은 둘레 4,700미터에 면적 125만 평방미터(37만 8천 평)이다.(전룡철, 〈고려의 수도 개성성에 대한 연구〉,《역사과학》) 궁성에는 회경전을 중심으로 전각을 배치했는데 건물들이 남북을 축으로 하여 서쪽에 집중되어 있다.

궁성에는 방위에 따라 북쪽에 현무문, 남쪽에 승평문, 서쪽에 서화문, 동쪽에 동화문을 냈다. 승평문에만 양쪽에 문을 두 개 더 두었다. 궁성 안에서 외부로 왕래하는 통로로 회경전에서 동쪽과 남쪽으로 통하는 길이 가장 넓었다. 황성에는 북쪽에 장평문, 남쪽에 주작문, 서쪽에 영추문, 동남쪽에 광화문(廣化門)을 배치했다. 서쪽 지대에는 몇 개의 궁궐을 더 두었으며 광화문 바같은 관아거리, 주작문 바같은 상가거리로 지정했다.

관아거리에는 호부, 병부 등 중앙 부서의 건물을 배치했다. 이어 수도의 행정구역을 5부 체제로 나누어 이를 기준으로 방리(坊里)를 갈랐다. 이들 방리는 모두 황성의 바깥지대에 배치되었다. 성내의 건물들은 구릉에 따라 돌을 쌓아 지대를 높이거나 방향을 잡았는데, 풍수설에 따라 땅을 마구 헐거나 평지를 만들지 않으려는 의도 때문일 것이다. 어찌 보면 무질서하게 보일 정도였다고 한다.

이런 구조는 중국의 수도를 부분적으로 모방했을 것이다. 경주는 계획도시이기는 하나 성문을 방향에 따라 배치하지 않았는데, 이곳은 달랐으며 성문 이름도 중국의 것을 모방했다. 중국의 수도들은 중앙에 궁성을 배치하고 앞에는 관아, 뒤에는 시전, 왼쪽에는 종묘, 오른쪽에는 사직을 배치했는데 이곳은 이런 구도가 변형되어 있다. 뒷시기에 이루어진 한양의 경우 남쪽 광화문 앞에 관아거리를 배치했으며 관아거리를 중심으로 남쪽과 동쪽에 상가를 형성했다. 그러나 개경에는 동쪽에 관아, 남쪽에 상가를 두어 구별했다.

궁성 바깥에는 왕실의 원찰인 홍국사, 법왕사 등 여러 사찰을 곳곳에 배치했다. 시대가 지나면서 사찰들은 더욱 확대되어 거대한 현화사, 홍천사 등이 외곽에 자리를 잡았다. 사찰들도 구릉의 자연상태를 이용하여 건물을 배치했다. 지덕을 손상치 않으려는 비보사찰의 가르침을 따른 것이다.

그런데 도성 가까운 곳에 큰 물이 흐르지 않는다는 약점이 있었다. 송악산에서 내려오는 개울과 서쪽에서 흘러오는 시내가 있었으나 송악산이 높지 않고 골짜기가 짧아 수량이 적어서 조금만 가물어도 메말라버렸다. 송악산에서 흘러 만월대 좌우 양쪽으로 흐르는 물과 선죽교 밑으로 흐르는 물을 합쳐도 한양 청계천의 수량보다 적었다. 이러한 결점을 보완하기 위해 도성 곳곳에 많은 우물을 팠고, 물을 확보하기 위해 주변 산의 나무를 보호하는 금산정책을 폈다. 이 점에서는 한강을 띠로 두르고 도심 중심에 청계천이 흐르는 한양보다 조건이 나빴다.

상업이 발달했던 활기 넘치는 거리들

960년에는 개주를 개경(開京)으로 이름을 바꾸어 한 나라의 왕경(王京)임을 드러냈다. 그러나 후기에 들어 여러 차례 천도운동이 일어났다. 곧 지금의 서울인 한양과 지금의 평양인 서경으로 도읍을 옮겨 새로운 기풍을 진작하려 했다. 또 공민왕은 북방의 침입을 방어하려는 전략으로 장단의 백악으로 옮기려 했다. 그러나 개경세력들이 이를 막아 실현하지 못했다. 정작 큰 변화를 가져온 것은 외부의 조건이었다. 11세기

개성의 수도성을 보호하기 위해 쌓은 나성.

첫 무렵에 북쪽에서 일어난 거란이 두 차례 대거 침입해왔다. 현종은 개경을 내주고 남쪽으로 피난을 갔고 개경은 거란족의 약탈, 방화로 파괴되었다.

　고려는 요와 강화를 맺고 나서 개경에 나성(羅城) 축조를 서둘렀다. 곧 궁성, 황성을 보호하기 위해 외곽의 성을 쌓은 것이다. 나성은 강감찬의 건의에 따라 1009년에 시작하여 1029년에 완성했는데 둘레가 2만 3천 미터, 면적이 2,470만 평방미터(47만여 평)쯤 되었다.

그 범위는 송악산 주봉의 바로 아래까지 확대되었다. 성문은 사방 팔방으로 25개를 내어 주민의 출입문을 만들었다. 동부의 숭인문 바깥이 가장 번화한 대로가 되었다. 성안에 5부 35방을 모두 포괄하여 도성 주민들을 살게 했다. 적군으로부터 도성을 방어하고 주민을 보호하려는 의도였다. 개경은 나성의 완성으로 중세도시의 면모를 갖추었다.

개경의 주거지는 기본적으로 벼슬아치의 집단마을을 비롯하여 상인, 승려, 장인, 노비들의 마을로 형성되었다. 고려 중기 나성이 축조된 뒤의 개경 인구는 50만으로 잡는 것이 통설이다. 어떤 이는 그 좁은 면적으로 보아 나성 바깥에 사는 사람들까지 포함한 주민 수일 것이라고 보기도 한다. 아무튼 개경은 사람들로 바글거리는 도시였다. 궁궐 바깥에 자리잡은 고관의 집은 행랑만 200칸이 넘는 호화주택도 있었다고 하나, 일반 주민들은 벌집을 짓고 살았다. 이규보(1168~1241)는 몽골 침입이 있기에 앞서 벼슬을 받고 개경에 집을 마련했는데, 이웃에 무당들이 들끓었다고 한다. 서긍의 《고려도경》에는 무당 등 여러 사람들이 뒤섞여 살았다고 적혀 있다.

정작 개경의 특징은 상가에 있을 것이다. 11세기 무렵 개경 거리에는 벽란도와는 다른 고급스러운 상점과 술집과 음식점과 찻집들이 즐비하게 늘어서 있었다. 광화문에서 주작문에 이르는 넓은 도로 양편에는 회랑으로 이어진 가게들이 죽 늘어서 있었다. 긴 회랑의 옆 골목에는 무질서하고 초라하게 늘어선 민가를 가리기 위해 담장을 길게 쳐두었다. 가게의 문루에는 영통, 광덕, 홍선, 통상 따위의 간판이 걸려 있었다. 그 뒤 절벽 아래 공지에도 가게들이 어지럽게 들어차 있었다. 간판들은 상거래의 도의를 나타내거나 장사의 미덕과 생활의 유용함을 드러내는 뜻을 담고 있다. 아래쪽 십자가에는 다점과 주점들이 들어차 있었다.

곱게 단장한 주점의 아낙들이 고려특산인 수춘주(壽春酒. 오래 살고 회춘한다는 뜻을 붙인 술이름) 등 여러 종류의 술을 팔았다.

이것이 11세기 무렵 개경 거리의 풍경이었다. 이곳에 있는 가게들은 정부의 허락을 받아 관가에 물품을 대는 시전이고, 경시서는 상인들을 감독하고 사고 파는 가격을 조절하며 세금 거두어들이는 일을 맡아보는 관아였다. 음식점, 주점, 다점은 정부에서 개인에게 맡겨 경영하도록 했다. 이 거리는 내국인 상가였다. 외국인 전용 숙소와 상가는 서쪽 지대에 자리잡고 있었다. 이곳은 주민들의 통행을 완전히 통제한 것은 아니었으나 자유로운 것도 아니었다. 당시 개경에는 송나라 상인을 비롯하여 아라비아 상인까지 와서 북적거렸다.

왕건은 개경으로 도읍을 옮긴 뒤 곧바로 시전을 설치하는 등 상업을 적극 장려했다. 그는 조상들이 토호로서 장사를 하여 재산을 늘리는 모습을 보고 자랐으므로 상업을 중요하게 생각했을 것이다. 시전은 국가에서 건물을 지어 상인에게 대여한 가게이다. 시전을 운영하는 상인은 정부에서 특권을 부여받아 각지에서 물품을 사다가 왕실과 관아에 공급했다. 시전은 상설점포로서 도시상업의 기초를 이루었다. 개경의 유암(油巖) 아래에서는 유시가 열렸다. 유암은 사람들의 통행이 많은 곳이었다. 여기서 교환하는 기름은 식용, 연료용, 화장용이 망라되어 있었다. 이것이 첫 민간인 중심의 자유시장이었다.

처음에는 시전을 개경에서만 열었으나 11세기 끝 무렵에는 서경과 동경(경주)에도 두었다. 시전에서 취급하는 상품은 매우 다양했다. 온갖 옷감과 질그릇·자기 따위의 생활품과 공예품, 쌀·콩 등의 농산물, 갈치·조기와 같은 수산물, 약재나 굴 같은 특산물이 고루 갖추어져 있었다. 물품은 대개 지방에서 구입해왔는데, 때로는 부호들의 잉여생산

고려 말의 충신 정몽주가 이방원에 의해 죽음을 당한 선죽교.

물과 사찰의 상품도 포함되어 있었다. 부호들과 사찰은 많은 노비를 거느리고 농업생산물만이 아니라 수공업제품도 생산해냈다. 이들은 시전의 구매대상이 주로 왕실과 관아였으므로 고급제품을 취급했을 것이다.

개경에는 노천시장도 개설되었다. 노천시장은 일정한 장소, 일정한 날짜를 잡아 개장을 허가했다. 이곳에서는 민간인 주도로 장판을 벌였으므로 상행위가 좀더 자유로웠으며, 시전보다 값싼 물품이 취급되었다.

정부는 시전만으로는 국가 수입이 적어 관영상점 또는 직영상점을 두었다. 대부분의 관아에서는 소속 장인들이 수공업제품을 생산했다. 이 제품들은 해당 관아에 소용되는 물건들이었는데, 남는 것은 관영상점에서 직접 판매했다. 때로는 조세로 거두어들인 물품도 관영상점에 공급했다. 개경에는 복두점, 취선점, 경선점, 서적점, 대약국 등의 관영상점이 있었는데, 머리쓰개와 인쇄된 책, 여러 약재와 잡화를 팔았다.

특히 목판본이나 금속활자로 인쇄된 서적을 찍어 일반에게 팔아 널리 보급함으로써 금속활자의 발전에 크게 기여했다. 하지만 관영상점은 시전에 치여 크게 번성하지 못했다.

개경의 시전과 관영상점은 외국으로 보내는 공무역이나 사무역 상품의 공급기지 역할도 했으며, 외국 상인들의 거래처가 되었다.

쇠락해져가는 도시

1232년에는 원나라 군사가 대거 침입해와서 개경에서 강화도로 수도를 임시 옮겼다. 고종과 왕족들 그리고 최씨 무신정권세력과 벼슬아치들이 개경에 있는 서적, 보물, 재산을 수레에 싣고 강화도로 갔다. 그래서 38년 동안 개경은 원군에게 무방비상태로 버려졌다. 1270년 원군과 강화를 맺고 개경으로 환도해보니 궁궐과 시전, 주택들은 반수 이상이 파괴되어 있었다. 그래서 재건이 시작됐다.

1361년 홍건적군 10만 명이 원나라 군사에 쫓겨 압록강을 넘어 개경까지 밀어닥쳤다. 이들은 개경의 궁궐과 주택을 마구 불태워버렸다. 이때 연경궁 등 여러 궁궐이 불타는 등 개경이 성립된 이후 가장 큰 피해를 보았다. 공민왕은 안동으로 파천했다가 돌아와 연경궁을 복원하지 않고 수창궁에서 집무를 보았다.

1391년부터 내성을 쌓기 시작하여 3년 만에 완성했다. 내성은 황성의 동쪽을 중심으로 넓혀 궁궐을 삼중으로 에워싼 것이다. 따라서 관아, 상가 등이 모두 내성 안에 들었으나 후기에 지은 연복사(보제사) 등의 사찰은 대부분 외성 바깥 나성 안에 위치했다. 사실 내성의 축조는 중복된 감이 있다. 막대한 비용을 들여 이 성을 축조한 동기는 아마도 이성계 일파의 집권과 무관하지 않을 것이다.

이성계 일파는 위화도 회군으로 집권한 뒤에 공양왕을 추대하고 시위소찬(尸位素餐)의 꼭두각시로 만들었다. 이어 이성계는 왕위찬탈 음모를 꾸며나갔다. 그런 끝에 내성을 쌓은 지 8개월 뒤에 정식으로 고려왕조를 접수하여 조선조를 개국했다. 이런 과정에서 내성을 축조했다. 1394년 이성계는 수도를 한양으로 옮겼다. 한양에 궁궐을 짓고 관아거리를 조성했다. 수도를 한양에 정하고 5년 정도 되었을 때 개경에서 이주해온 벼슬아치와 상인들과 주민들이 불평을 늘어놓기 시작했다. 개경의 화려한 주택과 원활한 물품공급이 그리웠던 것이다.

이방원은 쿠데타를 일으킨 뒤에 민심을 안정시키는 한 방책으로 이런 불평을 들어주는 척하면서 다시 개경으로 수도를 옮겼다. 그래서 다시 6년 동안 개경은 흥청거렸다. 하지만 개경사람들은 새 왕조를 외면하면서 불평에 차 있었다. 이방원은 이런 개경의 민심을 잘 알았다. 그러던 차에 이성계가 즉위식을 거행하고 이방원이 집무를 보던 수창궁에 원인 모를 화재가 일어났다. 그는 1405년 한양으로 천도하자는 아버지의 요청을 받아들이는 척하면서 다시 한양으로 도읍을 옮겼다.

당시 신도시 한양에는 운종가(종로)와 남대문 일대에 회랑을 지어 상가를 형성하고 새로운 어용상인을 등장시켰다. 상인들은 한양으로 옮겨오지 않고 개경에서 버텼으나 차츰 쇠락의 길을 걸었다. 이렇게 해서 개경은 인구 5만 명 정도로 위축됐다. 그러나 후기에 들어 개경에 자리잡은 상인(松商)들이 상권을 형성하여 다시 번창하는 도시로 탈바꿈했다.

해방 후 개성은 경기도에 속하여 대한민국이 관할했다. 6·25전쟁은 전쟁의 중심부에 있던 개성을 쑥대밭으로 만들어 도성 안에 있던 선죽교, 첨성대 등 석조물과 외곽에 있는 공민왕릉 등 몇몇 유적만 보존되었을 뿐이다.

오늘날 개성은 일반인의 관심에서 멀어져 있다. 오히려 신비에 싸여 있다고 할 정도이다. 간간이 서화담과 황진이 이야기를 통해 개성의 숨결을 느끼는 수준일 것이다. 개성이 개방되고 민족통일이 이룩되면 '최초의 통일국가 고려'의 수도 개성은 여러모로 우리의 상상력을 자극할 것이다.

충성과 충복은 어떻게 구분하는가

우리 나라 역사는 사육신을 그동안 높이 평가해왔다. 사육신이 전왕인 단종을 받들고 새로운 왕인 세조를 거역하여 죽은 것은 얼핏 보면 충절을 지킨 것도 같고 그렇지 못한 것도 같다. 왜냐하면 단종도 이씨 왕조의 왕이요, 세조도 이씨 왕조의 왕이기 때문이다. 그 뒤에 세조의 자손들이 계속 왕을 이었고 단종 계통은 끊어지고 말았다.

그러니 이런 왕조의 성격으로 보나 후대 왕들의 계통으로 보아 하등 사육신을 떠받들 이유가 없었다. 그런데도 왜 조선 왕조에서는 사육신을 충신의 대명사로 떠받들었는가? 여기에는 그만한 까닭이 있었다.

사육신이 단종을 위해 목숨을 버린 뒤, 후대의 왕들은 그들을 복권시키려 하지 않았다. 그러나 재야의 유생들은 사육신을 기리고 또 이들과 비슷한 죽음을 한 김종서, 김문기, 성승(成勝) 등도 높였다.

이는 바로 유교에서 가장 큰 덕목으로 치는 충효에 철저한 유생들의 의식에서 나온 것이다. 특히 조선 중기에 접어들어 유교 윤리를 담은 《동몽선습》, 《소학》 등이 널리 보급되면서 충효 교육을 강조하는 분위기가 일자 이들을 더욱 기렸던 것이다.

그런데 조선 중기 이후에는 이씨 왕조에 맞서는 역모사건이 연달아 일어나고 있었고, 또 당시의 왕을 바꾸려는 음모가 꼬리를 물고 일어났다. 이런 속에서 연산군을 몰아낸 중종반정(中宗反正)과 광해군을 몰아낸 인조반정(仁祖反正)이 있었다.

이들 반정이 비록 성공을 거두었으나 왕들은 내심 불안을 떨쳐버릴 수가 없었다. 특히 인조반정에 가장 큰 공을 세웠던 이괄은 그가 추대했던 인조를 몰아내려 또다시 군대를 동원하여 한때 서울을 점령하는 지경에까지 이르렀다. 그 뒤 형이요, 세자로 책봉됐던 소현세자가 비명으로 죽게 되자 효종이 왕위에 올랐다. 이에 소현세자 계통에서는 끊임없이 반역을 도모했다.

이런 불안한 정세 속에서 어린 숙종이 왕위에 올랐다. 숙종이 왕위에 오를 때쯤에는 당쟁이 더욱 격화되고 있었다. 애당초 동인, 서인으로 나뉘었던 당파는 이때쯤 남인, 북인, 서인으로 크게 갈라졌고, 또 이어 서인들은 남인과 정쟁을 벌이면서 강경파와 온건파로 나뉘어 온건파는 소론, 강경파는 노론으로 갈라져 서로 다툼을 벌였다.

이들 다른 세력들은 정권을 잡기 위해 온갖 음모를 벌였고, 때로는 왕에게 반기를 들 조짐을 보이기도 했다. 다시 말해서 자기 패거리를 옹호해주는 왕이 필요했던 것이다. 그리하여 왕이 자기 패를 옹호하지 않으면 이를 제거하려는 음모를 벌였고, 대를 이을 왕은 자기 패를 두둔하는 왕자로 추대하려고 했다.

이런 조짐을 꿰뚫어본 숙종은 조정의 기강을 바로잡는 것이 급선무였고 이와 함께 '충성심을 고취하는 작업'이 절실히 필요하다고 생각했다.

그 일환으로 추진한 것이 사육신에 대한 현양(顯揚)사업이었다. 그리

하여 숙종은 신하들을 시
켜 사육신의 행적과 글들
을 모아 펴내게 했고, 이어
사육신을 복권시키고 그
후손들도 찾아내 벼슬을
주었다. 이리하여 사육신
중에 유일하게 후손이 있
는 박팽년의 자손에게 벼

서울시 동작구 노량진동에 있는 사육신의 묘역.

슬을 주었고, 아울러 김종서, 정분의 자손들도 찾아내 이들에게 전답,
노비 등을 하사했다.

실로 사육신은 200여 년이 넘어서야 복권되어 역사에 이름이 올랐
다. 이렇게 되면 세조가 왕위에 오른 것이 찬탈임을 정식으로 공인한
것이었다. 더욱이 단종을 기리는 사업을 벌이면서 노산군이라 붙였던
이름을 정식으로 단종이라 추대하고 묘도 능으로 하여 영월에 크게 조
성했다.

이와 함께 이 능에 사육신을 함께 배향하여 정기적으로 제사를 지내
게 했다. 이렇게 되자, 사육신에 대한 추앙, 숭모(崇慕)의 분위기가 크
게 일어났다.

그러나 그 후에도 당쟁과 역모는 수그러들지 않았다. 숙종의 뒤를 이
은 영조, 정조는 왕권의 강화를 위해 탕평책을 쓰기도 하고, 사회가 유
리되는 현상을 타개하고자 민생을 위해 노력을 기울이기도 했다.

그런 속에서 영조는 숙종의 뜻을 이어받아 단종과 사육신의 현양사
업에 더욱 노력을 기울였다. 이에 따라 정조는 노량진 언덕바지에 사육
신의 묘를 쓰게 했다. 비록 이 묘가 온전한 시체를 거두어 만든 것은 아

니었지만 '사육신 묘'를 세웠다는 것만으로도 충신을 기리는 데 상징적
의미가 있었다.

많은 사람들이 큰길가에 세워진 사육신 묘 옆을 지나면서 충신의 얘
기를 나누었고, 때로는 과거를 보러 오는 선비들이 참배하면서 임금에
대한 충성을 맹세하기도 했다. 그 후 사육신은 정몽주와 더불어 나라에
서나 선비사회에서 우리 나라의 대표적인 충신으로 받들어지게 됐다.
누구든지 현재의 왕을 위해 절개를 지키며 죽으면 저렇게 '후한 대접'
을 받게 된다는 이미지가 사람들의 마음속에 자리잡게 된 것이다.

그러나 우리는 이 대목에서 한번 되돌아볼 필요가 있다. 인간 사회에
서는 신의를 지키고 나라에 대해서는 충절을 지켜야 하는 것이 실천윤
리일 것이다. 그런데 충성이 나라와 백성을 위해 몸을 바치는 것이 아
니라 왕이라는 한 개인을 위해 이루어진다면 이는 바른 실천윤리라고
할 수 없다.

대개 조선시대의 충성은 빗나간 윤리로 내달은 경우가 많았다. 또한
유신시절에도 충효를 유난히 강조했고, 교과서의 내용에도 이를 많이
수록했다. 그 저의도 바로 왕조시대의 의도와 비슷할 것이다. 겨레와
사회를 사랑하는 사람이 많은 것은 나라 발전에 밑거름이 되겠지만 한
개인을 위해 목숨을 바치는 것은 충복일 뿐이다.

중국 관내의 독립운동 유적을 돌아보다

나는 2001년 6월 7일 오전 10시발 서안행 비행기에 올랐다. 국회 바른정치연구모임의 멤버인 신기남 회장을 비롯하여 송영길·이종걸·임종석·정동영·추미애 의원과 김형식 비서관 등이 일행이었는데, 나는 초청 강사로 합류했다. 우리 일행은 독립유적지를 돌아보려고 길을 나선 것이었다.

항공기는 탑승한 지 2시간 30분쯤을 지나 서안공항에 내렸다. 신라의 승려와 청년들이 당나라 유학길을 떠나면, 배를 타고 황해를 건너 산동반도에 상륙한 뒤 걸어서 서안까지 오는 데 꼬박 6개월쯤 걸렸다고 한다. 지금은 불과 3시간이 못되어 그 험한 태항산맥을 넘어 서안 외곽에 닿는 것이다.

서안공항에 내리니 더운 기운이 가슴까지 닿으며 푹푹 쪘다. 36도를 오르내린다니 서울의 날씨와는 비교가 되지 않을 정도로 후텁지근했다. 서안공항에서 천정배 의원이 먼저 요령성 일대를 돌아본 뒤 우리 일행과 한 시간 차이를 두고 합류했다.

중국 팔로군의 혁명근거지, 연안

우리 일행은 서안 시내를 둘러싸고 있는 거대한 성곽을 외면한 채 연안으로 내달았다. 서안에서 연안까지는 비행기가 일주일에 두 번 뜨지만 비행기 시간을 맞출 수가 없어서 전세버스로 밤길을 달려 7시간을 소요한 끝에 연안에 도착했다. 연안은 중국 팔로군의 혁명근거지였으나 중국에서도 변방에 속하는 후진 지역이었다. 농업생산력도 떨어지고 주민의 수도 적었다. 그러나 후방의 안전지대에서 항일전선을 구축하고 국민당 정부의 직접적 공격을 피해 총지휘본부를 두기에는 전략적으로 알맞은 곳이라 여겨졌다.

연안의 거리 곳곳에는 중국공산당의 혁명을 강조하는 '연안정신(延安精神)'을 표어로 내걸고 있었다. 우리 일행은 다음날 아침부터 답사에 나섰다. 그런데 예정했던 답사 코스를 다 돌아볼 수 없었다. 서안과 연안의 버스 이동거리가 예상 밖으로 길었기 때문이다. 그리하여 내가 주장해서 팔로군 유적은 두 군데만 돌아보기로 합의했다. 곧 우리의 숙소인 연안빈관 옆에 있는 봉황산 구지(舊址)와 연안혁명기념관 등 두 곳을 돌아보고 조선혁명군정학교가 있었던 나가평(羅家坪) 마을을 가기로 했다.

사실 우리는 팔로군 유적을 보기 위해 이 멀고 후진 곳으로 들어온 것이 아니었다. 개혁을 추구하는 바른정치모임의 의원들은 중국과 외교를 벌이고 남북과 화해, 협력을 위해 중국 당국자의 정서를 익혀두는 것도 의미 있겠다고 생각했을 것이다. 하지만 이곳에서 벌였던 독립군들의 악전고투했던 독립활동에 더 관심을 보였다.

봉황산 구지를 돌아보니 모택동과 주덕, 주은래가 살던 옛 집이 원형대로 보존되어 있었다. 이들은 서안사변 후 1937년 1월부터 1938년 11

월까지 이곳에서 살면서 대일항전을 총지휘했다. 그러나 일본군이 이곳을 공습하자 근거지를 옮겼다. 현재의 건물은 1949년 중화인민공화국이 선포된 뒤에 원형대로 복원했다. 이 건물에는 당시 쓰던 책상, 의자 등 가재도구가 전시되어 있었다. 안내원은 우리 일행이 "남조선에서 온 첫 손님"이라고 말했으며 어느 의원이 사례로 5달러를 주자 한사코 되돌려주었다.

다음으로 청량산 뒤편에 있는 혁명기념관을 둘러보았다. 거대한 건물 안에 시기와 테마에 따라 사진과 유물을 전시해놓았다. 주로 연안에서 벌인 대민사업에 역점을 둔 것으로 보였다. 일요일이어서인지 관람객들로 붐볐다. 팔로군총부가 있던 왕가평에는 들르지 않고 차를 나가평 쪽으로 돌렸다.

가이드는 나가평이란 곳을 처음 들어서 제대로 찾을 수 있을지 모르겠다며 고개를 저었다. 도대체 연변 출신의 가이드는 이곳의 조선독립동맹이나 조선의용군에 대해 아는 것이 없었다. 서안을 찾아오는 남쪽 사람들은 거의 진시황 유적이나 신라 승려들이 활동했던 사찰을 돌아볼 뿐이라고 했다.

원래 조선의용대는 남경 등 최전선에서 일본군과 싸웠다. 일본군이 무한을 점령한 뒤 국공 갈등이 심화되자 1941년 한쪽은 임시정부 산하로, 한쪽은 북상하여 팔로군 지역으로 들어갔다. 그리하여 태항산 지구로 들어가 활동했다. 1942년 조선독립동맹을 결성하고 그 산하에 조선의용대를 조선의용군으로 개편했다. 이들은 하남진 등 전선에서 가까운 곳에 근거지를 두고 군정학교 등을 세워 독립군을 양성하기도 하고 대일 전선에 투입되기도 했다.

연안 나가평 마을 조선혁명군정학교 관계자들이 살던 토굴집.

나가평 마을의 조선혁명군정학교를 찾아서

1943년 일본의 공세가 강화되자 모택동은 이들을 보호하기 위해 후방인 연안으로 이동하게 했다. 그리하여 1944년 초 연안으로 온 조선의용군들은 태항산 지구에 두었던 조선혁명군정학교를 나가평으로 옮겼던 것이다. 그런데 이들은 비록 팔로군의 지원을 받으면서도 행사 때 태극기를 사용하는 등 자주적인 면모를 보여주었다.

나가평 마을은 연안 교외로 10킬로미터쯤 벗어나 있었다. 생각보다 쉽게 마을을 찾았다. 큰길에서 다리를 지나 조금 올라가니 언덕 아래에 마을이 자리잡고 있었다. 이 마을에 사는 1937년생인 왕계상(王啓祥) 노인을 만나 이야기를 들었다. 그의 말에 따르면, 30여 명의 조선사람들이 들어와 군사훈련을 받았으며 가족은 데려오지 않았다고 한다. 조선사람들은 군복을 입기도 하고 민간인 옷을 입기도 하면서 농사를 지으며 살았다고 한다. 조선사람들이 이곳에 처음 토마토를 심기 시작해 주민들이 지금도 토마토 농사를 짓는다고 했다. 조선사람들은 개고기를 잘 먹는 등 생활풍습이 달랐으나 사이가 좋았는데 군사비밀을 지켜 주민들이 군정학교가 있는 곳으로는 들어오지 못하게 했다고 한다.

왕계상 노인은 뒤 언덕의 토굴을 가리키며 조선사람들이 살던 곳이라 일러주었다. 지금 조선사람들이 살던 토굴은 두 개 정도가 그대로 남아 있다고 한다. 한 토굴에는 중국인 가애화(賈愛花, 53세) 씨가 살고

연안 나가평 마을 입구에 있는 조선혁명군정학교 옛터에 대한 소개글.

있었다. 토굴 안에는 침대와 부엌이 있었고, 바깥은 찌는 더위인데도 서늘했다. 다른 토굴은 비어 있으며 돼지우리로 사용하고 있었다. 군정학교는 뒤편 산마루에 있었으나 지금은 아무런 흔적이 없다고 하여 올라가 보지 않았다. 그들도 당시 학교 건물에는 가본 사람이 없다고 한다.

장백당(張伯棠, 당시 71세) 씨는 이곳을 찾아온 국민대학교 조동걸 전 교수의 명함을 보여주며 해방 후 최초로 이 마을을 찾아온 조선사람이라고 했다. 그러니 우리 일행은 두 번째 방문한 조선사람인 셈이다. 마을 입구에는 조선군정학교를 소개하는 비석이 서 있었다. 1996년 연안지구문물관리위원회에서 건립했는데 거기에 교장 김백연(金伯淵), 부교장 박일우(朴一禹)의 이름이 적혀 있었다. 김백연은 바로 김두봉의 중국식 이름이었다. 나는 마을사람들의 증언을 들으며 기록과 거의 일치한다는 생각이 들어 흐뭇했다.

나는 이들이 최후까지 일본에 항전했는데도 우리 독립운동사에서 거의 공적을 인정받지 못하고 있어 서운함이 깊었다. 그들은 사회주의자이기에 앞서 민족해방을 위해 목숨을 바치며 싸우지 않았는가?

우리는 발길을 돌렸다. 연안에 스민 수많은 독립투사들의 흔적을 이 정도나마 확인한 것으로 만족할 수밖에 없었다. 우리 일행들도 새삼 만감이 교차하는 심정이었다. 바른 정치는 올바른 역사인식에서 출발할 것이다.

연안을 왕래하면서 차 안에서 강의와 질의가 계속됐다. 이종걸 의원은 할아버지 이회영 선생의 이야기가 나오면 유달리 관심을 표명했지만 작은할아버지 이시영 선생과 견해가 달랐다는 대목에 이르면 입을 다물었다. 껄끄러울 수도 있을 것이다. 하지만 역사는 실사구시(實事求是)에 바탕을 두지 않으면 진실에 접근하지 못한다.

우리 일행은 점심을 먹고 곧바로 서안으로 달렸다. 다음날 우리는 서안의 대자은사를 돌아보았다. 이 절에는 신라의 승려로 《화엄경》의 번역에 공을 세운 원측(圓測)의 화상이 현장의 화상과 함께 걸려 있었다. 중국의 고전을 돌에 새긴 비림(碑林)을 돌아보고 나서 진시황릉, 병마용, 화청지(華淸池)를 돌아보았다. 우리는 그 거대한 유적과 이에 몰려드는 관광객을 보며 진시황이 학정을 폈으나 오늘날 서안 사람들을 먹여 살리고 있으니 역사의 아이러니라고 말했다.

그런데 진시황릉에서는 황당한 것을 보았다. 능 앞에 만리장성을 돌에 그려놓았는데 압록강 남쪽을 넘어 동해 쪽으로 뻗게 표시되어 있는 것이 아닌가? 만리장성은 동쪽으로는 발해만 안쪽인 산해관에서 끝나야 한다. 그런데도 고려의 천리장성까지 포함하여 그려놓은 것이다. 무슨 의도에서 그런 것일까? 판도를 넓히려는 의도가 아닐까? 아니면 무식의 소치일 것이다. 이런 왜곡은 시정되어야 할 것이다.

화청지는 당나라 양귀비가 현종과 놀아나던 곳이다. 하지만 장학량이 국공합작을 이룩하기 위해 장개석을 유폐시켰던 곳으로도 유명하다. 이를 서안사변이라 부른다. 나라를 위협하는 큰 적을 앞에 두고 내부 분열로 전선이 통일되지 못할 적에 국공합작을 이룩한 서안사변은 커다란 역사적 의미가 있을 것이다.

임시정부의 마지막 기착지, 중경 청사

다음날 우리는 중경에 도착했다. 중국의 3대 '아궁이'라 불리는 중경은 분명히 견디기 어려운 더위였다. 우리는 임시정부의 마지막 기착지인 이곳의 청사를 돌아보려고 화로 속을 찾아온 것이다. 임시정부 청사는 잘 꾸며져 있었다. 임시정부는 1919년 발족한 이래 고난의 길을 걸어왔다. 1920년대 중반에 들어 창조파와 개조파의 분란을 겪은 뒤 큰 활동을 보여주지 못했다. 1932년 윤봉길 의사의 홍구공원 사건으로 일제는 임시정부를 더욱 탄압하려들었다.

이런 상황에서 일제 침략군이 상해를 공격하자 임시정부는 항주, 진강, 장사, 광동, 유주, 기강을 거쳐 1940년 중경에 자리를 잡았고 해방될 때까지 그곳에서 업무를 보았다. 국민당 정부가 중경으로 옮기자 그 지원을 받으며 지금 유중구(濡中區) 연화지(蓮花池)에 청사를 마련한 것이다. 지금 이 청사의 정식 명칭은 중경대한민국임시정부구지진열관이다. 그 관리는 중경시에서 담당하고 있으며 관장은 중국인 가경해(賈慶海) 씨가 맡고 있는데 부관장과 직원 2명은 조선족 출신이었다. 청사건물은 언덕 아래 세 채의 건물로 짜여 있었다. 지금 보존되어 있는 상해임시정부 건물보다 너댓 배 정도 더 넓었다. 당시 국민당 정부의 배려로 세를 얻어들었다고 한다.

앞 오른쪽 건물에는 사진, 유품 등이 전시되어 있다. 다른 기념관에 비해 풍부한 기록물이 전시되어 있다는 느낌을 받았다. 특히 해방을 맞이하고 고국으로 돌아오면서 다짐을 하는 행사를 벌이고 각자 한마디씩 소감을 적어놓은 큰 종이가 걸려 있는 것이 인상적이었다. 다른 방에는 외교부, 내무부, 재무부 등 예전 모습 그대로 사무용품과 도구가 놓여 있었다. 그러나 이런 유물은 임시정부 인사들이 쓰던 것이 아니라 당시에 쓰던 물건을 구해놓은 것이다.

이 진열관은 그 유지 관리를 시 당국에서 맡고 있으나 재정적으로 열악한 모양이다. 의원들은 마지막 출구에 놓여 있는 성금함에 금일봉을 넣었다. 그 액수는 확인해보지 않았으나 관리에 도움이 됐으면 싶은 마음이다. 안내원의 말에 따르면 여름철에 관광객이 더러 오기는 하지만 겨울철에는 쓸쓸할 지경이라고 한다. 서울에서 멀리 떨어져 있기도 하거니와 아직 북경이나 상해처럼 우리 기업의 진출이 활발하지 못한 탓일 것이다.

우리 일행은 임시정부의 원로인 이동녕 묘소가 있던 곳과 한인촌을 살펴보려 했으나 한인촌은 20킬로미터, 이동녕 묘소가 있던 곳은 기강이어서 비행기 시간이 맞지 않았다. 이동녕 선생의 유해는 근래에 서울 효창공원으로 이장했다. 더욱이 임시정부에서 광복군을 조직하고 훈련을 하던 곳들은 거의 보존되어 있지 않다고 한다. 또 이동녕 선생의 며느리가 살고 있으나 1세대 동포들은 거의 살지 않는다고 한다.

우리 일행은 1940년대 조국 독립을 위해 끝까지 투쟁한 임시정부와 조선독립동맹의 유적을 찾아본 셈이다. 두 계열이 비록 노선은 달랐으나 조국 해방을 위한 마음은 하나이지 않았는가? 그러나 너무 대조적이었다. 하나는 비록 중화인민공화국의 발상지에서 활동했는데도 지금은 거의 흔적을 알아볼 수 없을 지경으로 소외되어 있는 것이다.

다음으로 우리 일행이 돌아본 곳은 아령(鵝嶺)이었다. 아령은 예전 부호의 별장으로 양자강 언덕바지에 있었다. 양자강이 내려다보이는 자리에 장개석 부부가 거처하던 비각(飛閣)이 있었다. 그런데 건물 입구에 장개석 관련의 사진 몇 장만이 걸려 있을 뿐 유물은 거의 전시되어 있지 않았다. 더욱이 이 건물은 기념품 판매장이 되어 있었다. 장개석이 패군지장(敗軍之將)이었으니 이런 대접을 받을 수밖에 없을 것이다. 더욱이 국민당 정부가 있던 건물은 헐어져 다른 건물이 들어서 있었다.

상해의 임시정부 청사를 둘러보며

우리 일행은 마지막 코스인 상해행 비행기를 탔다. 비행기는 양자강 줄기를 따라 동쪽으로 날아갔다. 조금 과장을 보태자면 전라북도 넓이만한 동정호를 지나 상해 비행장에 내리니 더위는 중경이나 상해나 마찬가지인 것 같았다. 그러나 일행들은 벌써 친근감을 드러냈다. 공항에는 신국호 총영사, 이수존 영사 등이 마중 나와 있었다. 그동안 의원들은 한국 관계자들의 접대나 언론사 기자들의 취재를 정중하게 거절해 왔는데 상해에서만은 어쩔 수 없나보다.

일행은 피곤도 잊은 채 마당로의 상해임시정부 청사를 들렀다. 본 건물을 수리하고 있어서 아래층 태극기 앞에서 기념사진을 찍었다. 그리고 입구에 있는 안내실에서 영상 화면을 보았다. 나는 이곳이 네 번째 방문이었다. 처음에는 임시정부 기념관이 개관하기 전이었다. 그때 중국인 거주자와 인터뷰를 한 적이 있어 그를 만나보고 싶었으나 일정이 허락하지 않았다.

　이곳은 남쪽 사람들로 북적댔다. 그런데 이곳이나 중경 청사는 김구에게만 초점을 맞춘 느낌을 지을 수 없었다. 김구의 역할이 작다고 말하려는 것이 아니라 한 개인의 영웅적 활동에 초점을 맞추다보니 다른 독립지사들의 활동을 뒷전으로 밀어내는 분위기가 된다는 것이다. 다시 한번 생각해볼 대목이다.

　홍구공원을 찾았다. 지금 루신공원으로 바뀐 이 공원은 1989년에 찾았을 때와 전혀 달랐다. 윤봉길 의사를 기려 매헌(梅軒)과 돌비를 세운 것은 당연한 일일 것이다. 한데 루신 동상이 서 있는 광장에는 나무 울타리를 치고 잔디를 심어 원형을 바꾸어놓았다. 바로 이 광장에서 윤봉길 의사가 일제 침략세력의 원흉을 향해 폭탄을 던졌는데 말이다. 옆에 있던 신기남 의원이 의아해하며 폭탄을 던진 곳이 어디냐고 물었다. 나는 1989년 이곳에서 물건을 파는 남기철 동포에게서 그 지점을 확인했다. 남기철 동포는 어느 동포 노인에게서 그 정확한 장소를 알아두었다고 전해주었다. 나는 이 사실을 《중국역사기행—조선족의 삶을 찾아서》에서 밝혀두었다.

　다음날 우리 일행은 이수준 영사의 안내를 받아 포동 지구를 돌았다. 하도 넓어 자동차를 타고 한창 건설중인 금융지구, 보세지구 등을 주마간산(走馬看山)으로 돌았다. 아마 의원들은 중국의 거대한 경제특구를 돌아보고 앞으로 국가 정책에 반영할 정보를 얻으려고 했을 것이다. 아닌게 아니라 대규모의 빌딩들이 올라가고 여기저기에서 건설 붐이 일어나고 있었다.

　오후에는 상해박물관을 찾았다. 이 대목에서 밝혀두고 싶은 것은 동행한 의원들이 학구적이라는 점이다. 원래 일정에는 중국의 유명한 정원을 돌아보려 했으나 중국 제일의 박물관을 둘러보자는 내 의견에 따라 코스를 바꾼 것이다. 의원들은 누구를 할 것 없이 차 속에서나 로비에서 틈만 나면 자료를 뒤지고 답사와 관련된 책을 읽었으며 질문과 토론을 벌였다. 일반 관광에는 별로 관심을 보이지 않았다. 특히 송영길 의원이 심했다. 박물관 견학도 그런 일면을 보여준 것이다.

저녁 식사는 황포강 외탄의 선상 음식점에서 했다. 이 선상식당에서 1922년 의열단 단원들이 일본 육군대장 다나카를 저격한 상해항객운총참(上海港客運總站)이 바라보였다. 의열단원 김익상, 오성륜, 이종암 등 세 명이 다나카를 세 겹으로 포위하고 차례로 공격했으나 갑자기 영국 여자가 앞으로 지나가는 바람에 애꿎은 여자가 총에 맞아 죽었다. 이 저격은 실패로 돌아갔으나 의열단의 실체가 만천하에 알려지게 됐다. 다나카는 뒷날 일본 총리대신을 지냈다. 지금은 부두를 현대식으로 고쳐 예전의 모습을 거의 잃고 있었다.

가이드들은 임시정부 청사와 홍구공원을 안내하며 앵무새처럼 잘도 주워댔으나 애국지사의 묘가 있는 프랑스조계 안의 만국공원이나 홍구공원 옆에 있던 우리 동포의 교육기관인 인성학교 자리 그리고 외탄 부두의 저격사건은 거의 몰랐다.

동금강대주점에서 아침식사를 할 때에 임종석 의원은 다시 독립운동 과정에 대한 여러 의견을 내비쳤다. 건너 테이블에 있던 신기남 의원이 마지막 수업이냐고 물어 한바탕 웃었다. 5박 6일 일정의 답사가 끝나가고 있었다.

고구려 역사는 현대사이다

    최근 중국의 고구려사 왜곡 문제를 놓고 민족감정과 결부되어 국민들의 관심이 고조되고 있으며 그 대응에도 열띤 반응을 보이고 있다. 역사가들과 양식 있는 시민들의 관심이 높아짐에 따라 정부 당국도 뒤늦게 대책에 나서고 있다. 또 고구려연구재단을 설립하여 연구작업을 서둘고 있다. 이에 고구려사가 중국사가 아닌 한국사에서 차지하는 의미와 이른바 '동북공정(東北工程)'의 실상을 현재적 관점에서 알아보기로 한다.

동북공정 이전의 고구려사 인식태도

    중국에서 1980년대 이전에는 고구려사를 이론(異論)의 여지없이 한국사로 보았다. 북경대학과 복단대학의 동양사 교재와 교과서에도 이런 내용이 기술되어 있다.

    1980년대 이후 중국의 역사학자들은 일사양용(一史兩用)의 이론을 들고 나왔다. 곧 한 역사를 두 나라에 적용시킬 수 있다는 이론이었다. 이에 따르면 고구려 역사는 한국사가 될 수도 있고 중국사가 될 수도 있다. 2001년에 편찬한 교과서에도 고구려사를 한국사로 인정하는 내용이 기술되어 있다. 미처 새로운 이론을 교과서에 반영하지 못한 모습이다.

중국 역사학자들은 1994년부터 국제학술회의 등에서 고구려는 중국의 변방 정권이었으므로 당연히 중국의 역사에 포함되어야 한다고 주장하기 시작했다. 아울러 고구려 민족은 중국의 소수민족이므로 소수민족 역사에 포함되어야 한다고도 주장했다.

2000년부터는 고구려사 연구자를 양성하는 사업을 벌여 100여 명의 학자가 자료 수집이나 유적 발굴에 참여했다. 이들 학자는 고구려의 역사에서 국내성을 수도로 정한 시기는 중국사, 평양 천도 이후는 한국사에 포함된다고 주장했다. 현재의 영토를 기준으로 고구려사의 정의를 규정하고 있다.

한편 2001년 북한은 유네스코에, 평양 일대에 보존된 고구려 고분벽화를 세계문화유산으로 등재해달라고 신청했다. 이때 중국은 심사국의 자격으로 북한의 유적을 돌아보고 관리 소홀과 접근의 어려움을 들어 등재를 보류시키는 데 앞장섰다. 이어 중국에 있는 고구려 유적을 보수 발굴하면서 세계문화유산의 등재를 신청했다. 유네스코 총회는 2004년 7월 1일 이 두 가지 신청을 받아들여 세계문화유산으로 지정했다. 현재 중국에서는 문화유산 지정을 축하하는 백일장, 글씨대회를 벌이는 한편, 교과서에서는 "고구려, 백제, 신라는 조선사"라는 구절에서 '고구려'를 삭제했다.

동북공정의 주요 내용

2002년 2월부터 중국은 동북지역의 역사와 현황에 관한 학술작업인 동북공정을 대형 국책사업으로 지정해 고구려 편입작업을 본격적으로

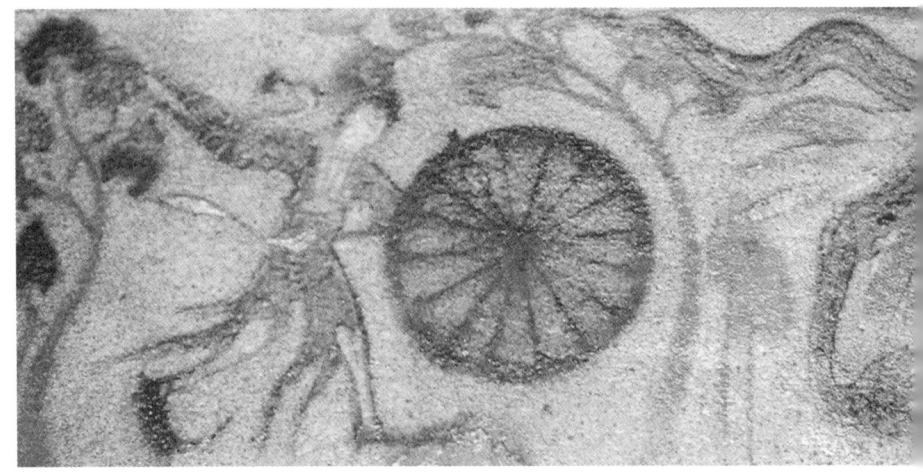
중국 집안에 있는 고구려 고분 5괴분 4호묘의 벽화.

시작했다. 3조여 원의 예산을 투입하여 동북공정 5개년 계획을 수립했다. 동북공정은 일종의 프로젝트로 국가연구기관인 사회과학원에서 주도하게 했다. 중국의 사회과학원은 행정구역 단위마다 설치되어 있다.

오늘날 동북지방은 동삼성 곧 요녕성, 집안성, 흑룡강성을 일컫는 지역으로 예전 만주 일대를 말하며 옛 고구려와 발해의 영역에 해당한다. 물론 국내성이 있던 집안과 백두산 연변이 이 지역에 속해 있다.

동북공정의 기본 목적은, 고구려와 고구려 유민이 세운 발해를 중국의 고대 지방정권으로 보고 그 자료의 수집 발굴, 유물·유적의 발굴, 보존, 정비 등을 하기 위한 것이다. 이 프로젝트에 따라 먼저 집안현의 광개토대왕비와 장군총 등 유적의 정비사업을 벌였다. 주변에 널려 있는 수천 채의 민가를 헐어내고 내부를 대대적으로 보수했으며 보호를 구실로 관람객의 출입을 막았다. 또 요양 지방과 심양 지방의 고구려 성곽을 수리하고 출입을 완전히 통제했다. 동경성 등 발해유적에도 비

슷한 조치를 취했다.

이와 함께 중국 정부는 공식적으로 고구려사를 자국의 역사로 인정했다. 그 근거는 크게 다섯 가지를 들었다.

첫째, 고구려의 시조인 주몽(朱蒙)이 중국의 고대 역사에 등장하는 고이족과 고양씨(高陽氏)의 후손이라는 것이다. 둘째로 고구려가 중국에 조공(朝貢)했기 때문에 고구려는 중국의 속국이라는 것이다. 셋째, 고구려가 벌인 수나라와 당나라와의 전쟁이 국가간의 전쟁이 아니라 중앙정부와 지방정부가 벌인 통일전쟁이라는 것이다. 넷째, 고구려가 멸망한 뒤 그 유민들이 거의 당나라로 끌려가 한반도에서 고구려의 혈연적 계승이 단절됐다는 것이다. 다섯째, 고려가 고구려를 계승하지 않았다는 점으로 고구려의 왕족은 고씨, 고려의 왕족은 왕씨라는 근거를 들었다.

비과학적인 역사인식에 토대를 둔 터무니없는 근거의 제시였다.

동북공정 추진의 배경

1960년대 중국은 주변 국가인 티벳과 민족분쟁이 야기되어 지금까지 이어지고 있다. 중국은 티벳을 자국의 영토로 인정하여 독립국가로 인정하지 않고 티벳자치주를 선포했던 것이다. 1970년대에는 베트남과 국경분쟁이 야기되어 많은 논쟁을 벌였다.

1992년에는 한중수교가 이루어져 많은 한국인들이 만주 일대로 몰려가 고구려와 발해 유적을 찾아갔다. 한국인들은 단순한 관광이나 유적 답사의 차원을 넘어서는 행태를 보였다. 그 몇 가지 사례를 들어보면 이렇다.

승용차에 '고토회복(故土回復)' 또는 '고구려는 우리 땅', '백두산은 우리 땅' 따위의 플래카드를 걸고 돌아다녔다. 또 제물(祭物)과 제주(祭酒)를 본국에서부터 꾸려가 울긋불긋한 제복을 입고 천지를 바라보며 제사를 올리고 제주를 뿌렸다. 백두산 정상에서 태극기를 휘날리며 만세 삼창을 소리 높여 외치기도 했다. 중국의 경비원이나 감시원들은 안내를 맡은 조선족에게 벌금을 물리며 제재를 했다.

연변 일대를 돌아다니면서도 거리나 술집에서 '간도는 우리 땅'이라고 외치면서 통일이 되면 우리가 되찾아야 한다고 떠들었다. 과격한 인사들은 이 문제를 놓고 조선족이나 중국 측 학자들과 '연변조선족자치주는 한국의 영유'라는 주장을 펴기도 했다. 그리하여 많은 마찰을 빚었다.

소련연방이 해체된 뒤 많은 소수민족들이 독립을 외치며 분쟁을 야기해왔다. 중국의 소수민족 특히 9백만 명에 이르는 만주족이 독립을 주장하려는 낌새도 있었다. 특히 1백만 명이 넘게 거주하는 조선족이 한국과 연대하여 앞으로 연변 일대와 백두산을 중심으로 독립을 요구할지 모른다는 의구심도 있었다. 중국 땅에는 50여 개의 소수민족이 존재한다.

한편 미래에 일어날 다음의 사항을 가정해볼 수도 있다. 무엇보다 통일과 관련이 깊을 것이다. 무력통일이든 흡수통일이든 한국 통일이 이루어지면 중국은 북한지역에 대해 고구려 땅의 영유권을 주장할 명분이 있다. 만일의 경우, 대동강을 경계선으로 삼자고 우길 수도 있을 것이다.

다음으로는 통일에 즈음하여 북한의 주민들이 대량으로 국경을 넘어 연변 일대로 이주할 것이다. 이렇게 되면 조선족의 숫자가 늘어나 민족적 갈등을 유발하고 독립을 주장할 수도 있을 것이다. 고구려 · 발해의 영토와 간도의 영유권을 확실히 해서 이런 요구를 원천적으로 봉쇄할 수 있는 근거가 될 수 있을 것이다. 이는 어디까지나 가상의 일임을 밝혀둔다.

고구려 정권의 특징과 후기의 역사인식

고구려의 국가체제가 천자를 중심으로 한 중앙집권제적 군현제를 골간으로 한 중국의 역대 정권과 다른 특징을 들어본다.

첫째, 정치제도에서 나타난다. 고구려는 고대 국가를 형성하면서 독자적 정치체제를 갖추었다. 국가 형성의 초기에 독자적인 왕의 칭호 또는 관직명에 잘 드러난다. 관직명에서 태대형(太大兄), 대형, 소형 등에서 나타나는 형(兄)은 족장 세력을 편제하는 관직이었으며 태대사자(太大使者), 대사자, 상위사자 등에서 나타나는 사자(使者)는 왕권을 수행하는 관직이었다.(임기환, 〈고구려 정치사 연구〉 참고) 곧 부족연맹체에서 중앙집권적 관료체제로 발전하는 과정에서 그 특징을 드러내는 관직명이었다.

둘째, 고구려는 다종족국가로 북방문화를 수용했다는 데 또 다른 특징이 드러난다. 곧 부여를 중심으로 옥저, 동예, 숙신, 선비 등 만주와 한반도 북부의 여러 종족집단을 통합한 최초의 통일국가였다는 점이다.(임기환의 견해) 이는 중국 본토에서 성립한 한족 국가와는 그 사회 성격이 전혀 달랐다.

후기에 와서 중국 문화와 정치체제를 수용하면서도 그 한계를 지녀 몰입하지 않고 북방 유목민족의 문화와 생활풍습을 토대로 유지 발전했던 것이다. 그 보기가 관직명만이 아니라 음식, 온돌, 씨름에서도 드러나고 있다.

또 700여 년 동안 국가를 유지하고 요동 일대에서 중국의 나라들과 맞서 싸우고 영역을 확장하거나 보존하면서 그 3분의 1 기간을 대동강가의 평양을 수도로 했다. 고구려가 멸망한 뒤 고구려 유민이 세운 발해가 그 정통을 이었으며 발해가 멸망한 뒤 고려가 그 정통을 계승했다.

고려는 분명하게 국명에서 나타나듯 고구려, 발해를 계승한다고 표방했고 이를 국가 이데올로기로 내세웠다. 거란(뒤에 요 건국)이 발해를 멸망시켰을 때 고려는 동족의 나라를 멸망시킨 거란을 적으로 돌려 고토 회복전을 폈다. 또 왕자 대광현을 비롯하여 유민 10만여 명을 받아들였다.

993년 요의 소손녕이 대거 침입해왔을 때 서희는 화의의 교섭에 나가 "우리 나라는 고구려의 옛 땅에 터전을 잡았소. 그러기에 나라 이름을 고려라 하지 않소? 도읍도 평양에 정했소. 만일 땅의 경계로 따져볼 것 같으면 그대 나라의 동경은 우리 지경에 들어오게 되오"라고 주장했다. 이 주장은 바로 고려가 고구려를 계승했다는 역사인식을 단적으로 알려주는 대목이다.

이런 기본 인식에서 김부식이 《삼국사기》를 편찬하면서 고구려사를 본기에 편집해 한국사로 규정했으며 일연도 《삼국유사》를 쓰면서 고구려를 신라, 백제와 같은 민족국가로 단정했다.

고려 말기 이규보는 《동명왕편》을 지어 고구려의 건국과 그 시조를 찬양하면서 신라의 혁거세 편을 쓰지 않았다. 또 이승휴는 《제왕운기》를 쓰면서 발해는 고구려를 이은 나라이며 그 계통이 고려로 이어졌다는 역사인식을 보여주었다.

조선시대에도 고구려 인식이 크게 달라지지 않았다. 건국 초기부터 이런 인식이 전수됐다. 세종은 평양에 고구려 시조를 모시는 묘사(廟祠)를 새로 짓게 하고 몸소 나아가 제사를 올렸다. 또 세종은 고구려가 수·당을 물리친 무용담을 책으로 엮어 무신들의 교재로 삼게 했다.

성종 때 최부는 표류하여 북경까지 갔는데 그때 그곳 사람들이 "그대의 나라에 무슨 장기가 있기에 수·당의 군대를 물리칠 수 있었느냐"고 묻자 "고구려는 관민이 단결하여 변방의 소국이었으나 천하의 백만 대군을 두 번이나 물리칠 수 있었으며 지금은 신라, 백제, 고구려를 합쳐 한 나라가 됐다"고 대답했다. 연산군 때 영의정을 지낸 한치형은 요동 일대에 사는 주민을 "우리 나라 사람"이라고 말했다. 숙종은 신하들을 대하여 살수대첩의 고사를 떠올리며 을지문덕을 모신 사우에 제사를 올리게 했으며 영조는 동명왕릉을 수축하고 자신이 직접 제문을 지어 제사를 올리게 했다.

한편 고구려는 백제, 신라와 한 민족 국가임을 증명하는 요소들이 많다. 민족 구성의 기본 요건은 혈연, 언어, 문화, 풍습을 공유하는 것이다. 삼국 주민의 경우, 혈연은 물론 언어가 동일했으며 씨름, 온돌, 음식 등에 있어서 한 문화권을 형성했다.

고구려를 중국사로 주장하는 논리의 허구

위에서 지적한 중국 측 주장의 다섯 가지 논리의 허구를 지적해보자.

첫째, 고이족 고양씨의 후예 문제이다. 고이족은 산동지방에 살았던 부족이었으나 고구려 영토로 이동했다는 증거가 하나도 없다. 고양씨(전욱의 호)는 중국 고대사(서기전 2500년)에 제왕으로 등장하는 전설의 인물이다. 중국의 역사학자들도 그 인물의 실체를 인정하지 않는다. 고구려 왕실이 고씨 성을 가졌다 할지라도 고양씨의 시대와는 2천여 년(고구려 건국은 서기전 37년)의 간격이 난다.

둘째, 중국에 조공했다는 근거도 논리가 닿지 않는다. 중국제국은 명분을 중시하여 스스로를 천자국이라 표방하고 주변 국가에 조공을 하게 했다. 이를 거절하면 천자의 명예를 더럽혔다고 하여 정벌했다. 따라서 조공은 명분을 주는 외교 형식이었다. 종주국과 복속국의 관계라고 할지라도 통치와 내정에는 간섭하지 않는 엄연한 독립국가를 보장했다.

셋째, 수와 당나라와의 전쟁을 통일전쟁으로 보는 주장은 논리에 어긋난다. 고구려는 요동 일대의 영유권을 주장하고 장성을 쌓아 대항했다. 엄연히 지방정부의 차원이 아닌 독립국가로서 견고한 방어망을 구축하고 700여 년을 지탱했다. 중국에 역대로 그런 지방정권이 있었는가?

넷째, 고구려 유민들이 거의 당나라로 끌려가 혈연적 계승이 단절됐다는 주장도 언어도단이다. 그야말로 대다수 유민들은 그 영토 안에 살면서 안동도호부에 저항했고 뒤에 발해를 건국했다. 또 많은 유민들은 당나라로 끌려간 것과는 달리 자발적으로 신라에 투항하기도 했다.

다섯째, 고구려와 고려와는 계승성이 없다는 주장이다. 그 근거로 세

습왕조의 성을 달리했다고 말한다. 계승성을 성이 같은 왕조로 친다면 중국의 역대 정권은 동일한 성을 가진 적이 없다. 다만 예외로 유비가 변방에 세운 촉한(蜀漢)만이 한나라의 성을 이은 국가였을 뿐이다. 고려는 고구려가 멸망한 지 250여 년이 지났으나 신라를 정통으로 계승하지 않고 고구려를 계승했다고 표방했고 고구려에서 조성한 동명왕릉을 시조릉으로 받들어 보존했으며 평양을 서경(西京)이라 하여 제2의 수도로 삼았다.

또 고려는 고구려를 계승한 발해의 왕족을 받아들이고 발해 역대 왕의 왕묘를 세우게 하여 받들었다. 발해를 고구려와 동일선상에 놓고 보았던 것이다. 이런 바탕에서 요동을 '우리 땅'으로 보아 말기에 정벌을 시도했던 것이다.

한편 역대 중국의 역사책에서는 고구려를 어떻게 인식했는가? 역대 중국의 주변 민족에 대한 인식은 민족차별적이어서 동이(東夷), 서융(西戎), 남만(南蠻), 북적(北狄)으로 일컬으면서 끊임없이 복속국으로 만들려 했다. 동쪽의 이민족을 '동이'라 했는데, 그 범위는 만주의 말갈족, 동쪽의 예맥족, 남쪽의 한족(韓族)과 바다 건너 왜족까지 포함시켰다.

이런 의식의 바탕에서 고구려를 중국의 정사인《삼국지》〈동이전〉에 포함시켰다. 고구려 역사를 중국의 정사 부분인 본기(本紀)에 넣지 않고 외전(外傳)에 넣었던 것이다. 이런 기술방법은《수서》,《당서》로 그대로 이어졌다. 이런 역사기술 방법은 적어도 근대 이전까지 그대로 계속됐다.

당나라 시기, 고구려 유민인 고선지는 실크로드 일대에서 수많은 정벌전을 벌여 전공을 세웠으나 이민족 출신이라 하여 많은 핍박을 받은 끝에 죽음을 당했으며 일반 유민들도 이민족의 대우를 받아 압박을 받았다. 그리하여 욕을 할 때에도 '꺼우리 팡스(高句麗幫子)'라고 하면서 얕보거나 무시했다.

또 중국 측에서도 고려는 고구려의 후예라고 보았으며 명나라는 임진왜란이 일어나자 조선이 고구려의 옛 땅을 찾기 위해 일본을 끌어들였다고 의심했다. 중국의 역대 정권과 일반 국민들은 근현대에도 조선 사람을 고구려 후예로 보았다. 중국사람들은 우리의 독립투사들을 보고 '망꿔노(亡國奴)'라는 말과 함께 '꺼우리 팡스'라 욕질을 했던 것이다.

우리는 어떻게 대응할 것인가

위에서 지적한 대로 고구려사를 중국의 변방사로 편입하려는 것은 고구려사를 왜곡하는 수준이 아니라 고구려를 도둑질하는 것이다. 우리는 그 의도를 순수한 소수민족의 동화정책에서 나왔다면 수긍할 수 있을 것이다. 또 고구려의 유적을 인류 공유의 세계문화유산으로 보아 보존·관리한다면 보편사적 관점에서 나무랄 일이 아니라 오히려 칭찬 해야 할 것이다.

고구려사와 맞물린 간도 문제만 하더라도 1880년대 두 차례에 걸쳐 국경 문제와 관련지어 회담을 벌인 적이 있었다. 조선 쪽 감계사인 이중화 등은 우리 영토임을 강력하게 주장했다. 그 뒤 일제는 1909년 이른바 중국과 간도협약을 맺어 간도 영유를 넘겨주었다. 이는 분명히 무효이지만 오늘날 간도를 찾기 위해 전쟁을 벌일 수는 없을 것이다. 이 문제도 두 나라는 이성적인 관점에서 포괄적으로 다루어야 할 것이다.

현재 동북공정의 목적은 오히려 현대사에 70퍼센트 정도의 초점을 둔 것이라고 보는 학자들이 있다.(박영선 포항공대교수) 이런 관점에도 유의해야 한다. 따라서 '고구려사는 현대사'라는 주장이 제기되는 것이다.

따라서 우리의 대응논리는 이런 관점에 맞추어져야 할 것이다. 그래서 세 가지 정도의 당면 과제가 놓여 있다.

첫째는 고구려에 대한 연구가 철저히 이루어져야 한다. 그동안 고구려사는 북한 또는 만주 일대를 자유롭게 답사하거나 조사할 여건이 못된다는 점과 남쪽에서는 고구려 전공학자의 강좌가 많지 않으며 북한이 고구려의 정통성을 계승했다는 것 등으로 연구를 기피하는 경향이 있었다. 지금 고구려연구재단이 정부의 지원에 힘입어 뒤늦게나마 발족됐다. 하지만 40여 명의 연구인력으로는 역사, 문화, 생활 등 다방면에 걸친 연구 성과를 제대로 거두기에 어려움이 있을 것이다. 앞으로 이 연구재단과 기존의 연구단체에 많은 지원이 따라야 할 것이다.

둘째는 고구려의 정신과 기상을 추상으로서가 아니라 구체적으로 접근하여 선양사업이 이루어져야 한다. 이는 남쪽에 널려 있는 고구려 유물유적을 발굴 보존하여 박물관을 지어 전시하거나 고구려 테마공원을 조성하여 광개토대왕비 등을 모형으로 만들어 전시하고 고구려 벽화와 문화 등을 담은 영상물을 보여주는 등 대중화 작업을 서둘러야 한다. 아차산에서 1990년부터 유물 1천 5백 점을 발굴했는데도 현재 서울대 박물관에 방치되어 있다. 그리하여 이 사업을 추진하기 위해 고구려역사문화재단이 시민 차원에서 발족됐다.

그리고 현재적 관점에서 고구려사가 우리의 역사임을 밝히고 그 왜곡 문제에 접근해야 한다. 그 관련 유물은 인류 보편적 가치를 가진 것이라는 인식을 잊어서는 안 될 것이며 옛 영토를 회복하자는 운동은 절대 지양해야 할 것이다. 통일이라는 민족적 과제를 앞두고 영토분쟁을 야기해서는 바람직하지 않을 것이다.

더욱이 중국 동북지방은 우리 기업이 활발하게 진출하는 지역이며 조선족이 많이 사는 곳이다. 중국에서 벌이는 이 지역의 경제개발에 동참하면서 신중한 대응 자세가 요구된다. 정부에서도 이 문제는 민족사 또는 현대사와 깊은 관련이 있다는 인식을 가지고 적절히 대응해야 할 것이다. 관광객들도 비이성적인 태도로 중국인의 감정을 자극해서는 안 될 것이다. 현대의 상황에서 옛 고구려 땅 또는 간도 일대의 영유권을 주장할 수는 없다는 사실을 분명히 해야 한다. 그러면서 고구려의 역사와 기상을 제대로 이해하고 선양하는 작업을 벌어야 한다.

100년 동안 우리와 함께 변한 것들

지난 100년 동안 인류문명은 엄청난 변화를 겪어왔다. 특히 과학기술은 인류가 정착농업을 시작한 지난 1만 년보다도 더욱 눈부신 속도로 발전을 거듭했다. 정치사회적인 측면에서도 민족주의의 대두, 평등권의 획득, 보편적 가치의 추구로 이에 발을 맞추었다. 우리 역사에 비추어도 예외가 아니었다. 우리 나라는 식민지를 겪고 난 뒤 해방을 맞이했고, 이어 분단된 상황에서 첨예한 이데올로기의 대립이 있었고, 역대 독재정권 아래서 줄기차게 민주민중운동이 전개됐다.

하지만 여기에서는 물질생활의 변화를 한번 보자. 우리 나라는 수천 년 동안 전통적 농경사회를 이룩하면서 살아왔다. 이것이 19세기 말에 들어 세계자본주의에 강제로 편입되어 차츰 여러 단계를 거치면서 물질문명을 수용해갔다. 하지만 식민지와 분단구조 그리고 한국전쟁은 그 장애요인으로 작용했다. 20세기 중엽, 우리 사회는 현대 산업사회 대열에 들었다.

이 과정에서 우리의 물질생활에, 농경사회에서 이룩하지 못한 세 가지 생활혁명이 일어났다.

첫째는 식량 문제이다. 19세기에 우리 겨레의 인구는 2천만 명을 헤아렸다. 우리 국토는 농업생산에 알맞아 극심한 전쟁이나 자연재해와 같은 사태가 일어나지 않는 한 자급자족할 수 있었다. 그러나 국내외로 수탈을 당해 늘 먹을거리가 모자라 기아에 허덕였다. 1960년대부터 농업기술의 개발과 유전공학적 개량으로 단위면적의 생산이 획기적으로 늘어났다.

　게다가 자본주의 또는 산업국가로 전환해 개방체제로 나아가서 모자라는 식량을 수입했다. 자급자족의 시대를 마감한 것이다. 비록 식량의 자급도가 30퍼센트를 밑돌지만(1990년대 기준) 이는 크게 우려할 문제는 아니었다. 그래서 기아를 면하는 수준이 아니라 식품의 질을 따지고 음식을 즐기는 식문화로 전환하고 있다. 이것이 제1차 생활혁명으로 꼽을 수 있을 것이다. 북한이 극한적 기아 상태에 놓여 있는 사정을 감안하면 쉽게 이해가 될 것이다. 아직도 미흡한 자급도가 과제로 남아 있다.

　둘째는 의류 문제이다. 전통적으로 의류는 목화에서 뽑아낸 무명이 그 기초를 이루어왔다. 이 식물성 옷감을 입을 적에 우리는 신분사회 속에 살았다. 정치경제적으로 지배세력을 이룬 사람들은 비단 등의 고급 옷감으로 지은 옷을 입어 겉치레만 보아도 그 사람의 신분과 직업을 알 수 있었다. 그래서 '옷이 날개'라는 말이 생겨나지 않았는가? 고대부터 옷은 몸을 보호하고 따뜻하게 하기 위해 입으면서도 멋과 위엄을 부리는 수단이 되어왔다.

　현대에 들어 모직이 생산된 뒤 화학섬유가 등장해서 옷감을 신분의 제약을 받지 않고 누구나 자기 취향에 맞추어 고를 수 있게 됐다. 또 수공으로 만드는 것이 아니라 기계로 대량생산해서 값싸게 구할 수 있게 됐다. 그래서 별로 그 값을 걱정하지 않게 된 것이다. 이렇게 해서 따뜻하고 질긴 옷감을 찾기보다 다양한 디자인과 '메이커'를 찾게 된 것이다. 또 서민들이 경제적 이유 때문에 옷을 구입하지 못하는 처지에서는 거의 벗어났다. 이제 겉치레만 보고 그 사람의 신분을 파악할 수 있는 일은 어렵게 됐다.

셋째는 연료 문제이다. 인류는 오랜 동안 기아와 함께 추위와도 싸워왔다. 예전에는 땔감으로 장작 따위 식물성으로 그 문제를 풀어왔고 근대에 들어서는 석탄, 연탄 등 광물성으로 해결해왔다. 그래서 나무를 베어내 산이 헐벗는 지경이 되었고 산비탈은 광산개발로 오염됐다.

1960년대에 미국에 살던 교포들이 고국에 들어오면 "우리 나라 산은 왜 저렇게 헐벗었느냐"고 한탄했다. 이는 연료에 따른 우리의 실정을 모르고 하는 말이었다.

이제 우리는 석유와 가스로 밥을 짓고 난방 생활을 하고 있다. 나무를 베어내지 않아도 되고 석탄을 캐지 않아도 된다. 지금 우리의 산에 발을 들여놓을 수 없을 정도로 산림이 울창한 것은 새로운 연료 덕분이다. 이런 연료공급은 자동차 등 운수수단의 획기적 변화도 가져왔다.

하지만 그 대가는 너무 크다. 극심한 공해 문제로 시달리고 생산국이 석유를 때때로 무기로 써먹어 우리의 경제를 압박하곤 하는 것이다.

이 세 가지의 생활혁명을 현대에 사는 사람들이 일상생활에 누리면서도 그 변화에 대한 실감을 별로 하지 못하는 것 같다. 생활의 질은 분명히 달라졌지만 그 부작용은 미래사회를 어둡게 한다. 이제 절제가 필요한 시대에 살고 있다. 지난 100년 동안 정치사회적 격변과 더불어 생활문화의 혁명적 전개를 생각하며 앞으로의 100년 뒤 미래상을 그려보자.

한국사 속의 반칙

반칙이 없는 사회란 긴 역사의 과정에서 존재하지 않았다. 인류가 문명의 단계에 들어서면서 스스로 합의하여 규칙을 만들었으나 스스로 깨려는 욕구도 그치지 않았다. 현실적 이익은 이성을 마비시키는 촉매제였다. 우리 역사에 나타난 몇 가지 사례를 살펴보자.

1388년 이성계는 요동 출정군의 사령관으로 임명되어 임금과 최고지휘관인 최영 앞에 엄숙히 명령을 받들어 전쟁 임무를 충실히 수행하기로 하늘과 임금을 두고 서약했다. 그는 군사를 몰아 위화도에 군진을 벌여놓고는 작은 나라가 큰 나라를 정벌할 수 없다는 것, 여름 장마철이어서 활줄이 풀리고 군사들 사이에 질병이 만연할 것 따위의 구실을 부쳐 회군했다. 회군의 명분치고는 거의 사리에 어긋났다.

이성계는 이런 명분으로 출정을 거부하려 했다면 최고사령관으로서 처음부터 사리를 들어 이를 반대했어야 옳았다. 그런데도 개성에서 참모회의를 할 때에는 아무 이의를 달지 않다가 중간에서 군사를 돌렸던 것이다. 이렇게 반칙을 벌여 쿠데타를 성공시켰던 것이다. 반칙으로 쿠데타를 성공시킨 악성 전통을 세운 것이다. 역사에서는 이런 반칙을 눈

감아주며 별로 비판을 하려들지 않는다.

수양대군은 왕자였다. 왕자와 같은 종친이나 임금의 사위인 부마는 현직에 나갈 수 없는 것이 조선 왕조의 기본 정책이었다. 종친이나 부마들이 정치권력을 쥐고 제멋대로 위세를 부리는 짓을 막으려는 장치였다. 그런데도 수양대군은 사병을 동원해 정권을 틀어쥐고 무수한 살육을 저지른 뒤에 스스로 최고직인 영의정을 차지하고 전제정치를 감행했다.

그는 끝내 왕위 계승의 원칙인 소목(昭穆. 임금은 아들이나 조카의 대를 잇지 않음)의 질서를 무너뜨린 군주가 됐다. 그의 이런 반칙은 왕가의 질서를 문란케 했고 왕위 계승의 나쁜 선례를 남겼다. 수양대군은 폭군이라기보다 난신적자(亂臣賊子)에 해당할 것이다.

연산군은 모든 기성의 가치와 형식을 거부하고 멋대로 전제권력을 행사했으므로 폭군의 범주에 들기는 하지만 반칙의 반열에 끼어줄 수는 없겠다. 한데 19세기에 들어 흥선대원군과 민비는 시아버지와 며느리 사이이면서 정치권력을 두고 치열한 갈등과 쟁투를 벌였다. 엄밀한 의미에서 두 사람은 정치권력을 거머쥘 아무런 명분이 없었다. 그러나 두 사람은 임금의 아버지와 아내라는 지위를 이용해 정치판을 어지럽혔던 것이다.

두 사람은 최소한 고부간의 윤리도 지키지 않았고 국가 이익을 저버린 채 음모와 술수로 대결을 벌였다. 하나가 친청파로 돌아가면 하나는 친일파로 돌아섰다. 한쪽이 친미파로 방향을 돌리면 한쪽은 친러파로 나갔다. 1882년 이른바 임오군란으로 흥선대원군이 집권하자 민비는 몸을 숨겨 도망쳤다. 흥선대원군은 그녀가 죽었다고 선포하고 장례식을 치르는 해프닝을 벌였다. 그녀는 청나라에 공작을 펴서 재집권했다.

1894년 농민전쟁이 일어날 때에 일본은 개화정권을 출범시키면서 흥선대원군을 엎어다가 꼭두각시로 앉혔다. 그가 초기에 열렬히 추구한 반제국주의 노선과는 너무나 동떨어진 행동이었다. 바로 민비세력을 꺾으려는 동기에서 나왔던 것이다. 이 두 사람이 룰을 무시한 행동은 나라를 구렁텅이로 몰아갔다.

해방 뒤의 사정도 다를 바가 없었다. 이승만은 독재정권을 구축하면서 헌법의 규정을 무시하고 3선 개헌을 단행했다. 그 과정에서 최소한도의 절차도 무시하고 이른바 '4사 5입'이라는 해괴한 숫자놀음을 벌이며 3선 개헌안을 통과시켰던 것이다. 박정희 군사정권은 이보다 한술 더 떴다. 무리한 방법으로 3선 개헌을 단행하여 한번 더 대통령이 되고도 다시 유신헌법을 제정해서 체육관 대통령이 됐고 유정회라는 이름으로 자신이 국회의원 3분의 1의 의석을 임명하기까지 했다.

이런 정치적 반칙은 그대로 전두환 일당의 신군부에게 전해져 우리 민주주의의 질서를 파괴했고 대의정치의 앞길을 가로막았다. 이런 해방 뒤의 정치적 반칙은 이념적 지향이 아니라 정치권력을 잡기 위한 방편으로 구사됐던 것이다.

우리의 근대사회는 기묘하게도 반식민지 상태인 19세기와 식민지로 전락한 일제시기에 전개됐다. 이런 시기에 도시화가 이루어졌다. 이어 해방공간에는 귀환동포와 가속화한 도시화로 혼란을 겪었다. 대중교통 수단이 턱없이 모자라, 전차표와 버스표와 열차표를 살 적에 먼저 승차권을 확보하려고 '새치기'를 일삼았다. 또 승차권을 확보해도 좌석이 모자라니 먼저 타려고 밀고 들어가면서 뛰었다. 어린아이나 노인이나 아기를 엎은 여인을 돌아보지 않는다.

침을 아무데나 뱉고 휴지를 길가에 마구 버린다. 담배꽁초를 쓰레기

통에 버리면서 제대로 비벼 끄지 않아 다른 휴지에 불이 붙기도 한다. 그러면서도 아무렇지 않게 여긴다. 공중도덕이나 질서는 혼란스럽기 이루 말할 수 없었다. 이런 혼란은 국민소득 2만 달러를 외치는 이 시대에도 그 잔재가 곳곳에 남아 있다. 성숙한 시민의식을 보여주는 사회는 공공질서를 통해서 가늠할 수 있을 것이다.

그런데 정작 더 큰 문제는 1990년대에도 정치판의 반칙이 하나도 개선되지 않고 있다는 데 있다. 오늘날은 과연 정치 반칙이 사라졌는지 의문이 든다. 500여 년 전의 위화도 회군과 100여 년 전의 무한 소모를 일삼았던 갈등이, 지구에 사는 사람들과 공간을 뛰어넘어 실시간 대화를 나눈다는 인터넷 시대에도 아무 거리낌없이 벌어지고 있다. 그런데 시민들이 그 반칙을 덤덤하게 보는 불감증이 더욱 무섭다. 하지만 예외도 있다. 근래 탄핵국면에서 보여준 촛불시위야말로 시민의식을 잘 보여주는 사례가 될 것이다.

역사는 스스로 말하지 않는다

이이화 역사에세이

지은이 이이화
펴낸이 윤양미
펴낸곳 도서출판 산처럼

등 록 2002년 1월 10일 제1-2979호
주 소 서울시 종로구 내자동 164-1 우신빌딩 301호
전 화 725-7414
팩 스 725-7404
E-mail xian23@korea.com

제1판 제1쇄 2004년 7월 25일

값 10,000원

ISBN 89-90062-11-X 03910
*잘못된 책은 서점에서 바꾸어 드립니다.